网络型自然垄断行业政府定价中的激励规制研究

邵彬涛　著

图书在版编目（CIP）数据

网络型自然垄断行业政府定价中的激励研究 / 邵彬涛著. 一 北京 : 中国书籍出版社, 2022.7
ISBN 978-7-5068-8978-0

Ⅰ. ①网… Ⅱ. ①邵… Ⅲ. ①垄断行业-物价管理-激励制度-研究-中国 Ⅳ. ①F726.2

中国版本图书馆 CIP 数据核字(2022)第 056007 号

网络型自然垄断行业政府定价中的激励规制研究
邵彬涛 著

责任编辑 李 新
责任印制 孙马飞 马 芝
出版发行 中国书籍出版社
地　　址 北京市丰台区三路居路 97 号（邮编：100073）
电　　话 (010)52257143（总编室） (010)52257140（发行部）
电子邮箱 eo@chinabp.com.cn
经　　销 全国新华书店
印　　刷 北京市兴怀印刷厂
开　　本 710 毫米×1 000 毫米 1/16
印　　张 12
字　　数 235 千字
版　　次 2022 年 7 月第 1 版
印　　次 2022 年 7 月第 1 次印刷
书　　号 ISBN 978-7-5068-8978-0
定　　价：79.00 元

摘　要

改革开放以来，中国的规制部门为更加高效地规制网络型自然垄断行业，不断借鉴经济理论与实践经验（特别是 20 世纪 80 年代“规制革命”浪潮中所涌现出来的），推进相关领域的改革，取得了一些成果。然而，多年改革实践并未完全取得预期效果，突出的表现就是网络型自然垄断行业的产品价格上涨远超 CPI 增幅，但是企业却普遍处于亏损或微利状态。政府规制部门（比如中国各级和各地区的发展和改革委员会）许多已经实施或正在酝酿的政策，很多是在缺乏清晰的理论指导下进行的。他们迫切希望理论界能够给出符合科学规律、切实可行的指导原则与机制方案。然而，现有文献往往拘泥于古典经济理论与传统方法，忽略了规制中的“信息不对称”与“委托—代理关系”，难以指导市场绩效的改善。即使部分文献有所触及，却少有运用机制设计，针对性地解决信息不对称所带来的“市场失灵”与“政府失灵”问题。本书将在激励规制理论的框架下，以新时期中国自然垄断行业改革为对象，全面系统地考察其中的信息与激励问题。

对网络型自然垄断行业的规制一般包括进入与退出规制、价格规制、质量规制、环境规则等诸多方面的内容。因为价格是传递市场信息的信号，是市场经济的核心，是改革的关键。无论是 ROR 规制还是 Price Cap 规制，网络型自然垄断行业的价格，大多由政府制定或指导制定，中国的《价格法》同样明确了“政府定价”的原则。本书针对中国网络型自然垄断行业政府定价的激励规制研究，结合了传统与现代规制理论的经典文献以及中国规制改革的具体实践，分别从多产品企业的分类定价、非对称竞争的接入定价、与基础设施投入相关的 LRIC 定价以及基于普遍服务义务的税收结构四个维度展开。另外，不同于以往的大部分文献，本书采用了较为细化的微观数据（比如中国城市自来水公司数据、中国工业企业数据、CHIPS 数据等），测算不同情形下企业福利、消费福利与社会总福利。总之，本书将最新的激励规制理论与中国网络型自然垄断行业的规制实践紧密结合，以理论指导实践，以实践检验理论。

本书由六章构成。第一章为绪论，简要介绍本书的研究背景、目的与意义，并归纳出本书采用的研究思路与方法以及主要创新点。第二章、第三章、第四章与第五章分别从分类定价、接入定价、定价成本以及“普遍服务义务”四个方面展开研究，内容涵盖了网络型自然垄断行业政府定价的主要内容。

经过多年改革，中国网络型自然垄断行业基本实现了纵向分离，形成了可竞争市场与垄断瓶颈并存的局面。同时，各类市场的价格水平也表现出巨大的差异，歧视性的价格是否扭曲市场绩效，是否存在福利改进空间？本书第二章以中国城市自来水行业为例，分析中国网络型自然垄断行业的产业结构，并构建预算均衡约束条件下的社会福利函数，求得最优定价基准。在完全信息条件下，居民用户的最优定价基准受到需求弹性与公共基金影子价格的共同影响，竞争对手的接入定价应符合有效成分定价规则，而供应下游企业的中间品定价应符合斯塔克伯格博弈。信息不对称时，为避免自然垄断企业的“逆向选择”与“道德风险”，最优定价基准需要做出激励修正。实践中，由于规则的缺失以及信息不对称，现有分类定价与最优基准之间难免存在差距。通过对北京市城市供水相关数据的估算，发现：该地区居民用水价格因“吉芬商品”特征受到合理补贴，非居民用水价格享受低于最优价格的补贴，同时特种行业用水价格超出了最优水平。非市场原则的政府定价行为会带来价格扭曲，影响社会福利。改善网络型自然垄断行业的市场绩效，一个可行的方案是在政府定价中寻找适当的激励修正项，以显示厂商的真实成本状况。

中国国有企业改革走过了四十年历程，前期依靠优惠政策与所有制改革的方式部分地实现了市场绩效的提振，但也暴露出一些新问题，比如非对称竞争问题。在全面深化国有企业改革的新阶段，改革的思路应该更加注重公平竞争。本书第三章以网络型自然垄断行业开放“可竞争市场”带来的“业务抢夺”与“价值创造”两类效应为视角，分别借助伯川德模型与豪泰林模型来分析动态博弈中参与人类型、策略空间与支付，结果发现：在信息不对称的条件下，由于自然垄断企业的策略性行为，社会计划者期望“在位者与进入者展开伯川德竞争来提升社会总福利”的目标难以实现；进入者带来的“新价值”同样会大幅度缩水；该策略性行为既非行政垄断也非进入壁垒，乃是自然垄断企业凭借信息优势提高接入定价，榨取下游竞争对手“租金”；并且博弈本身不涉及所有制性质，企业生产成本的高低对福利变化影响甚微且不改变方向。对中国自然垄断行业改革的启示是：单纯放松规制、开放市场并不总是会提升市场绩效，信息不对称带来的市场失灵影响巨大，国有企业改革“放管服”，此时更应突出“管”。新时期国有企业改革一方面应保持自然垄断行业的公有制性质，使得企业与社会计划者目标接近一致；另一方面应借鉴现代规制理论，以恰当的机制设计激励企业显示真实信息，提升政府定价的科学性，化解非对称竞争的不良影响。

价格是市场经济的核心，是改革的关键。中国网络型自然垄断行业的改革大多都是围绕价格改革而展开的，即使开放竞争市场与引入其他投资主体的改革，很大程度上也是为了形成伯川德竞争的局面，显示企业真实成本，降低市场价格。但竞争性进入与技术进步的存在，往往会产生“经济性闲置”问题，导致“事后效应”破坏“事前效应”，影响企业投资的积极性，甚至诱发扭曲市场绩效行为。本书第四章从分析社会计划者与垄断企业在开放竞争市场中目标与行为的差异出发，通过理论分析，揭示了“经济性闲置”的来源及其影响。此外，以中国电力行业价格改革的自然实验为例，运用双重差分法分析价格开放竞争与（上游）技术进步对生产者剩余与消费者剩余的影响。结果发现：在现有政府定价模式（追溯基于成本定价法）下，技术进步因素未能真正地纳入定价体系中，由此导致开放竞争条件下，企业固定资产投资成本难以回收；上游设备制造业的技术进步能够改善消费者福利，却会损害厂商利润；竞争性进入与社会平均成本定价，理论上会降低在位企业的福利，增加新进入企业的利润，但会因为在位企业的“策略性行为”，亏损被转嫁出去，降低了开放竞争改革的预期效果。因此，在自然垄断行业的价格改革中，未来应该以激励性规制为方向，充分利用信息、合理配置资源、保证激励相容。

网络型自然垄断行业通常存在“普遍服务义务”与“交叉补贴”补偿，这些对垄断行业的政府定价也存在重要影响。随着国有企业改革的推进，中国网络型自然垄断行业“交叉补贴”的来源日益受到限制，而类似“普遍服务基金”的直接税的方案受到越来越多的关注。在此方案中，同样存在着信息不对称与激励问题，只是代理人不再是垄断企业，而是低收入家庭或偏远地区。本书第五章从消费者与社会计划者的最优决策出发，通过引入“普遍服务义务”，考察了直接税与间接税的最优方案。结果发现：在信息不对称条件下，直接税的征收对市场绩效的扭曲最小，不影响消费组合结构，保持中性；政府定价中的直接税税率来自税后收入相关的约束条件，信息不对称条件下尤其要关注显示真实信息的“激励相容”。此外，本书利用模糊断点回归的方法对 CHIPS 数据中家庭居住性消费进行了检验，结果发现：信息不对称与转移支付会对低收入家庭水电燃料消费产生影响；某些年份贫困家庭的“救济性收入”带来水电燃料消费增加，而非贫困的低收入家庭在接受“救济性收入”后减少了水电燃料的支出，说明政策方案实现了分离目标；但有些年份却不显著，说明当时的政策未达到预期目标。在信息不对称条件下，基于普遍服务义务的自然垄断行业规制，同样应该以激励性规制为方向，充分利用信息、合理配置资源、保证激励相容。

本书第六章在总结全文研究的基础上，归纳主要的研究结论，并针对性地提出了相应对策建议。其中多产品企业分类定价中的激励规制要求：市场效率与公平负担相统一，外部性问题的解决主体从企业转移至政府，以及提供降成本的激励。非对称竞争中的激励规制要求：确保企业目标与社会计划者相一致，以激励规制鼓励竞争，同时注意“规制俘虏”问题。固定资产投资相关的激励规制要求：加速折旧，坚持开放“可竞争市场”，以及事前给予企业适当“激励”。基于普遍服务义务的激励规制要求：多部门通力合作，合理设置税制结构，并且在节约资源的基础上加入“普遍服务义务”的考虑。

关键词：网络型自然垄断行业；信息不对称；激励规制；交叉补贴；市场扭曲；政府定价。

目　　录

第一章　绪　　论

本章作为绪论，从总体上介绍了本书的选题要点。其中第一节介绍了本书研究的背景、意义与目标。第二节从四个方面对国内外相关文献做了综述。第三节则归纳了本书的主要研究内容、思路与方法。

第一节　问题的提出

一、研究的背景和意义

网络型自然垄断行业规制始终面临两大任务：既要提高瓶颈环节中在位企业的积极性；又要在可竞争领域内鼓励竞争。中国的改革，同样是沿着这两个方面开展的。

（一）研究背景

网络型自然垄断行业通常指的是能够为上下游企业提供具有兼容性的标准互补品，并且消费具有明显网络外部性，投资专用性强，规模经济与范围经济特征明显，在公共服务行业处于核心地位（Shy，2001）。典型的网络型自然垄断行业，包括基础电信、电网、天然气输配、城市自来水管道等基础设施产业。在规制改革的浪潮中，顺应纵向结构拆分的趋势，不仅可竞争的生产与配售环节实现了纵向分离，许多网络型自然垄断环节也纷纷独立出来，并常被称作“瓶颈”。作为瓶颈，这些环节往往因技术、经济或法律的原因而难以重复建设，作为瓶颈拥有者的网络型自然垄断企业通常以唯一或寡头的形象出现在产业链中（Laffont and Tirole，2000）。纵向结构上，常见的网络型自然垄断行业可划分为瓶颈与潜在竞争两类部门，并且均可独立于市场，表 1-1 列出了常见的网络型自然垄断行业的瓶颈与可竞争部门。

表 1-1　网络型自然垄断行业中的瓶颈与潜在竞争部门

产业	瓶颈	潜在竞争环节
电信	本地环路	长途电话

续表

产业	瓶颈	潜在竞争环节
电力	传输系统	发电
天然气	管道	开采
铁路运输	铁轨、车站	客运与货运
邮政服务	本地投递网络	辅助环节（汇集与分拣等）
自来水和污水处理	管道、泵站	制水与污水处理

资料来源：参考自 Laffont and Tirole（2000）中的表 3.1。

经过多年改革，中国自然垄断行业逐步形成可竞争市场的生产与配售环节，以及保有政府定价的网络环节（即网络型自然垄断行业）。在可竞争市场中，如长途电话、客货运输以及发电等领域价格的形成主要依靠市场竞争完成，政府价格部门主要起到监督作用。而在网络环节，由于厂商沉没成本高、经营周期长，大多数仍旧保留政府定价规制。不仅中国如此，世界上的绝大多数国家，不管社会制度与经济发展水平的巨大差异，自然垄断行业都保留有政府定价规制的网络环节（Tirole，2017）。

中国《价格法》第十八条规定“自然垄断经营的商品价格适用政府定价”，中国国家发展和改革委员会于 2015 年完成了最新一轮的政府定价目录集中修订，大比例缩减政府定价范围（中央和地方定价项目分别减少 80%和 55%左右）的同时，保留的定价项目主要限定在重要公用事业、公益性服务和网络型自然垄断环节[①]。

2017 年，中国国家发展和改革委员会经过多方征询专家与社会意见，颁布了新修订的《政府制定价格行为规则》（第 7 号令）[②]。新《规则》突出了市场在价格形成中的决定作用，规定网络型自然垄断环节价格应按照“准许成本加合理收益”的原则制定。也就是说，现阶段中国政府定价规制实施的是类似 ROR（rate of return）的基准。其中“准许成本”体现在“核定定价成本应符合有关法律法规、计入定价成本的费用与生产经营直接或间接相关、并符合行业标准或公允水平”[③]而“合理收益”随着行业与地区会略有差异，比如《天然气管道运输价格管理办法（试行）》（发改价格规〔2016〕2142 号）第九条规定“准许收益率按管道负荷

① 详见中华人民共和国国家发展和改革委员会网站《中央定价目录和各省（自治区、直辖市）定价目录》，http://www.ndrc.gov.cn/fzgggz/jggl/zcfg/201606/t20160623_808466.html.

② 新《规则》是对 2006 年颁布的《政府制定价格行为规则》的修订，并于 2018 年 1 月 1 日起正式实施。

③ 节选自修订的《政府制定价格成本监管办法》第二十二条核定定价成本的原则，2018 年 1 月 1 日施行。

率不低于75%取得税后全投资收益率8%的原则确定”。

现阶段中国网络网络型自然垄断行业的政府定价实施的是基于成本的定价（CBAC：cost-based access charge），而非有效成分定价（ECPR：the efficient component pricing rule）抑或总体最高限价（GPC：global price-caps）。后两种常见的方案一个是考虑接入的机会成本，另一个是赋予企业在价格上限范围内的自由裁量权。而第一种方案是ROR规制在政府定价中的应用。ROR规制的基本思想是：企业提供各种服务产品的总收入应等于提供服务的经营性成本（包括折旧与税收）加上投资资本的价值（即净资产）与合理利润率的乘积。其中合理利润率的确定应遵循以下原则：通过给予企业合理的利润水平，使得企业经济利润为零，既没有“垄断租金”又能达到预算平衡（Decker，2014）。

基于企业成本的政府定价规制（如ROR规制）会比无规制情形带来更多的产出刺激，并且不会浪费投入品，在限定利润率调低时产出会增加（Train，1991；Viscusi et al.，2018）。同时由于成本与经营风险被社会“完全负担”，被规制企业往往缺乏降成本的激励，并且会过分地增加资本品投入（Averch and Johnson，1962；Joskow，2014），被称作A-J效应。“准许成本加合理收益”的政府定价主要依据是被规制企业的自报成本，虽有相关法规以及审计程序约束，但不可否认的是定价成本依然是垄断企业的个别成本而非合理的社会平均成本（刘戒骄，2001；白让让，2014）。此类低激励强度的成本加成契约，还会因为串谋的存在而带来对被规制企业的资产侵吞（张伟和于良春，2007，2015）。近年来，政府定价行业产品与服务价格上涨幅度远高于CPI，但大多企业仍处于亏损或微利状态，其原因就在于个别成本为基础的价格形成机制及可能的串谋。

为何中国政府定价规制不能效法西欧国家（比如英国），实施更高的激励方案，比如有效成分定价或总体最高限价[①]？高激励方案下，由于异质性与信息不对称的存在，被规制企业容易受到更多的外部冲击；规制部门的独立程度要求更高；被规制企业降低产出与产品质量的可能性更高（Laffont and Tirole，2000）。一方面中国市场经济与社会治理的完善程度距离成熟市场经济国家仍有不小差距；另一方面中国的基础设施与公共服务供给相对不足，当务之急在于扩大供给与稳定质量。于是，现阶段中国网络型自然垄断行业的定价规制执行的是基于成本的分类定价，高激励方案待到条件成熟会逐步引入。2016年，国家发展改革委在出台《天然气管道运输价格管理办法（试行）》和《天然气

① 英国电信管理局关于BT的互联政策受到ECPR的启发（Cave，1994）；而英国电力供应系统自20世纪80年代后长期实施的是GPC方案。

管道运输定价成本监审办法（试行）》时，提出未来考虑二部制定价等高激励方案。

自 20 世纪 80 年代开始，兴起了“规制革命”浪潮，自然垄断行业规制的改革在各国不断推进。特别是竞争的引入，促进了效率的提升，也带来了新的问题。竞争的引入有利于显示企业真实成本，非对称竞争等新问题源自保有瓶颈环节的垄断企业的信息优势。信息不对称不仅会产生“市场失灵”，同时也是“政府失灵”的重要原因。在网络型自然垄断行业的规制实践中，消费者利益蒙受损失，而政府规制难以达到预期效果，大多源于信息不对称。很多人认为解决信息不对称的“激励规制”就是英国和北欧国家的 Price-Cap，是失之偏颇的。首先，并没有一种万能的模式适合所有自然垄断企业的规制，Laffont and Tirole（2000）认为高激励的 Price-Cap 与低激励的 ROR 两种方案构成合同菜单供垄断企业选择，通过观察被规制企业的选择，可以判断企业的类型（高成本与低成本），本身就构成了一个“激励相容”约束。其次，激励规制往往是社会计划者在最大化社会总福利的时候，除了参与约束外，增加一个“激励相容”约束，显示代理人类型，避免机会主义行为。这个“激励相容”不仅包括企业成本类型，也包括企业禀赋类型、企业努力水平，甚至“普遍服务义务”照顾的低收入家庭类型等。再次，在 Laffont and Tirole（1993）的经典著作《政府采购与规制中的激励理论》中，许多的激励理论与方法都是在 ROR 规制背景下展开的。最后，西方的大陆国家（比如美国和法国等）长期实施的规制也是 ROR 背景下的激励规制（刘戒骄，2001）。综上，在中国现阶段自然垄断行业普遍实施 ROR 规制的背景下，同样可以借助激励规制的思想，消除信息不对称，增加社会总福利，改进市场绩效。

（二）选题的理论意义

梳理已有文献，容易发现要求自然垄断行业进行“自由化”与“放松规制”改革的研究很多，但是很少有文章研究改革之后的新问题。似乎在自然垄断行业中引入竞争就可以一劳永逸，然而现实却并非如此。本书的第一个理论贡献在网络型自然垄断行业政府定价中考察引入激励的可能，特别地在下游可竞争环节引入竞争对手之后。激励的本质目的在于“让企业担负责任”，然而现实中网络型自然垄断行业提供非市场化的公共服务时，价格合约往往是补偿成本的“弱激励合同”。在既定条件下，引入激励能够带来企业主动降低成本，惠及所有消费者。本书的第二个理论贡献在于发现并解决“规制改革”的局限性，即下游引入竞争对上游网络型自然垄断企业带来的“压低利润与强化激励”之间的矛盾。除非监管机构有足够详细的成本信息，或能够避免网络型自然垄断行业滥用市场势力，在接入环节实施排他性。否则，企业面临的激励越强，可获得的潜在垄断利润越大，因此，强激励措施不可随意地采用。本书的第三个理论价值体现在在价格结构规制领域应用激励规制思想。激励规制理论为异质性与信息不对称条件下自然垄断行业规制提供了重要指导，但其应用主要集中在价格水平规制上。在价格结构规制领域，信息优势的企业同样会从自身利益最大化角度出发，扭曲市场效率，比如他们会以防止“资产侵吞”的名义，利用信息优势来提高接入价格来限制竞争对手进入。本书第四个理论价值体现在从企业负担到间接税同样存在着“道德风险”等信息问题，从税负角度研究激励规制。就中国网络型自然垄断行业分类价格而言，间接税是价格负担的重要组成，并且税负在分类用户之间同样存在巨大差异。这究竟是如 Atkinson 和 Stiglitz（1976）所言的扭曲，还是消费外部性和其他因素对引导消费的需要。将外部性内部化，并从 Ramsey 税制的角度可以得到符合市场绩效的税收水平。但本质上，这些间接税负是用来补偿自然垄断企业的损失，比如“公平接入”负担的“普遍服务义务”。

（三）选题的现实意义

2017 年底，习近平总书记在中央经济工作会议上指出：今后应“深化电力、石油天然气、铁路等行业改革，降低用能、物流成本”。然而“补偿成本+合理收益”的原则以及日益严格的会计监审和听证会制度，并没有遏制网络型自然垄断行业服务产品价格过快涨幅。中国公用事业改革取得了阶段性的成果，“放开两头”的目标已基本实现，“管住中间”的任务日益引起全社会的关注。本书对网络型自然垄断行业分类定价进行的激励性规制研究，是落实党中央国务院关于深化价格改革、健全政府定价制度的重要举措，是新常态下优化价格监管方式、推进价格工作职能创新的积极探索，也是适应中国公用事业发展形势的客观需要。网络型自然垄断行业价格结构上的规制设计，有助于吸引高效率的企业进入可竞争领域，有助于合理下游企业的成本负担，也有助于提升消费者的总效用水平，并最终提升社会整体福利。此外，在最优定价基础上给予企业适当激励，将有助于内部挖潜，使得自然垄断企业自觉践行“供给侧结构性改革”的目标。具体而言：

首先，有利于下游可竞争市场的公平竞争，提高市场效率。网络型自然垄断行业改革中存在的“非对称竞争问题”，根源在于市场结构的不对称。自然垄断企业独立于社会计划者的意志，在政府定价中引入激励，给予其一定的转移支付来弥补其利润损失，可以使得其能在激励相容约束下执行社会计划者目标，社会福利能够取得次优的改进。

其次，有利于鼓励公共服务领域内的企业加大对基础设施的投资与维护，增进社会福利。在开放竞争与技术进步同时存在的条件下，由于信息不对称，在位企业的前期资本投入很容易形成“经济性闲置”。政府定价规制中引入激励，有利于垄断厂商前期资本的回收，提高“事前”投资与维护技术设备的积极性，避免企业策略性行为带来的市场价格扭曲与资源配置，也不再需要依靠中央政府的行政命令来降低市场价格。

最后，有利于缓解自然垄断行业监管中的信息问题，压缩“规制俘虏”的空间，减少监管机构与监管对象的机会主义行为。然而，中国国内现有的研究大多未曾考虑其中的信息不对称问题，其后果就是其研究的结论与政策建议往往与现实不够吻合，政府部门迫切需要解决的具体问题（比如税率的设定、最低生活保障线的标准）得不到理论的指导，而不得不采取“大拇指法则”或不断地“试错”。激励性规制能够给出在规制实践中税率与转移支付（与税后收入相关）等的最优设计原则，保证“税收中性”，并减小对市场价格与消费需求的扭曲。

二、基本概念界定

由于本书所研究的规制经济学（特别是激励规制相关的）某些概念或者具有抽象性、或者存在一定的争议，为了后续的研究能够更加清晰，此处对这些概念做出简要介绍与界定。

（一）政府定价规制

在中国，价格规制往往被称作政府定价，指的是依照《中华人民共和国价格法》规定，由政府价格主管部门或者其他有关部门，按照定价权限和范围制定的价格。而在规制经济学的一般理论中，更多使用的是价格规制（Pricing Regulation）的概念，指的是政府在零售市场和生产过程的其他阶段对出售商品的数量与价格加以控制的做法。

通常情况下，市场经济国家让市场设定产品的价格，卖方设定消费者愿意支付的价格，但是还需要考虑由此价格带来的销售数量来维持利润。许多情况下，政府对于企业价格都采取放任自流的态度，只有当一种商品被认为对社会所有成员都必不可少时政府才会实施价格规制。大多数发达国家都会对那些被认为必不可少的商品的价格进行监管，比如公用事业（主要是水、电、天然气以及固定电话服务等网络型自然垄断行业）的商品或服务。特别是当网络瓶颈由自然垄断的企业所经营时，企业定价极其容易产生“掠夺消费者福利”的情况，政府的价格规制成为纠正“市场失灵”的重要工具。价格规制的关键是设定一个保证合理利润的价格，以避免降低“事前”投资和维护网络型自然垄断行业的基础设施。

（二）规制中的激励

激励结构的研究对于所有经济活动（无论是在个人决策方面还是在更大的制度结构中的合作和竞争方面）都至关重要。因此，对社会之间以及社会内部组织之间差异的经济分析等于描述参与这些集体努力的个人所面临的激励结构的差异。激励措施旨在提供物有所值并为组织的成功做出贡献（Armstrong，2015）。激励可以根据他们激励代理人采取特定行动的不同方式进行分类。一种常见且有用的分类法将激励分为三种类型，如表 1-2 所示。经济学研究中的激励通常指的是第一种类型，即薪资激励（也称财政激励）。

表 1-2 激励的三种类型

薪资激励	指的是存在一种代理人可以期待某种形式的物质奖励（特别是金钱），以换取以特定方式行事。
道德激励	指的是存在一种被广泛认为是正确特殊选择，或者特别令人钦佩，或者违背正确选择会受到舆论的谴责。从事道德激励的人可以期望获得自尊感，以及来自社区的赞同甚至钦佩；违反道德激励的人可能会产生内疚感，以及遭受社区的谴责甚至排斥。
强制激励	指的是这样一种情况：不遵守行为规范的个人将预期到社区中的其他人会使用暴力来对付他们（或他们的亲人）。比如通过施加惩罚的痛苦、监禁、没收或摧毁他们的财产。

资料来源：参考自 Dalkir（2011）的表 3-1。

在信息不对称的情况下，激励规制可以定义为有意识地使用奖励和惩罚来鼓励公用事业部门的良好表现。例如通过标尺竞争方案，将运营商的绩效与其他运营商的绩效进行比较，并根据运营商的相对绩效评估处罚或奖励。一般而言，规制部门使用的是这些基本监管形式的组合，即将规制形式结合起来的混合规制。例如，英国监管机构（例如 Ofgem）将收益率监管和价格上限监管的要素结合起来，以形成 RPI-X 的规制方案。在美国，激励率（也称为经济发展速度和/或负荷保留率）是支持特定地理区域或政治经济发展努力的公用事业战略的重要组成部分。

（三）非对称竞争

可竞争环节曾经属于自然垄断企业集团的一部分（比如加油站属于石化集团），并接入其网络环节，而改革后，却脱离了自然垄断集团。一方面外部竞争对手独立于自然垄断企业的网络，另一方面规制部门要求原属于自然垄断集团的可竞争环节独立核算。对可竞争环节的企业而言，必须要接入自然垄断行业的网络。可竞争改革后，以往企业内部的会计核算变成了市场上的"接入定价"。非对称竞争指的是具市场势力的自然垄断企业与可竞争市场中的外部竞争对手围绕"接入定价"展开的竞争。由于自然垄断企业往往具有公有制的性质，而进入市场的竞争对手多为其他所有制类型。所以，非对称竞争常被误认为是公有制与民营经济的竞争（比如刘瑞明和石磊，2011；李胜旗和毛其淋，2017）。其实，非对称竞争在本质上是市场结构问题，而非所有制之争。

（四）事前效应、事后效应与经济性闲置

Laffont and Tirole（2000）提出"任何政府定价规制都是对网络型自然垄断企业的瓶颈设施投资或总回报率规制的工具"。因此，不可避免地会对垄断企业投资和维护瓶颈设施的积极性产生影响。具体来说，会带来两个方面即"事前效应"和"事后效应"的利益权衡。"事前效应"指的是网络型自然垄断厂商能够自主灵活地开发利用网络瓶颈设施。"事后效应"指的是规制部门为扶持竞争，而允许更多的企业进入自然垄断行业中的可竞争环节。

在开放竞争与上游设备制造业存在技术进步的条件下，网络型自然垄断企业持续开发和利用原有技术设备可能会变得不经济。"经济性闲置"一般指的是由于竞争对手投资并使用了更新（价格更低、效率更高）的技术设备，而政府定价往往遵循"社会平均成本"定价，导致老技术设备的经营成本超过了新设备的竞争性租赁价格。比如随着新的5G移动通信技术的投入运营，新的服务商能够提供可替代的更廉价、更高效的通信服务，此时原有的移动通信服务就将变得很不经济。

（五）前瞻性长期增量成本定价与历史成本定价

在服务成本定价规制方法的实践中，通常存在两大类的定价方案，即追溯基于成本定价（也称历史成本定价）与前瞻性长期增量成本定价。假设有几种服务共同使用了一个网络瓶颈设施，依照"历史成本定价法"，规制部门在政府定价过

程中，首先将特定成本分摊至归属的服务费用，然后再将剩余的成本平均地分摊至每个服务费用项目中。有时分配的方案是依据使用量的多少来进行的，比如固定网络通信企业的固定电话、固定网络以及其他增值服务的服务费用的定价就涵盖了“固定成本”或“共同成本”。

为了消除历史成本定价中“成本相加”的特征，对网络型自然垄断行业的成本效益产生更多的激励，20 世纪美国和欧盟在规制改革中陆续提出并实施“前瞻性长期增量成本定价法”。它是将瓶颈网络的成本以前瞻的方法进行计算，即建立在目前最有效的技术成本基础上，以及对某些可能被使用的技术设备的成本预测与折旧方案的基础上。

（六）普遍服务义务

按照美国联邦通讯委员会（Federal Communications Commission）（1996）的定义，“普遍服务义务”一般是指“以消费者能够承担的价格水平，向低收入群体、农村和偏远地区及其他高成本地区的所有消费者提供质量保证的基本服务”。

“普遍服务义务”的实施往往与两个理由紧密相关。首先，是“对有需要的困难消费者的再分配”。这部分人群一般包括低收入家庭、残疾人、老年人和交通不便的农村与荒岛居民。网络型自然垄断行业提供的基本公共服务，往往需要向他们提供倾斜的保障政策，以避免由于资费调整带来的不利影响。其次，是“区域均衡发展规划”。区域发展规划的目标是鼓励居民从拥挤的大城市向外迁移，并且保证一国国境范围内经济与人口分布的均衡和谐。网络型自然垄断行业服从“区域均衡发展规划”是基于外部性的考虑，即大城市非内部化的拥挤产生的外部性，以及维持农村和偏远地区居民的基本社会服务福利。

三、研究目标

本书研究的主要目标是：运用机制设计理论，完善政府定价行业规制中的激励机制，使得降成本与保质量成为各方的合意性选择。针对异质性造成的激励效果大打折扣问题，借助参数与非参数的方法，甄别并化解其干扰效果。此外，将机制设计与异质性问题从静态博弈扩展至动态博弈模型，解决相关方（在位企业与潜在竞争者）的后顾之忧。总之，本书研究的目标是用坚实的经济学分析，为中国政府定价行业的价格形成机制与激励规制研究提供基础，为中国改革攻坚与公共服务部门供给侧结构性改革提供政策理论支撑。

第二节　国内外相关研究综述

规制改革以来，越来越多的国家和地区实行了更高强度的激励方案，比如放松规制以利于竞争和进入，还有一些国家发生了所有权的变更（比如英国，但这个变更已经被证明不只是单向的私有化，也包括“再国有化”）。与此同时，学术界的争论试图阐述传统规制理论中的缺陷。传统的规制理论基本上都忽视了激励问题，或者说，传统规制理论相对简化的模型假定完美（或对称）的信息结果，往往是不切实际的。因为实践中政府定价所需要的企业私人信息，规制者往往是得不到或不可信的。20 世纪 70 年代以来，产业组织理论被介绍到规制理论中，极大地促进了规制理论的发展。这些与学术界和政策界对“激励”与“次优”认识不断加深有关。但是更加切合实际、更具操作性的理论与政策还有很长的路要走。本节从四个方面回顾和总结了规制理论与激励规制的一般发展脉络，而更加详尽的文献综述则依据具体研究内容在本书的第二、三、四、五章节中详细展开。

一、政府规制理论研究

经济学家们很早便开始关注政府定价行业的规制与激励问题。科斯（1945）认为政府对自然垄断行业的补贴应该建立在最大化社会总福利（消费者剩余加生产者剩余）的基础上。而价格往往并不能充分反映社会福利[①]，所以边际定价并不适用于公用事业。其后的研究又发现：规制者很难观测到被规制企业是否尽心竭力地降低成本或提升质量。很长一段时期内，因为规制机制理论的缺失，规制者只能依靠“大拇指法则”去规制自然垄断行业，比如 ROR 规制。20 世纪 80 年代兴起的规制改革浪潮，受到两个经济因素的推动。首先是垄断企业往往缺乏降成本的激励，并且会过分地增加资本品投入（Joskow，2014）。降低成本是未来定价的基础，如果垄断企业无节制地花钱，受 ROR 规制“成本加成”特性必然带来令人不满的成本和价格行为。20 世纪 70 年代后期，学界陆续涌现出一批旨在通过下放定价权以解决规制标准的研究。Vogelsang and Finsinger（1978）提出在不清楚成本与需求函数的情况下，可运用交互的 ROR 规制去匹配长期 Ramsey 定价（Majidi and Baldick，2020）。Loeb and Magat（1979）认为规制者

① 由于公用事业的产品与服务多带有外部性，并且对其做产权界定并不经济。

即使不清楚成本方程，但只要了解到需求函数，也能运用最优边际成本法则对产出定价，所需条件是风险中性的代理人（被规制企业的决策者）成为剩余索取者（Khastieva et al.，2019）。最高限价规制就是其政策的具体体现。然而，财政资金的转移支付同样存在着机会成本，即使将剩余索取权赋予被规制企业，依然无法避免社会福利的损失。在政府既定目标与信息不对称条件下，规制者需要在两个目标（激励企业降低成本与抽取企业租金）之间寻求平衡，这要求规制者能够设计出合理的机制。

二、激励规制研究

Baron and Myerson（1982）的研究首开规制机制设计的先河，他们假定被规制企业的成本函数是既定且难以改变的，从而排除了生产无效率与成本泛滥。Sappington（1982）在此基础上做了进一步拓展，假定被规制企业能够采取不可观察的行动降低生产成本，并将其内生化。但如果规制者受限只能提供线性合约，那么最优的合约条款应如何书写？Laffont and Tirole（1986）的研究回答了上述问题。他们将政府（或规制者）作为委托人，将被规制企业视作代理人，规制者能够观察到最终实现的成本，但无法有效观测努力水平，企业则具备此类信息优势。在厂商纵向差异前提下，为实现社会总福利最大化目标，应同时构建参与约束与激励相容约束（Tirole，2017）。L-T 模型不仅标志着激励规制理论的创立，而且在经验研究中得到良好的检验与运用，比如可以解释为什么最高限价下的电信企业会索取较低的资费（Mathios and Rogers，1989；Hahn et al.，2020），同时报告较高的利润（Ai and Sappington，2002；Hellwig et al.，2020）。然而，激励规制始终需要面对的一个难题是：被规制企业由于禀赋差异形成的异质性条件，深刻地影响着生产效率与生产成本，并且此类信息在企业与规制者之间不对称。

尽管激励规制在理论上带有进步性，但在规制实践中运用并不广泛，信息不对称会降低激励规制的实施效果，规制者应该充分利用已有信息来降低不对称。标尺竞争能最大程度地消除缺乏竞争带来的效率损失，这对于在网络型企业规制特别重要。因为他们在产品市场上没有竞争者，同时也不需要为特许权开展竞争。规制者只需向所有异质性企业提供附带“相对绩效评估”的固定价格合约就足够了（Shleifer，1985；Cooper et al.，2019）。然而，受规制企业往往个体异质性超过共同特征，并且存在串谋的可能，使得标尺竞争在规制中的运用并不普遍，例如英国电力部门的实验收获激烈的争议（Vickers and Yarrow，1991；Mariotti and

Marzano，2019）。个体特异性超过共同特征，使得统一的激励体系标准变得不可行，只能以计量方法分析形成的指数作为成本标准用作激励报酬的基础（Joskow and Schmalensee，1986；Abito，2020）。当厂商间的个体差异不容易被规制者所观测时，所有厂商都有激励发送禀赋差的信号，以期规制当局提高其成本标准，发放更多转移支付。企业从隐藏它的类型中得到租金是导致“棘轮效应”的根源（Zou，1989；Kunz，2018）。在企业与政府之间信息不对称的情况下，政府规制的关键是如何通过政策选择来界定公司的类型（Laffont and Tirole，2000；Tirole，2017）。一些学者对线性激励方案的调整做了博弈论的分析，比如 Gong et al.（2017）考察规制者与其他企业之间的协调，而 Einav et al.（2020）则区分了两类企业、两个周期。

三、价格结构与激励规制研究

早期的文献很少意识到网络型自然垄断行业的纵向结构，于是将其视作三级价格歧视（Bruggink，1982）。然而，非居民用户（主要是工商业企业）都是向居民提供消费品的下游企业，三级价格歧视论忽略了居民对工商业产品的需求与效用。在可竞争市场中，在位自然垄断企业向下游竞争者提供接入服务，并收取接入费用。有效的接入价格以成本和使用量为基础，统一的接入定价使得在位者放弃高使用率用户与低使用率用户间的区别，想要保留可选的资费方案，必须允许区别定价的存在（Garrett，2019）。此外，接入定价还需要考虑批发价格与零售价格的关系。可竞争市场理论是将二者相结合的规则，要求在位者收取的接入费用不得高于其在竞争市场中的机会成本（Baumol et al.，1982）。这条规则（Baumol-Willig 法则）能够为进入者提供准确的信息，只有效率超越在位者的潜在进入者才会进入市场，并且进入对在位者利润的影响是中性的（Besanko and Cui，2019；Gilbert，2020）。最后，进入者的市场势力也是接入定价需要考察的重要方面。在进入者具备市场势力，并且固定进入成本较高时，有效接入费用应等于 ECP 标准减去进入者的成本加成。但出于抽取进入者租金的目的，接入价格的设定实际上通常会高于“ECP 减 m”的标准，修正往往依赖于企业的竞争类型，即基于古诺竞争（Brito and Pereira，2010）或者基于伯川德竞争（Laffont and Tirole，1994；Bose et al.，2017）。以上对于接入定价的分析具有一个共同的前提，即信息在企业与规制者之间是完全对称的，而现实情况却恰恰相反。

信息不对称与企业异质性对于接入定价及其福利效应具有广泛影响，并且已经成为网络型自然垄断行业规制研究的一个热点。投资性质的不同对在位者未来的固定投资意愿的影响：若投资质量提升的边际成本较低，两种类型的投资都只会提高接入价格，若用于降低成本的边际成本较低，则接入价格上涨后两种投资都会被压缩（Vareda，2010；Quaglione，2018）。在信息不对称的古诺市场中，完全分配成本会导致很高的投资，而风险分担有利于消费者，因为它将相对较高的事前投资激励与强大的事后竞争强度相结合（Nitsche and Wiethaus，2011；Bourreau et al.，2020）。信息不对称条件下的接入价格规制还会影响创新，在标准的双寡头模型中，事后接入合同较少引起重复投资，相反事前合同却可以用来抑制竞争（Inderst and Peitz，2012；Briglauer et al.，2019）。另外，与统一接入定价相比，考虑空间异质性的接入定价规制能够改进社会福利，并且刺激在位者投资（Bourreau et al.，2015；Henriques，2020）。

四、网络型自然垄断行业政府规制的实践

中国特有的国情与自然垄断行业的改革实践，影响着中国学者对网络型自然垄断行业的研究。早在 20 世纪 80 年代，经济学家们就认识到“瓶颈”产业对国民经济发展与社会福利改善的制约作用，并提出改革的建议（李泊溪等，1988）。中国公用事业在很长一个时期存在供给不足的问题，原因被归结为垄断经营和政企合一，所以早期对公用事业改革的研究主要集中在开放市场。可竞争市场理论（Baumol et al.，1982）提出存在潜在进入者的市场结构，可有效抑制在位企业的无效率行为。该理论指导下，中国公用事业改革将公用事业纵向分离，其中可竞争性领域逐步向市场开放，同时为保证规模经济而广泛实施特许权拍卖（吕荣胜等，2009；陈凯荣，2013）。另一方面，铃村兴太郎和清野一治提出“过多加入定理”，证明过多数量企业的加入，可能会降低社会福利，需要维持某些行业企业的强自然垄断地位，比如川渝天然气管网（白兰君，2003）。于是，中国公用事业经过多年改革，逐步形成可竞争市场的生产与配售环节，以及保有政府定价的网络环节。

竞争性领域效率较高，价格形成往往依照“最高限价”原则；而网络环节的厂商沉没成本高、经营周期长，更倾向于接受“固定投资回报率”的政府定价（王俊豪，2001）。公共网络产业政府定价的主要依据是被规制企业的自报成本，定价成本是垄断企业的个别成本而非合理的社会平均成本，企业就不会有降成本的激励，反而会有虚报成本的诱惑（刘戒骄，2001）。此类低激励强度的成本加成契约，还会因为串谋的存在而呈现规制掠夺的特征（张伟和于良春，2007）。近年来，政府定价行业产品与服务价格上涨幅度远高于 CPI，但大多企业仍处于亏损或微利状态，其原因就在于个别成本为基础的价格形成机制及可能的串谋。引入竞争机

制，将公用事业产业链中的“弱自然垄断环节”分离并引至竞争的市场环境中，在很长一段时间内成为中国公用事业改革的方向。随着中国公用事业产业链的纵向分离与“弱自然垄断环节”的市场化改革，竞争性环节与“瓶颈”环节之间的接入定价问题逐步为学界所关注。

早期的研究着眼于价格水平基准，比如有研究认为在中国目前并不具备实施价格上限的条件，而合理的二部制定价机制或许能够作为替代，实现接入定价的 Ramsey 准则（于立和姜春海，2007）。在二部制定价基础上考察异质性，可以证明新的定价体系能够改善网络拥堵问题（干春晖和周习，2006）。随着中国放松规制的实践，陆续有学者将目光投入到价格结构领域，比如姜春海（2005，2008）开始在中国分类定价中引入 ECPR 并且认为外部性会限制 ECPR 不能达到最优规制效果。网络型自然垄断行业与政府规制间存在着博弈，就其策略性行为，网络型自然垄断行业的企业具有遏制接入（如果开放管网缺乏强制力）或提高接入价格的激励，要实现公平开放目标，需要在分类定价中引入激励性定价规则（王俊豪和程肖君，2007、2017）。此外，针对双边市场存在的交叉网络外部性等特征，需求价格弹性与偏好强度的变化，会引起平台接入收费伴随竞争的加深而逐步趋近于 Ramsey 基准（石奇和孔群喜，2009）。然而，由于企业异质性与信息不对称的存在，统一的定价体系无法纠正“逆向选择”与“道德风险”，Ramsey 定价基准在中国网络型自然垄断行业的接入定价规制中并不会自然达成。如同 Stiglitz（1977）关于保险市场的最优保险费率设计一样，需要对统一价格体系做出调整以实现“分离均衡”。在非对称信息条件下，带有区别定价形式的接入价格规制能够影响潜在进入者决策，进而影响网络型自然垄断行业市场结构以及社会福利（安玉兴和田华，2003）。同理，在信息不对称的双边市场中，独立的接入定价并不会带来平台企业滥用市场势力，反而强制性接入会扭曲 Ramsey 定价基准（陆伟刚，2013）。

综上，学者们达成了某些共识，比如网络型自然垄断行业的政府定价应以实现社会福利最大化的 Ramsey 定价为基准，而信息不对称与企业异质性要求在政府定价规制中引入适当的激励。但是，如何在具体规制实践中落实激励规制的原则，无论是在当前中国的学术界还是实践领域都没有达成一致的意见，突出的表现就是网络型自然垄断行业的政府定价往往缺乏对代理人（垄断企业以及部分需要照顾的特殊消费者）的显示真实信息“激励”。本书的研究旨在揭示自然垄断行业的激励规制绝不是由激励程度低、抽租效果好的“收益率规制”转变为激励程度高、抽租效果差的“价格上限法”或“特许权拍卖”。最现实的做法应该是围绕政府定价规制的具体内容，比如分类定价、接入定价、技术进步与折旧、普遍服务义务，剖析其中的信息不对称问题，以“激励相容”的思想去化解其中的委托－代理问题。

第三节 研究框架

本书的基本思路是将激励规制的思想运用在网络型自然垄断行业政府定价的主要方面，并且激励规制模型的基本结构在本书后续章节始终保持不变。

一、主要研究内容

本书对中国网络型自然垄断行业的分类定价与激励规制问题进行研究，具体内容包括：

（一）分类定价与市场绩效

公平有效的分类定价取决于需求和成本，即以成本和使用量为基础。最优的区别定价要求：零售价格越低，零售市场上的需求就越有弹性。因为上下游企业之间互补的纵向结构，零售市场的区别定价反映在了批发价格（接入定价）上。受规制的自然垄断企业其定价应根据拉姆齐-布瓦特定价制定，由于其反映了边际成本和需求弹性而使得市场效率扭曲最小。拉姆齐定价能够反映出纵向结构中各类企业的市场势力与自然垄断企业面临的竞争压力，从而揭示出市场绕道与“撇脂”的可能性。拉姆齐式的分类定价考虑了不同服务产品之间的互补与替代关系。通过计算网络型自然垄断行业最优分类定价的基准，能够发现影响其变化的各种因素，而加入激励修正等更加贴近现实。根据最优定价基准，可以估算出中国网络型自然垄断行业的最优分类定价水平。通过其与现行分类定价标准的比较，既可以估算社会福利损失，也可以找到改进市场绩效的方向。但是，在利用最优定价基准估计分类定价水平以及具体的规制过程中，存在一些需要延伸的地方。

（二）可竞争市场与公平接入

分类定价中自然垄断企业制定的可竞争市场对手的接入服务与价格，不仅体现了需求，也体现出有效成分定价规则（ECPR：the efficient component pricing rule）。然而，现实中网络型自然垄断企业通常会有垄断互补的上游或下游市场的动机，这就涉及可竞争市场的公平接入问题。如果被规制产业存在直接或潜在的竞争，政府定价机制的焦点将转移至接入与覆盖问题。最优接入价格是以使用量为基础的，因而本身具有歧视性。许多学者反对拉姆齐接入定价法的这一隐含结果，主张“公平非歧视”（fair and nondiscriminatory）的接入定价。“公平非歧视”源自批发市场的竞争策略[比如美国《罗宾逊–帕特曼法案》（*Robinson–Patman Act*）]，并被编入几乎所有规制在位者批发交易的条例中。禁止批发价格（接入价格）歧视适用于二级和三级价格歧视。二级价格歧视涉及二部制定价，而三级价格歧视则涉及 ECPR。拥有瓶颈设施的纵向一体化垄断厂商通常具有强烈的动机通过收取高额的接入价格进行价格挤压，或利用非价格手段对竞争对手进行排他性打压。对于这些反竞争的策略性行为，除《反垄断法》约束外，也应借鉴国外激励性规制经验设计事前预防的机制。

（三）接入定价与基础设施投资

除了过高的接入价格造成组织有效率的进入者进入之外，有时由于互补的上游或下游企业拥有市场势力，使得接入费用低于有效成分定价（比如“ECP–m”）。在中国电网销售电价过程中，大工业用电（电解铝、氯碱、烘焙等）接入定价接近居民用电价格，却低于一般工商业与农业用电，可能就属于接入定价中的“规制掠夺”问题，很明显这会降低被规制企业对基础设施的投资与维护。关于基础设施投资的研究大多集中在总体价格水平相关的合约、投资收益率等方面，比如 A–J 效应，又比如“棘轮效应”。事实上价格结构对基础设施的投资也有重要影响。较高的接入费用使得在位者保持在可竞争市场的垄断地位，会导致低效率的市场绕道；较低的接入费用会导致低效率企业的进入，降低在位企业对基础设施维护和升级的激励。此外，合理选择接入费用并非易事，困难在于如何确定合理价格结构以及可能发生的交叉补贴。企业投资的激励由此存在巨大差异，如何平衡接入定价与企业投资之间的关系，是此局面下机制设计的重点。一方面要允许企业征收全部的前瞻性长期增量成本；另一方面要允许加速折旧。前瞻性长期增量成本定价消除追溯式接入定价中的“成本相加”，具有较好的静态的成本效益（降成本）激励，并可能对动态效益（投资、创新）激励产生影响。加速折旧的原因则在于规制与自由化使得之前网络型自然垄断行业无限期的折旧过程不再现实。综上，被规制企业往往存在以防止资产被侵吞的名义，利用信息优势来提高接入价格限制竞争对手的进入。如何处理好规制掠夺与公平接入的平衡关系，以激励规制方案化解其中的信息问题成为关键。

（四）普遍义务与税收结构

另一个需要延伸的地方是，在中国网络型自然垄断行业的总体分类定价中，往往含有数额不低的间接税负，并且此类税负在分类用户之间存在巨大差异。现实中的自然垄断企业往往承担着“公平负担”或“普遍服务”义务，但不应动用交叉补贴的工具去扭曲市场配置效率，而应对“确实需要的消费者实施再分配”。即对特殊困难群体提供帮助，以免由于费率的重新平衡而导致价格大幅度上涨，影响社会福利。除此“普遍服务”的目标之外，网络型自然垄断行业提供的“公共服务”还应担负其他目标，比如“保证国防领域的需要”“保护无人代表的后代利益的需要”等。这些目标往往需要长线投资，而对投资的补偿尽量由政府采购的形式，避免市场效率的损失。Atkinson 和 Stiglitz（1976）证明，实现再分配的最佳途径是直接征收收入税，而间接税由于操纵产品和服务的相对价格因而是低效率的。同样以间接税（如水资源费）引导居民消费特定的产品与服务，而减少另一些商品的消费，也是低效率的。然而，A–S 定理赖于大量的假设，许多条件至少在中国当前时期很难达到。比如税务部门对不均等收入来源无法完美界定，又比如消费具有外部性。这就是为何中国规制部门仍要采用间接税的形式，为消费者传递如何合理消费珍贵的自然资源，比如水、电、天然气等。因此，首先考虑将经济外部性内部化并结合 Ramsey 最优税收，寻找符合市场绩效的最优税收水平。其次，在政府制定间接税的过程中，特别是政府规制部门与被规制企业之间存在信息不对称的情况下，激励规制在此就有了用武之地。

二、基本思路

本选题的研究思路是一个典型的规制经济学理论研究范式，将秉承社会福利目标下激励企业行为的次优福利目标，在现有规制与激励规制理论模型基础上，考察中国网络型自然垄断行业规制中的纵向结构与激励问题。通过观察中国网络型自然垄断行业（比如城市自来水、电力、燃气与热力等）的定价办法与价格公示等与政府定价的相关材料，发现中国网络型自然垄断行业政府定价的几个重要方面，并将其中的某些问题（比如公平接入、经济性闲置、普遍义务等）逐步引入框架内，从零售定价、接入（批发）定价、以及公平税负探讨网络型自然垄断行业分类定价中的激励问题及解决方案。最后，在理论分析基础上，设计实证方案评价新的激励规制方案，并对中国网络型自然垄断行业的激励规制提供参考与建议。需要说明的是，由于篇幅所限，信息不对称条件下自然垄断行业政府定价的“契约周期”“所有权变更”与“规制俘虏”等不在本书的讨论范围。

三、具体研究方法

本研究的核心是将规制经济学与信息经济学的有机结合，具体而言，包括以下几个方面：①运用 Ramsey-Boiteux 定价模型，得到多产品企业的最优定价结构，同时参照 L-T 模型的方法将最优定价结构从完全信息局面扩展至信息不对称的局面。②在伯川德竞争与豪泰林模型条件下，分析开放可竞争市场带来的“业务抢夺”与“价值创造”效应，并利用动态博弈，揭示垄断企业如何利用信息优势，通过“接入定价”形成非对称竞争。③通过引入上游技术进步与竞争性进入，比较追溯式与前瞻式两种成本定价方案。并在此基础上引入信息不对称，寻找网络型自然垄断企业基础设施投资中“事前效应”与“事后效应”的均衡。④借鉴 A-S 模型对自然垄断行业“普遍服务义务”直接税与间接税方案比较，寻找不完全信息条件下最优税制结构。⑤为了验证以上理论分析结论。本书使用了哈伯格三角、双重差分、模糊断点回归等方法做经验与实证分析。

第二章 网络型自然垄断行业分类定价与激励规制

随着自然垄断（绝大部分为国有）企业逐步建立现代企业制度，成为自负盈亏的经济法人，自然垄断行业规制的目标也应逐步与世界接轨，即为企业预算平衡约束下的社会福利最大化问题。本章以中国城市自来水行业的分类定价为例，研究并给出网络型自然垄断行业多产品经营时的最优定价基准。另外，在考虑自然垄断企业成本上异质性与信息优势的基础上，进一步给出了（考虑激励修正的）次优定价基准。同时为了验证结论的可行性，通过对北京市城市自来水分类定价的福利分析，揭示出网络型自然垄断行业价格扭曲问题的本源。未来的政策调整首先应找准最优的定价基准，其次需要引入正确的激励措施。非市场原则的交叉补贴只会带来更大的扭曲与社会福利损失。

第一节 引 言

如果自然垄断行业中的某个企业（比如城市自来水公司）销售的产品之间存在差异（或定价中区分了不同类型的消费者），区别定价与激励问题将变得尤为重要（Laffont and Tirole，1993）。现实中，许多网络型自然垄断行业存在多种产品，对应地，也存在多种定价。比如中国的城市供水行业，就产品属性而言普遍为同质商品，并且“同水同价”的原则也为政府和社会所倡导。但在城市供水的实践中，却长期存在着区别定价（或称价格歧视）的现象：不同的用户因为身份特征的差异，在购买同样数量与品质的自来水时，需要支付差异巨大的费用[①]。这被称为“分类水价”，同时分类电价、分类气价等类似情况比比皆是。

一、问题提出

中国网络型自然垄断行业的政府定价中长期执行分类定价。比如早期城市供

① 表象上非常类似三级价格歧视，但却绝不仅仅是三级价格歧视的作用，本章将在后续部分给出解释。

水价格根据使用性质划分为居民用水、行政事业用水、工业用水、经营服务用水以及特种行业等用水五类水价。其后，根据中国国家发展和改革委员会等部门“简化水价分类和调整城市供水价格”的要求，许多省市陆续将五类水价合并为三类水价，比如《湖北省城市供水价格管理办法》（鄂价环资规〔2014〕72号）。截至2018年10月1日全国36个主要城市中仅有昆明、大连、乌鲁木齐和拉萨暂未实施三类水价（见表2-1）。

无论国家还是地方政府出台的《供水管理办法》，均规定城市分类水价由城市所在地的政府价格主管部门（一般由城市的发展和改革委员会主导）会同供水行政主管部门（城市水务局和城市投资集团）共同确定。但是作者在参与武汉市自来水价格调整的过程中，了解到与居民生活用水价格的形成机制不同，非居民与特种行业用水价格的制定往往不需要通过“听证会”，实际操作过程不仅缺乏监督，而且没有明确的定价方案与依据。如表2-1所列的中国36个大中城市非居民用水

表2-1　全国36个省会及副省级以上城市现行供水价格统计表

单位：元/立方米

序号	地区	居民	行政事业	工业	经营服务	特种行业	序号	地区	居民	行政事业	工业	经营服务	特种行业
1	天津	4.00	6.65	6.65	6.65	21.05	20	乌鲁木齐	2.10	4.88	3.14	4.88	17.30
2	北京	3.64	6.50	6.50	6.50	157.00	21	福州	2.10	2.30	2.30	2.30	5.00
3	长春	3.60	5.40	5.40	5.40	19.60	22	成都	2.08	3.03	3.03	3.03	10.63
4	郑州	3.45	4.55	4.55	4.55	15.55	23	广州	1.98	3.46	3.46	3.46	20.00
5	石家庄	3.31	5.40	5.40	5.40	36.33	24	上海	1.92	2.62	2.62	2.62	15.67
6	济南	3.20	4.75	4.75	4.75	16.60	25	杭州	1.90	2.65	2.65	2.65	3.60
7	西安	2.85	4.38	4.38	4.38	16.10	26	合肥	1.90	2.00	2.00	2.00	7.60
8	深圳	2.67	3.77	3.77	3.77	16.17	27	西宁	1.83	2.34	2.34	2.34	10.49
9	重庆	2.50	3.25	3.25	3.25	9.35	28	贵阳	1.82	2.64	2.64	2.64	9.09
10	青岛	2.50	4.00	4.00	4.00	16.00	29	兰州	1.75	2.69	2.69	2.69	15.95
11	昆明	2.45	3.60	4.35	4.35	14.10	30	海口	1.75	3.20	3.20	3.20	10.00
12	哈尔滨	2.40	4.30	4.30	4.30	16.40	31	长沙	1.63	2.49	2.49	2.49	5.76
13	宁波	2.40	4.32	4.32	4.32	12.00	32	南京	1.62	1.87	1.87	1.87	2.85
14	沈阳	2.35	3.85	3.85	3.85	17.00	33	南昌	1.58	2.37	2.37	2.37	7.90
15	呼和浩特	2.35	3.50	3.50	5.00	20.00	34	南宁	1.55	1.59	1.59	1.59	5.07
16	太原	2.30	4.00	4.00	4.00	48.00	35	拉萨	1.54	2.00	2.00	2.20	4.70
17	大连	2.30	3.20	3.52	3.52	22.00	36	武汉	1.37	2.12	2.12	2.12	8.10
18	厦门	2.20	2.20	2.00	2.00	7.00		平均	2.31	3.48	3.45	3.55	18.33
19	银川	2.20	3.30	3.30	3.30	20.00							

注：其中供水价格包括水费加水资源费，不包括污水处理费。截至2018年10月1日。

资料来源：作者根据各地自来水公司官方网站的公开信息数据整理。

平均价格为居民用水平均价格的1.5倍，而特种行业用水平均价格高达居民用水

平均价格的 8 倍。这样的收费标准是否合理？这种现象是符合社会福利最大化还是扭曲了市场绩效？

（1）区别定价（或称价格歧视）带来社会福利的改进还是损失，需要依据“论辩原则”。就城市供水行业而言，分类水价不过是将销售到不同市场上的同类商品进行区别定价。如果被规制企业（城市自来水公司）能够在统一价格与区别定价两套方案间进行选择，低弹性市场的用户会受到区别定价的不利影响，而倾向于统一定价；相反，高弹性的用户更乐于接受区别定价。在规模报酬不变条件下，区别定价的好处在于能够减少垄断定价带来的产出不足。但是，区别定价同时会在消费者之间额外产生分配的成本。如果区别定价不能增加总产出或增加的幅度有限，社会福利将会因此蒙受损失（Varian，1985）[①]。因此，网络型自然垄断行业区别定价是否合理，关键在于其增加总产出所带来的福利改进能否抵消在消费者之间分配产品所花费的成本。就目前中国城市水价而言，如果由分类水价改为统一定价，势必会加重居民用水负担，而减轻企业负担。考虑到二者的弹性差异，总产出会有下降趋势。进一步地，考虑二者在用水量上的差异（见图 2-1），总产出下降幅度会更加剧烈。由此，从反面证明：区别定价能够带来总产出的扩大，考虑到区别定价所产生的成本比较低廉（如专门的水表与营业人员等），而在成本中占比较大的管网与制水成本一般是无法区分的，因此社会总福利应该是改进的[②]。

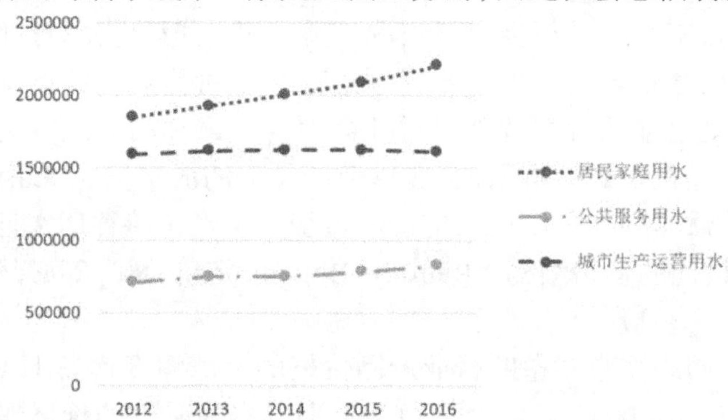

图 2-1　城市生活用水与生产经营性用水的售水量比较

资料来源：作者根据《城市供水统计年鉴》（2015-2017）数据整理，单位：万立方米。

① 当规模报酬递增时，Hausman 和 Mackie-Mason（1988）给出了区别定价增加社会福利的一般条件。

② 一个有意思的话题是网络型自然垄断行业通常也是受自然资源约束的行业，节约资源的约束，使得在某些条件下总产出下降并非坏事。为简化分析，本章对网络型自然垄断行业的分析建立在总生产水平始终处于资源与环境约束范围内的假设。具体到城市自来水行业，就是自来水供应在可预计的范围内不会触及资源与环境的红线。

（2）中国网络型自然垄断行业的分类定价往往包含了多种定价机制。比如城市自来水行业中，居民用水与非居民及特种行业用水的定价本身存在着差异：一个是终端消费品的零售价格，另一个是重要中间投入品的批发价格。直觉上，对非居民和特种行业征收的高额水价，最终将会全部或部分地转嫁到居民身上。考虑到该因素，区别定价带来总产出扩大的福利效应将被极大地抵消，并且此类区别定价扭曲到一定程度会降低社会福利水平。此外，某些下游行业的接入费用常常占其经营成本的比例很高（比如特种经营行业的用水成本），因而很容易被自然垄断企业所控制。于是，一方面，进入的企业不得不接受自然垄断企业的盘剥；另一方面，高昂的接入费用也限制了潜在竞争者的进入。特别是自然垄断企业能够不受限制地参与下游行业企业经营（比如城市自来水公司拓展纯净水、洗浴等特种经营业务）而又不受反垄断规制时，情况将更为严重。由此可以推断：中国城市自来水行业目前施行的分类定价大概率会降低社会总福利。

（3）中国网络型自然垄断行业（比如城市供水行业）的定价依据“准许成本+合理收益”原则，并且执行较为严格的程序[①]。但是在中国规制实践中，严格的程序性要求仅存在于居民用水价格方面，在非居民与特种行业用户水价的制定过程中既缺乏切实的方案，亦鲜有严格的程序。一般非居民与特种行业用水价格由城市自来水公司根据自身情况核算，并上报价格主管部门备案，就完成定价。在居民水价与其他用户水价制定存在不对称规制的条件下，交叉补贴势必成为被规制企业的现实选项。对社会而言，最优的分配应基于被规制企业的总成本，而不是使用那些拆散的、在单个产品上的成本信息（Laffont and Tirole，1990）。交叉补贴额外加重了接入定价的边缘竞争者（特种用水行业为代表）的负担，破坏了最优的价格结构（Ramsey-Boiteux 定价规则），必然会带来市场绩效的扭曲。

（4）虽然网络型自然垄断行业产品价格的上涨幅度远高于 CPI，但大多企业仍处于亏损或微利状态。原因可归于个别成本为基础的价格形成机制，以及垄断厂商利用信息不对称谋取不当租金。为纠正网络型自然垄断行业内因信息不对称引起的“逆向选择”与“道德风险”问题，规制部门需要为其提供“信息租金”与“激励”（参见 Myerson，1979；Laffont and Tirole，1988）。这会打破原有的预算平衡，形成新的社会福利次优解，也就是说新的价格基准会比完

① “定价机关制定价格，应当履行价格调查、成本监审或者成本调查、听取社会意见、合法性审查、集体审议、作出制定价格的决定等程序”（《政府制定价格行为规则》（2017）第八条）。

全信息条件下的价格基准有所提高。因此，测算区别定价的合理区间时，应充分考虑信息问题对价格结构方面的影响，对“信息租金”与“激励修正”做出甄别并承认其合理性。

（5）网络型自然垄断行业的价格规制中，在可观察的成本之外，还存在着对销售量不敏感的网络建设成本以及“普遍服务”产生的亏损①。通常它被财政补贴所弥补，在中国此类补贴很大一部分来自网络型自然垄断行业的定价中存在的间接税负，比如“水资源费（税）”。并且各类用户面临的税率同样存在不小的差距，起到了引导消费的作用，例如自2015年起北京三类供水用户分别承担着1.57元/立方米、1.63元/立方米和157元/立方米的水资源费（税）。Atkinson and Stiglitz（1976）曾经证明此类操纵相对价格实现的再分配是低效率的，在中国此类税负却正在试点并积极推广之中②。如何理解该经济现象，需要从理解与突破A-S定理的两个不同角度去寻找原因。

综上所述，理论的分析与实践的检验都证明：中国网络型自然垄断行业分类定价本身符合社会福利原则。但现有分类定价实践既缺乏合意性的标准，又受困于信息不对称问题，结果就是制定出的价格很可能会偏离社会最优基准，造成社会福利损失。在中国网络型自然垄断行业的分类定价中，具有合理性的部分包括：基于拉姆齐-布瓦特定价的成本加成以及基于信息不对称的“激励修正”。需要讨论合理性部分的包括政府征收的间接税负（如水资源税）等。扣除这些合理因素外，中国网络型自然垄断行业的分类定价中是否存在某些不合理的因素，影响市场绩效，降低社会总福利？如果存在，其造成的社会福利损失会有多大？如何设计机制以规避福利损失？这些将是本章着力研究之处。

二、文献综述

网络型自然垄断行业的区别定价并非中国独有的现象，世界上其他国家也有类似现象。比如美国的城市自来水价格也有三类水价，只是居民价格最高，商业用水次之，工业用水价格最低，同时不存在特种行业用水一说。类似的情形也普

① Laffont and Tirole（2000）认为“普遍服务”一般包括：对低收入用户提供基本业务的补贴；使得高成本地区（农村或孤岛）在“经济上可以承受”。在中国网络型自然垄断行业的定价规制中，通常被称作“公平负担”原则。

② 2017年11月28日《扩大水资源税改革试点实施办法》正式发布，2017年12月1日起，中国将目前在河北省开展的水资源税改革试点，扩大至北京、天津、山西、内蒙古、河南、山东、四川、陕西、宁夏9个省区市。参考自“12月1日起，水资源税改革试点增加9省份”，中国政府网，2017-11-29，http://www.gov.cn/xinwen/2017-11/29/content_5243077.htm.

遍存在于美日欧等发达国家（张璐琴和黄睿，2015）。如果要从市场经济较为发达的国家找出与中国目前分类定价类似的案例，只有在某些国家或地区因为缺水而实施自来水配给的特殊历史时期方可寻找到（比如 20 世纪 90 年代美国的圣克鲁兹市）（Nataraj and Hanemann，2011）。

早期的研究并没有意识到网络型自然垄断行业的纵向结构，于是将其视作三级价格歧视（Bruggink，1982）。然而，工业和商业都是向居民提供消费品的下游企业，三级价格歧视论忽略了居民对工商业产品的需求与效用。此外，接入定价还需要考虑批发价格与零售价格的关系。依照最优定价理论，符合社会福利目标的价格水平应符合拉姆齐-布瓦特定价，表现在价格结构上就是“逆弹性法则”。由于在城市自来水消费中居民弹性普遍最低，所以许多发达国家的居民用水价格相应是最高的。比如，2010 年美国五大湖区的居民水价大约为 1.31 美元/立方米，工业用水大约在 0.65 美元/立方米，商业用水大约为 0.79 美元/立方米（Beecher and Kalmbach，2013）。

中国特有的国情与自然垄断行业的改革实践，影响着中国学者对分类定价的研究。早在 20 世纪 80 年代，经济学家们就认识到“瓶颈”产业对国民经济发展与社会福利改善的制约作用，并提出改革的建议（李泊溪等，1988）。引入竞争机制，将公用事业产业链中的“弱自然垄断环节”分离并引至竞争的市场环境中，在很长一段时间内成为中国公用事业改革的方向（刘戒骄，2001；于立宏和郁义鸿，2006a、2006b；张伟和于良春，2007）。随着中国公用事业产业链的纵向分离与“弱自然垄断环节”的市场化改革，竞争性环节与“瓶颈”环节之间的接入定价问题逐步为学界所关注。

可竞争市场改革完成之前，部分学者在研究网络型自然垄断行业产品的定价问题时，喜欢将其作为一个整体（或以某个主体部分作为定价代表）。李眺（2007）从需求侧角度，以上海市居民自来水价格作为整个价格体系的代表，认为价格水平与价格结构会影响消费者需求，适度合理的阶梯水价机制有助于节约水资源，但是缺乏对其他自来水消费者需求的考察，而且也未从厂商角度考虑定价的成本因素。蒲实（2008）从供给侧角度，以城市自来水的多重属性来构造城市自来水的定价模型，认识到了城市自来水的水价受到成本制约，但是却未考虑自然垄断企业区别定价的行为决策。他们的模型与发现无法有效解释城市自来水的分类水价问题。城市自来水公司收取的自来水水费（不含污水处理费和水资源费）在不同用户之间的差异，既不是单纯的成本问题（因为自来水商品本身是同质的，甚至向相对集中的企业用户售水的单位成本会低于分散的居民用户），也不是节约用水和环境保护问题（因为水资源费和污水处理费已另行收取），而是企业自身经济利益与消费者需求弹性差异的结果。政府对分类水价等网络型自然垄断行业产品价格规制，可以按照 Ramsey-Boiteux 问题处理。

然而在中国网络型自然垄断行业的定价过程中，特种行业的加入使得问题变得复杂[①]，引发上下游之间的不对称竞争（刘瑞明和石磊，2011）。于良春和姜琪（2013）的研究表明非对称竞争在中国网络型自然垄断行业（铁路运输业）产生了严重的挤占效应，降低了市场绩效；李昂和高瑞泽（2014）的研究证实适当的机制措施（比如大用户直购电）能够削弱上游自然垄断企业在非对称竞争中的市场势力，从而改善社会福利。2013 年 11 月，"深化国有企业改革"研讨会的代表（比如金碚）认为新时期中国国有企业改革要依靠公平竞争来实现效率（戚聿东和刘健，2013）。自然垄断企业作为中国国有企业的重要组成部分，消除其不对称竞争对市场效率的影响，重在营造公平环境，体现在政府定价中就是接入定价的有效成分定价规则（ECPR）。

城市自来水定价中的特种行业不仅是对自来水依赖性强的行业，而且许多与城市自来水公司的拓展经营业务重叠，比如许多自来水公司同时经营纯净水业务。因此，事实上特种行业定价有接入定价规制的影子。Laffont and Tirole（1994）最早提出接入定价也应符合 Ramsey-Boiteux 定价，Armstrong et al.（1996）在此基础上进行了适度完善。由于 Ramsey-Boiteux 定价考虑了边际成本与需求弹性，使得回收固定成本的扭曲最小；同时考虑不同服务之间的互补性与替代性，还能够反映出市场绕道与"撇脂"的可能。

Ramsey-Boiteux 价格提供的是接入定价的基准，实际应用中还需考察更多的内容：①歧视性与非线性价格。有效的接入价格以成本和使用量为基础，统一的接入定价使得在位者放弃高使用率用户与低使用率用户间的区别，想要保留可选的资费方案，必须允许歧视存在（Stole，1995）。②批发价格与零售价格的关系。Baumol-Willig 法则能够为进入者提供准确的信息，只有效率超越在位者的潜在进入者才会进入市场，并且进入对在位者利润的影响是中性的（Baumol and Sidak，1994a、1994b）。③进入者的市场势力。在进入者具备市场势力，并且固定进入成本较高时，有效接入费用应等于ECP标准减去进入者的成本加成。但出于抽取进入者租金的目的，接入价格的设定实际上通常会高于"$ECP-m$"的标准，修正往往依赖于企业的竞争类型，即基于古诺竞争（Masmoudi and Prothais，1994）或

① 类似的问题，也存在于在电力行业的大工业用电价格、天然气公司与外部气站的供气价格等方面。此外还包括非电网所属电厂与电网上网定价、非油气集团的天然气管网输配定价、非站点所属的运输企业进站费用制定等。

者基于伯川德竞争（Laffont and Tirole，1994）。

信息不对称与企业异质性对于接入定价及其福利效应具有广泛影响，并且已经成为网络型自然垄断行业规制研究的一个热点。①投资性质的不同会对在位者未来的固定投资意愿产生影响。若投资质量提升的边际成本较低，两种类型的投资都只会提高接入价格，若用于降低成本的边际成本较低，则接入价格上涨后两种投资都会被压缩（Vareda，2010）。②在信息不对称的古诺市场中，完全分配成本会导致很高的投资。而风险分担有利于消费者，因为它将相对较高的事前投资激励与强大的事后竞争强度相结合（Nitsche and Wiethaus，2011）。③信息不对称条件下的接入价格规制还会影响创新。在标准双寡头模型中，事后接入合同较少引起重复投资，相反事前合同却可以用来抑制竞争（Inderst and Peitz，2012）。④与统一接入定价相比，考虑空间异质性的接入定价规制能够改进社会福利，并且刺激在位者投资（Bourreau et al.，2015）。

信息问题同样影响着中国网络型自然垄断行业的政府定价。由于企业异质性与信息不对称的存在，统一的定价体系无法纠正“逆向选择”与“道德风险”[①]，Ramsey 定价基准在中国网络型自然垄断行业的接入定价规制中并不会自然达成。①在非对称信息条件下，带有区别定价形式的接入价格规制能够影响潜在进入者决策，进而影响网络型自然垄断行业市场结构以及社会福利（安玉兴和田华，2003）。独立的接入定价并不会带来平台企业滥用市场势力，反而强制性接入会扭曲 Ramsey 定价基准（陆伟刚，2013）。②在价格结构领域中，外部性会导致 ECPR 不能达到最优规制效果（姜春海，2005、2008）。③在开放可竞争市场的过程中，网络网络型自然垄断行业与政府规制间存在博弈，网络型自然垄断行业的企业具有遏制接入（如果开放管网缺乏强制力）或提高接入价格的激励（王俊豪和程肖君，2007、2017）。④不确定性信息条件下，消费者福利的提升未必意味着社会总福利的改进，不应成为定价的基准（钱宁宇和郑长军，2015）。为实现公平有效的规制目标，在中国网络型自然垄断行业的分类定价中需要引入激励性定价规制。但在现有理论与实践中，相应的机制设计还比较匮乏。

综上，世界范围内对网络型自然垄断行业的分类定价（涉及多产品定价以及接入定价等）认识经历了从横向的价格歧视到纵向的互补与竞争关系的发展，并且在不断深化，最突出的便是信息不对称与异质性的引入。中国可竞争领域改革

① 如同 Stiglitz（1977）关于保险市场的最优保险费率设计一样，需要对统一价格体系做出调整以实现“分离均衡”。

进行的较晚[①]，网络型自然垄断行业分类定价的最优基准及其构成迟迟未能达成一致。特别是考虑到信息问题对国企（网络型自然垄断行业的主体始终以国有企业为主）成本效率的影响，激励性的定价方案存在着争议。实践中，始终困扰中国网络型自然垄断行业的一个现实问题是：虽然中国对网络型自然垄断行业产品的定价依照“补偿成本+合理收益”原则给出了总体定价办法（如《政府制定价格成本监审办法》及各地《城市供水价格管理办法》），但针对分类用户的具体定价办法与原则却迟迟未能出台。此外，为了克服定价中的信息不对称问题，往往需要给予代理人（掌握信息优势的自然垄断企业）一些偏离最优基准的“租金”。同样由于缺乏对激励性定价基准（次优解）的认识，难以有效甄别激励定价的合理与非合理成分，无法为政府定价的实践指明方向。

本章的创新之处在于：①从产业链的纵向结构角度，测算竞争性改革后网络型自然垄断行业最优的价格结构及影响因素，为竞争性改革的政府分类定价提供理论支撑。②在非对称的上下游市场上，将“降成本”的激励纳入网络型自然垄断行业的政府定价原则中，为竞争性改革后进一步改进自然垄断行业效率提供新的理论方案。③估算中国网络型自然垄断行业实际标准与最优基准的扭曲幅度。在此基础上，从影响激励动力及最优定价基准实施的诸因素出发，提供有利于改进社会福利的政策建议。

第二节　分类定价的最优基准及其比较分析

中国网络型自然垄断行业的规制改革进过多年实践，一个核心的成果就是“放松管制”。网络型自然垄断行业（比如城市自来水公司）受制于最高限价，比如规定其居民价格往往不得超过 ROR 规制的上限。在此基础上，企业拥有较为自由的个别价格调整裁量权（即本章所研究的分类定价）。自然垄断行业中的“弱自然垄断环节”从垄断企业中剥离，同时允许外部竞争者进入此领域，最终形成了“可竞争市场”。

放松管制后的网络型自然垄断行业面临的一个最棘手问题，就是当网络型自然垄断行业主导的纵向一体化组织向下游竞争对手提供关键投入品时的接入定价问题。如果自然垄断企业同时也是最终产品的供应商，那么自然垄断企业可以通过设置高接入价格来排除下游竞争对手。提高竞争对手接入价格的过程还会触发

① 一般认为，2004 年，《国务院关于投资体制改革的决定》（国发〔2004〕20 号）的出台是中国可竞争市场改革正式开启的标志。

潜在的反垄断问题，包括拒绝供应、排他性交易要求、搭售以及产品不兼容等。因而，接入定价规制受到多种因素的制约，而这些因素又因网络型自然垄断行业被赋予的自由裁量权而有所不同。包括：①规制部门确定的准入条件；②规制部门向自然垄断企业提供的规制菜单；③自然垄断企业有权酌情处理接入定价方面的问题，并受到规制条件约束；④反垄断法规对接入定价的规定。最优规制理论主要适用于因素①和②。同时也与因素③和④相关，只是后两者更加着重于应对可能出现掠夺性进入定价问题[①]。

一、完全信息条件下最优分类定价结构

本部分以城市供水作为例，通过对网络型自然垄断行业分类定价的分析，求解最优分类定价结构，并将其作为分析市场绩效的基准（即社会福利最优的均衡价格水平）。目的在于与一般模型相比，后续更方便开展市场绩效损失的甄别与评估。理论模型借鉴了 Laffont and Tirole（1994）关于接入定价与竞争的模型，并依据中国城市自来水分类定价的实际，将 L-T 模型中的两类下游用户的政府定价决策拓展为三类下游用户的政府定价决策。

假设孤立的某个城市，不向外输出产品，也不消费外部的产品。只有一家垄断的自来水公司，自来水公司不仅向居民提供自来水，而且向非居民用户提供用水。二者的差异在于居民用水的最终价格受到政府管控，而非居民用水价格则不受规制，现实中城市自来水公司向居民售水保本微利甚至亏损，但是向非居民用户售水是盈利的。放松规制前，自来水公司向居民提供垄断特种经营服务（可视为自来水的附加服务）。开放可竞争市场后，在特种经营行业引入了竞争者，自来水公司不仅可以自己经营特种经营行业，而且要向外部的竞争对手公平地提供接入服务（符合 ECPR）。城市居民日常需要消费生活用水、特种经营业产品以及非居民行业（行政事业、工业与经营服务等）产品。如图 2-2 所示，城市自来水公司以p_0向城市的居民提供水量q_0，以p_1的价格提供特种行业产品q_1，以接入价格a向外部竞争对手提供水量q_2，以批发价格p_w向非居民用户提供水量q_r。同时，非居民用户以p_r的价格向城市居民提供q_r单位的产品，外部竞争对手以p_2的价格向居民提供q_2单位的特种经营产品。值得注意的是，为简化起见，假定作为中间品的自来水在转化为最终产品时，其单位保持不变。城市自来水公司的售水总量为$Q = q_0 + q_1 + q_2 + q_r$。

① 常被称为策略性行为，自然垄断企业出于自身利益考虑而限制下游竞争对手的进入，王俊豪和程肖君（2017）的研究给出了很好的分析。而本章侧重在一般的约束条件下的最优接入定价基准，不涉及反垄断话题。

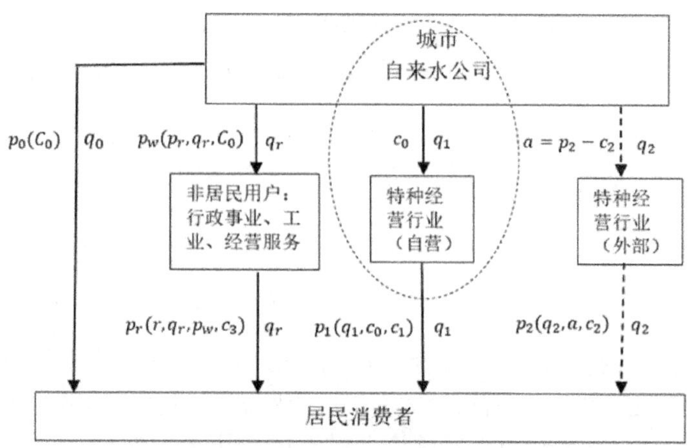

图 2-2　城市自来水行业的分类定价与消费者整体福利

为了简化分析，假定除了自来水公司的固定成本k_0之外，对外售水的边际成本均满足规模报酬不变。自来水公司向外供水的成本为$C_0=C_0(\beta,e_0,Q)$，其中β表示自来水公司外生的技术条件，e_0表示企业在自来水供应环节的降成本努力水平。$\frac{\partial C_0}{\partial \beta}>0$，$\frac{\partial C_0}{\partial e_0}<0$，$\frac{\partial C_0}{\partial Q}>0$。如果$\beta$是企业的私人信息，那么企业会根据参数$\beta$进行“自我选择”（有可能是“逆向选择”）。$\beta$在$\left[\underline{\beta},\bar{\beta}\right]$的累积分布函数为$\mathrm{F}(\cdot)$，并且其概率密度函数$f(\cdot)$严格为正。此外，还假定$d\left[\frac{\mathrm{F}(\beta)}{f(\beta)}\right]/d\beta>0$，即经典的单调风险率假设[①]。

城市居民通过购买q_0单位的自来水，获得效用$S(q_0)$，并且$S'>0$，$S''<0$。居民购买特种经营行业的产品q_1和q_2产生的效用为$V(q_1,q_2)$，其中q_1单位与q_2单位的产品之间为非完全替代关系，即$\frac{\partial p_2}{\partial q_1}\neq 0$，$\frac{\partial p_1}{\partial q_2}\neq 0$。自来水公司集团生产$q_1$单位特种经营产品的成本为$C_1=C_1(\beta,e_1,q_1)$，其中$e_1$表示企业在特种经营产业环节降成本的努力水平。由降成本努力而带来的负效用（努力的机会成本）为$\psi(e_0+e_1)$，并且满足$\psi'>0$，$\psi''>0$，$\psi'''\geqslant 0$。外部的特种经营行业企业生产q_2单位产品的成本为c_2q_2，c_2为公共信息（被规制部门所掌握）。类似地，居民购买非居民用户

① 为保证企业自我选择（逆向选择）的方向预期一致。

行业的产品q_r产生的效用为$S(q_r)$，同样地并且$S' > 0$，$S'' < 0$。非居民用户生产q_r单位产品的成本为$c_3 q_r$，c_3为公共信息[①]。那么，外部特种经营企业与非居民用户的收益分别为：

$$\Pi_2 = p_2 q_2 - c_2 q_2 - a q_2 \quad (2\text{-}1)$$

以及

$$\Pi_3 = p_r q_r - c_3 q_r - p_w q_r \quad (2\text{-}2)$$

假设在完全信息条件下，规制部门能够观察到价格、产量、成本以及努力水平，为了激励企业达到社会福利最优水平，政府需要向企业提供净转移支付t（转移支付与税负之差），那么自然垄断企业的总的效用水平为：

$$U = t - \psi(e_0 + e_1) + a q_2 + p_w q_r \quad (2\text{-}3)$$

在“补偿成本+合理收益”的原则下，如果自来水公司向居民提供消费品完全由政府进行采购和分配，则需要向被规制企业支付$t + C_0 + C_1$。但在自来水公司的例子中，显然城市居民也支付了费用，所以政府的负担实际上是减少的，即为$t + C_0 + C_1 - p_0 q_0 - p_1 q_1$。如果政府的财政负担由纳税人/消费者承担[②]，同时公共基金的影子价格为 1+λ（其中λ>0 表示税收扭曲）。那么，城市居民的福利水平为：

$$S(q_0) + V(q_1, q_2) + S(q_r) - p_0 q_0 - p_1 q_1 - p_2 q_2 - p_r q_r$$
$$-(1+\lambda)(t + C_0 + C_1 - p_0 q_0 - p_1 q_1) \quad (2\text{-}4)$$

于是，得到了一个有约束条件下的福利最大化问题。在完全信息条件下，规制部门（假定为“仁慈”或“完全利他”的类型）的目标函数为最大化社会总福利：

$$S(q_0) + V(q_1, q_2) + S(q_r) - p_0 q_0 - p_1 q_1 - p_2 q_2 - p_r q_r - (1+\lambda)(t + C_0 + C_1 - p_0 q_0 - p_1 q_1) + [t - \psi(e_0 + e_1) + a q_2 + p_w q_r] + [p_2 q_2 - c_2 q_2 - a q_2] + [p_r q_r - c_3 q_r - p_w q_r] \quad (2\text{-}5)$$

① 因为考察的目标是被规制的网络型自然垄断行业（城市自来水公司）的技术条件、激励与规制，所以成本的设定简化了对下游企业成本（c_2与c_3）的考察，并非下游企业的成本不受自身技术条件与激励等因素的影响。

② 隐含的假设是政府仅仅征收消费税，或企业能够完全转移税负。

约束条件为：被规制企业与其他企业能够维持经营，即利润大于等于零。非居民用户行业由于垄断竞争的市场格局而谋取正常利润率（因为竞争的存在，使得逆弹性法则的垄断定价不能成立）。

$$U = t - \psi(e_0 + e_1) + aq_2 + p_w q_r \geqslant 0 \tag{2-6}$$

$$\Pi = p_2 q_2 - c_2 q_2 - aq_2 \geqslant 0 \tag{2-7}$$

$$\frac{p_r - c_3 - p_w}{p_r} \geqslant r \tag{2-8}$$

考虑到公共基金的社会成本巨大[①]，同时公共基金已经给予了自然垄断企业“补偿成本+合理收益”，扣除从边缘竞争对手处收取的“租金”（接入费用）外若仍有收益，则属于不合理的超额利润，故参与约束式（2-6）是紧的；考虑到边缘竞争者毫无市场势力的市场格局，其经济利润为零，所以参与约束式（2-7）也是紧的。假定非居民用水行业的沉淀成本较少，企业能够自由转换，则约束式（2-8）也是紧的。并且在自来水公司与非居民行业的纵向关系中，自来水公司先行一步，然后下游企业根据市场格局，获得平均利润。进一步求得：

$$p_w = (1 - r)p_r - c_3 \tag{2-9}$$

一并代入（5）式，整理可得：

$$S(q_0) + V(q_1, q_2) + \lambda(p_0 q_0 + p_1 q_1 + p_2 q_2) - (1 + \lambda)[\psi(e_0 + e_1) + c_2 q_2 - p_w q_r + C_0(\beta, e_0, q_0 + q_1 + q_2 + q_r) + C_1(\beta, e_1, q_1)] + S(q_r) - p_r q_r \tag{2-10}$$

分别对（2-10）式求p_0、p_1、p_2、p_r［因为这些价格是面向最终消费者（居民），政府规制集中于此］的偏导数，并令其等于零，可求得完全信息条件下，满足社会福利最大化的条件（具体求解过程，感兴趣的可向作者索取）：

$$L_0 = \frac{p_0 - C_{0Q}}{p_0} = \frac{\lambda}{1+\lambda}\frac{1}{\hat{\eta}_0} \tag{2-11}$$

$$L_1 = \frac{p_1 - C_{0Q} - C_{1q_1}}{p_1} = \frac{\lambda}{1+\lambda}\frac{1}{\hat{\eta}_1} \tag{2-12}$$

$$L_2 = \frac{p_2 - C_{0Q} - c_2}{p_2} = \frac{\lambda}{1+\lambda}\frac{1}{\hat{\eta}_2} \tag{2-13}$$

① 计量经济学家对税收扭曲的系数λ的估计，发达国家约为0.3，某些发展中国家甚至可以达到1（Laffont and Tirole，2000）。

其中$\hat{\eta}_0$=η_0，$\hat{\eta}_1$=$\eta_1\frac{\eta_1\eta_2-\eta_{12}\eta_{21}}{\eta_1\eta_2+\eta_1\eta_{12}}<\eta_1$，$\hat{\eta}_2$=$\eta_2\frac{\eta_1\eta_2-\eta_{12}\eta_{21}}{\eta_1\eta_2+\eta_2\eta_{21}}<\eta_2$[①]。

$$L_3=\frac{p_r-C_{0Q}-c_3}{p_r}=\frac{\lambda}{1+\lambda}\left(1+\frac{1}{\eta_r}-\frac{r}{\eta_r}\right)=\frac{\lambda}{1+\lambda}\frac{1}{\eta_r}+\frac{\lambda}{1+\lambda}\left(1-\frac{r}{\eta_r}\right) \quad (2\text{-}14)$$

（2-14）式表明：如果自来水公司能够一体化非居民行业（比如某家工业企业），那么如果外部的平均利润率等于弹性（$r=\eta_r$）时，最优水价与 Ramsey 定价一致。如果平均利润率大于弹性，最优水价小于 Ramsey 价格；如果平均利润率小于弹性，则最优水价大于 Ramsey 价格。因为 Ramsey 价格是不存在竞争时（即一体化了所有下游企业）的最优定价，所以在不考虑一体化成本与反垄断法律限制时，只有在外部平均利润率大于等于弹性的时候，因为部分一体化的成本加成低于完全一体化，自然垄断企业才可能有动机对下游开展完全一体化。在某种意义上，（2-14）式揭示了城市供水企业心目中特种行业与非居民行业的经济学区分。

经过整理，网络型自然垄断行业的最优零售定价与接入定价分别为：

$$p_0=C_{0Q}+\frac{\lambda}{1+\lambda}\frac{p_0}{\eta_0} \quad (2\text{-}15)$$

$$a=p_2-c_2=\ C_{0Q}+\frac{\lambda}{1+\lambda}\frac{p_2}{\hat{\eta}_2}>C_{0Q}+\frac{\lambda}{1+\lambda}\frac{p_2}{\eta_2} \quad (2\text{-}16)$$

$$p_w=(1-r)p_r-c'=(1-r)\frac{C_{0Q}+\Delta*c_3}{1-\Delta} \quad (2\text{-}17)$$

其中$\Delta=\frac{\lambda}{1+\lambda}\left(1+\frac{1}{\eta_r}-\frac{r}{\eta_r}\right)$。（2-15）式表明：在考虑城市供水的纵向产业链关系之后，零售价格（自来水公司向居民消费者售水价格）与不考虑纵向关系时的社会最优价格一致。（2-16）式表明：与自然垄断企业存在竞争关系的边缘竞争者（特种行业经营企业）的最优水价应该高于基于拉姆齐最优定价的情形[②]。（2-17）式表明：对具有市场势力的下游企业征收的接入定价会小于对边缘竞争者征收的水平，即$(1-r)p_r-c_3<p_r-c_3$。

此外，还有一个值得注意的问题是：（2-16）式隐含一个假定就是著名的有效成分定价法则（the efficient component pricing rule，ECPR）。一方面，有效成分定价法则迫使自然垄断企业收取的接入费用不得高于它在竞争领域的机会成本，

① 弹性$\eta_i=-\frac{\partial q_i}{\partial p_i}\frac{p_i}{q_i}$；交叉弹性$\eta_{ij}=\frac{\partial q_i}{\partial p_j}\frac{p_j}{q_i}$，$i\neq j$。

② 接入定价中λ的与零售市场上的λ是否相等，Laffont and Tirole（1993）在 5.3 中给出了相等结论的证明。所以类似（2-16）式的比较是可行的。

即 a≤$p_1 - c_1$（c_1表示自然垄断企业在下游经营的边际成本，相当于前文中的C_{1q_1}）；另一方面，Baumol 的"承受力测试"规定自然垄断企业在批发市场的超额利润超过零售市场的亏损时，才能通过承受力测试，即$a - C_{0Q} \geqslant p_1 - C_{0Q} - c_1$，由此可推出 a≥$p_1 - c_1$。两者结合便得到$a = p_2 - c_2 = p_1 - c_1$，即 ECPR 的表达式。

许多国家的法院与立法机构都曾将 ECPR 纳入议题，并被某些判例所接受①。但同时也存在争议，争议主要集中在其必须满足四个对称性假设，即接入费用、市场势力、零售需求和零售成本四个方面只有同时保持对称，才能保证政府定价是社会最优的②。现实却可能并非如此，比如如果某个接入的竞争对手拥有市场势力，同时并不被政府部门所规制，那么其接入定价将会演变为本章中非居民用户行业所演示的类型，其最优接入定价将比不拥有市场势力时小（同样因为$(1-r)p_r - c_3 < p_r - c_3$）。但仍要比作为零售市场时水价要高，即接入定价高于零售价格的原因在于：用于激励网络型自然垄断行业扩大产出的转移支付，产生财政赤字，而财政赤字的社会成本巨大（Laffont and Tirole，1994）。所以，不受规制保护的下游企业与下游消费者将承担自然垄断企业为达到社会最优产出水平的成本加成。

二、信息不对称条件下的激励修正

现代规制经济学的一种重要发展，就是将委托代理理论以及信息不对称引入规制理论之中（Laffont，1994）。前文对网络型自然垄断行业的最优分类定价（零售定价与接入定价并存）的分析，建立在完全信息的假设之上。现实中，自然垄断企业往往具有私人信息优势，政府规制部门实际上是无法真正观察到企业的全部信息的。

如果会计规则使得规制部门能够观察并区分：自来水集团的供水总成本C_0与特种经营的总成本C_1。令$E_0(\beta, C_0, Q)$表示对$C_0(\beta, e_0, Q)$求解e_0的结果，$E_1(\beta, C_1, q_1)$表示对$C_1(\beta, e_1, q_1)$求解e_1的结果。则自然垄断企业的效用水平可以改写为：

① 最著名的当属新西兰电信运营商 Telecom 与其接入的竞争对手 Clear 之间的诉讼（1991－1994），Baumol 和 Willig 接受 Telecom 的咨询要求并首次提出了 ECPR，最终 ECPR 为新西兰最高法院枢密院（伦敦）所接受。

② 其实此处在推导并得到（2-12）和（2-13）式的过程中，运用了四个对称性假设，比如令$\frac{\partial V}{\partial q_1} = p_1$，$\frac{\partial V}{\partial q_2} = p_2$以及$p_1 q_1 = p_2 q_2$等。

$$t + aq_2 + p_w q_r - \psi[E_0(\beta, C_0, Q) + E_1(\beta, C_1, q_1)] \tag{2-18}$$

由于企业的外部的技术条件信息β是企业的私人信息，为防止企业隐藏自己的类型（与β相关），根据显示性原理，假定存在显示机制：

$$\{t(\tilde{\beta}), C_0(\tilde{\beta}), C_1(\tilde{\beta}), q_1(\tilde{\beta}), q_2(\tilde{\beta}), q_r(\tilde{\beta}), Q(\tilde{\beta}), a(\tilde{\beta}), p_w(\tilde{\beta})\} \tag{2-19}$$

其含义是如果自然垄断企业宣称自己的类型为$\tilde{\beta}$时，其接受的净转移支付$t(\tilde{\beta})$、各类子成本$C_0(\tilde{\beta})$与$C_1(\tilde{\beta})$、分类的供水量$q_0(\tilde{\beta})$、$q_1(\tilde{\beta})$、$q_2(\tilde{\beta})$、$q_r(\tilde{\beta})$以及接入水价$a(\tilde{\beta})$和$p_w(\tilde{\beta})$都是真实可信的。

暂时不考虑二阶条件的影响，根据自然垄断企业的收益函数可得：

$$\begin{aligned} U(\beta) \equiv\ & t(\beta) + a(\beta)q_2(\beta) + p_w(\beta)q_r(\beta) \\ & - \psi\big[E_0\big(\beta, C_0(\beta), Q(\beta)\big) + E_1\big(\beta, C_1(\beta), q_1(\beta)\big)\big] \\ & = \max_{\tilde{\beta}}\Big\{t(\tilde{\beta}) + a(\tilde{\beta})q_2(\tilde{\beta}) + p_w(\beta)q_r(\beta) \\ & - \psi\Big[E_0\Big(\beta, C_0(\tilde{\beta}), Q(\tilde{\beta})\Big) + E_1\Big(\beta, C_1(\tilde{\beta}), q_1(\tilde{\beta})\Big)\Big]\Big\} \end{aligned} \tag{2-20}$$

（2-20）式首先说明自然垄断企业的收益受到其报告的企业类型（β）的影响；其次，在规制部门设计的显示机制下企业报告的类型都是真实可信的；最后，如果代表真实类型技术条件$\tilde{\beta}$是可选择的，自然垄断企业会通过选择技术条件$\tilde{\beta}$来最大化自身收益。

根据包络定理，可以得到自然垄断企业的激励相容条件：

$$\dot{U}(\beta) = -\psi'(e_0 + e_1)\left(\frac{\partial E_0}{\partial \beta} + \frac{\partial E_1}{\partial \beta}\right) \tag{2-21}$$

又因为$\frac{\partial E_0}{\partial \beta} > 0$且$\frac{\partial E_1}{\partial \beta} > 0$，自然垄断企业的利润会随$\beta$的增加而单调递减。

于是，自然垄断企业的参与约束（$U(\beta) \geqslant 0$）可以归结为：

$$U(\overline{\beta}) \geqslant 0 \tag{2-22}$$

网络型自然垄断行业的最优规制就演变为：满足参与约束（2-22）式和激励相容约束（2-21）式条件下的社会福利最大化问题。社会福利的目标函数为：

$$\int_{\underline{\beta}}^{\overline{\beta}} \Big\{S\Big(q_0\big(p_0(\beta)\big)\Big) + V\Big(q_1\big(p_1(\beta),p_2(\beta)\big),q_2\big(p_1(\beta),p_2(\beta)\big)\Big) + \lambda[p_0(\beta)q_0\big(p_0(\beta)\big)$$
$$+ p_1(\beta)q_1\big(p_1(\beta),p_2(\beta)\big) + p_2(\beta)q_2\big(p_1(\beta),p_2(\beta)\big)] - (1$$
$$+ \lambda)[\psi\big(e_0(\beta) + e_1(\beta)\big) + C_0(\beta,e_0(\beta),q_0\big(p_0(\beta)\big)$$
$$+ q_1\big(p_1(\beta),p_2(\beta)\big) + q_2(p_1(\beta),p_2(\beta) + q_r(p_r(\beta))$$
$$+ C_1(\beta,e_1(\beta),q_1\big(p_1(\beta),p_2(\beta)\big)) + c_2q_2\big(p_1(\beta),p_2(\beta)\big)$$
$$- [(1-r)p_r(\beta) - c_3]q_r(p_r(\beta)] + S\Big(q_r\big(p_r(\beta)\big)\Big) - c_3q_r(p_r(\beta))$$
$$- [(1-r)p_r(\beta) - c_3]q_r(p_r(\beta)\Big\} dF(\beta \qquad (2\text{-}23)$$

分别对式（2-23）求p_0、p_1、p_2和p_r的偏导数，并令其等于零，求得完全信息条件下，社会福利最大化的条件（具体求解过程，感兴趣的可向作者索取）：

$$\frac{p_0-C_{0Q}}{p_0} = \frac{\lambda}{1+\lambda}\frac{1}{\hat{\eta}_0} + \frac{\lambda}{1+\lambda}\frac{F}{f}\frac{\psi'}{p_0}\frac{\partial}{\partial Q}(-\frac{C_{0\beta}(\beta,e_0,Q)}{C_{0e_0}(\beta,e_0,Q)}) \qquad (2\text{-}24)$$

$$\frac{p_1-C_{0Q}-C_{1q_1}}{p_1} = \frac{\lambda}{1+\lambda}\frac{1}{\hat{\eta}_1} + \frac{\lambda}{1+\lambda}\frac{F}{f}\frac{\psi'}{p_1}(\frac{\partial}{\partial Q}\Big\{-\frac{C_{0\beta}(\beta,e_0,Q)}{C_{0e_0}(\beta,e_0,Q)}\Big\} + \frac{\partial}{\partial q_1}\Big\{-\frac{C_{1\beta}(\beta,e_1,Q)}{C_{1e_1}(\beta,e_1,Q)}\Big\}) \qquad (2\text{-}25)$$

$$\frac{p_2-C_{0Q}-c_2}{p_2} = \frac{\lambda}{1+\lambda}\frac{1}{\hat{\eta}_2} + \frac{\lambda}{1+\lambda}\frac{F}{f}\frac{\psi'}{p_2}\frac{\partial}{\partial Q}(-\frac{C_{0\beta}(\beta,e_0,Q)}{C_{0e_0}(\beta,e_0,Q)}) \qquad (2\text{-}26)$$

$$\frac{p_r-C_{0Q}-c_3}{p_r} = \frac{\lambda}{1+\lambda}\Big(1 + \frac{1}{\eta_r} - \frac{r}{\eta_r}\Big) + \frac{\lambda}{1+\lambda}\frac{F}{f}\frac{\psi'}{p_r}\frac{\partial}{\partial Q}\Big(-\frac{C_{0\beta}(\beta,e_0,Q)}{C_{0e_0}(\beta,e_0,Q)}\Big) \qquad (2\text{-}27)$$

从中可以发现，相比完全信息条件下的最优定价，信息不对称使得所有的最优定价都围绕子成本函数C_0做出激励修正，并且最优价格p_1的变化还要加上围绕子成本函数C_1的激励修正。信息不对称条件下的最优分类定价改写为：

$$p_0 = C_{0Q} + \frac{\lambda}{1+\lambda}\frac{p_0}{\eta_0} + \frac{\lambda}{1+\lambda}\frac{F}{f}\psi'\frac{\partial}{\partial Q}(-\frac{C_{0\beta}(\beta,e_0,Q)}{C_{0e_0}(\beta,e_0,Q)}) \qquad (2\text{-}28)$$

$$a = C_{0Q} + \frac{\lambda}{1+\lambda}\frac{p_2}{\hat{\eta}_2} + \frac{\lambda}{1+\lambda}\frac{F}{f}\psi'\frac{\partial}{\partial Q}(-\frac{C_{0\beta}(\beta,e_0,Q)}{C_{0e_0}(\beta,e_0,Q)}) \qquad (2\text{-}29)$$

$$p_w = \frac{1-r}{1-\Delta}(C_{0Q} + \Delta * c' + \frac{\lambda}{1+\lambda}\frac{F}{f}\psi'\frac{\partial}{\partial Q}\Big(-\frac{C_{0\beta}(\beta,e_0,Q)}{C_{0e_0}(\beta,e_0,Q)}\Big)) \qquad (2\text{-}30)$$

其中$\Delta=\frac{\lambda}{1+\lambda}\left(1+\frac{1}{\eta_r}-\frac{r}{\eta_r}\right)$。

对照新的分类定价的函数式，可以发现：首先，对于最高效率的厂商而言，有$F\left(\underline{\beta}\right)=0$，因此其定价与完全信息情形下完全一致①。其次，$\frac{\partial E_0}{\partial \beta}=-\frac{C_{0\beta}}{C_{0e_0}}$指的是自然垄断企业为维持其成本与完全信息条件下一致②，而对技术条件与努力水平所作出的恰当调整。另外，$\frac{F}{f}$代表投资风险，根据假设$d\left[\frac{F(\beta)}{f(\beta)}\right]/d\beta>0$，为保证企业自我选择（逆向选择）的方向预期一致，$\frac{F}{f}>0$。$\psi'$表示边际努力水平，根据假设降成本努力而带来的负效用（努力的机会成本）为$\psi(e_0+e_1)$，并且满足$\psi'>0$。因此，如果$\frac{\partial}{\partial Q}\left(-\frac{C_{0\beta}(\beta,e_0,Q)}{C_{0e_0}(\beta,e_0,Q)}\right)>0$，则最优定价基准相比完全信息条件下增加了$\frac{\lambda}{1+\lambda}\frac{F}{f}\psi'\frac{\partial}{\partial Q}\left(-\frac{C_{0\beta}(\beta,e_0,Q)}{C_{0e_0}(\beta,e_0,Q)}\right)$，于是规制部门可以相应提高政府定价，减少供应量来提取被规制企业（比如城市自来水公司）的"租金"；反之，如果$\frac{\partial}{\partial Q}\left(-\frac{C_{0\beta}(\beta,e_0,Q)}{C_{0e_0}(\beta,e_0,Q)}\right)<0$，则最优定价基准降低了$-\frac{\lambda}{1+\lambda}\frac{F}{f}\psi'\frac{\partial}{\partial Q}\left(-\frac{C_{0\beta}(\beta,e_0,Q)}{C_{0e_0}(\beta,e_0,Q)}\right)$，那么规制当局可以降低政府定价，增加供应量，来提取被规制企业"租金"。总之，政府定价的激励效果体现在成本函数的特征之中。

如果成本函数呈现$C_{0e_0Q}C_{0\beta}>C_{0\beta Q}C_{0e_0}$的特征，为激励被规制企业，符合社会福利最大化的最优定价应该比完全信息条件下有所上升；反之，如果成本函数呈现$C_{0e_0Q}C_{0\beta}<C_{0\beta Q}C_{0e_0}$的特征，则出于激励规制目的，最优定价应该比完全信

① 因为前文设定$F(\cdot)$为β在$\left[\underline{\beta},\bar{\beta}\right]$累积分布函数，所以有$F\left(\underline{\beta}\right)=0$。进而，（28）式等式右边的第三项为零，与（2-16）式的形式一致。

② 因为前文已假定$E_0(\beta,C_0,Q)$表示对$C_0(\beta,e_0,Q)$求解e_0的结果，于是有$\frac{\partial C_0}{\partial \beta}+\frac{\partial C_0}{\partial e_0}\frac{\partial e_0}{\partial \beta}+\frac{\partial C_0}{\partial Q}\frac{\partial Q}{\partial \beta}=0$。又因为产量与成本有关，但是与外部技术条件无关，所以$\frac{\partial Q}{\partial \beta}=0$。因此经过简单代换，可以得到$\frac{\partial E_0}{\partial \beta}=-\frac{C_{0\beta}}{C_{0e_0}}$。

息条件下有所降低。根据斯宾塞-莫里斯条件$C_{0\beta Q}>0$以及之前的假设，努力水平会提高边际成本，那么$C_{0e_0Q}C_{0\beta}>C_{0\beta Q}C_{0e_0}$，最优定价基准应该上升，提升和保障产品质量的努力水平属于此类范畴。但现实中，被规制企业更多的努力水平作用于降低边际成本，因而其产生的效果并不清晰。

根据里昂惕夫定理，如果存在一个函数ξ，满足$C_0=C_0(\xi\left(\beta,\ e_0\right),\ Q)$，即外部技术条件$\beta$与内在的努力水平$e_0$之间存在固定的函数关系，并且均与产量Q无关，那么对最优分类定价的激励效果将荡然无存。也就是Laffont and Tirole（1993）所言的“激励—定价两分法中激励消失，只余定价”。可行的激励修正要求成本函数必须满足适当条件，以此产生激励校正的明确结论。比如成本函数$C_0=\beta Q^d-e_0Q^b$。如果$d>b$，外部技术条件对成本的影响要高于内部努力水平，此时激励修正为正，反之，如果$d<b$，则激励修正为负。

将城市自来水行业完全信息与信息不对称条件下的最优定价标准绘制于表2-2。从中可以发现：①完全信息条件下，放松规制前后居民用水与非居民用水的最优定价标准不发生变化，但是特种行业用水最优定价在放松规制之后比之前提高了（因为$\eta_2<\hat{\eta}_2$）。②在信息不对称条件下，为实现社会福利最大化需要给予被规制企业适当的激励，或者提高用水价格或者降低水价。③水价变化的依据在于供水的成本中外部技术条件与内部努力水平之间谁的影响更大，选取适当的激励修正是信息不对称条件下政府定价的关键因素。

表2-2　城市自来水行业的最优分类定价标准

分类定价	放松规制前 完全信息	放松规制后 完全信息	放松规制后信息不对称
居民用水	$C_{0Q}+\frac{\lambda}{1+\lambda}\frac{p_0}{\eta_0}$	$C_{0Q}+\frac{\lambda}{1+\lambda}\frac{p_0}{\eta_0}$	$C_{0Q}+\frac{\lambda}{1+\lambda}\frac{p_0}{\eta_0}$ $+\frac{\lambda}{1+\lambda}\frac{F}{f}\psi'\frac{\partial}{\partial Q}(-\frac{C_{0\beta}(\beta,e_0,Q)}{C_{0e_0}(\beta,e_0,Q)})$
非居民行业用水	$(1-r)\frac{C_{0Q}+\Delta*c_3}{1-\Delta}$	$(1-r)\frac{C_{0Q}+\Delta*c_3}{1-\Delta}$	$\frac{1-r}{1-\Delta}(C_{0Q}+\Delta*c_3$ $+\frac{\lambda}{1+\lambda}\frac{F}{f}\psi'\frac{\partial}{\partial Q}\left(-\frac{C_{0\beta}(\beta,e_0,Q)}{C_{0e_0}(\beta,e_0,Q)}\right))$

续表

分类定价	放松规制前 完全信息	放松规制后 完全信息	放松规制后信息不对称
特种行业用水	$C_{0Q}+\frac{\lambda}{1+\lambda}\frac{p_2}{\eta_2}$	$C_{0Q}+\frac{\lambda}{1+\lambda}\frac{p_2}{\hat{\eta}_2}$	$C_{0Q}+\frac{\lambda}{1+\lambda}\frac{p_2}{\hat{\eta}_2}$ $+\frac{\lambda}{1+\lambda}\frac{F}{f}\psi'\frac{\partial}{\partial Q}(-\frac{C_{0\beta}(\beta,e_0,Q)}{C_{0e_0}(\beta,e_0,Q)})$

第三节　分类定价基准与社会福利损失的估算

上文通过对网络型自然垄断行业分类定价的福利分析，得到了不同情况下的最优定价标准。其中信息不对称且缺乏政府转移支付条件下的分类定价，最为接近当前中国自然垄断行业规制的现实。一方面，从经济学角度分类定价比统一定价更具合理性；另一方面，最优的分类定价标准受到边际成本、固定成本、弹性以及努力水平等因素的影响。通过对以上影响因素的收集，可以估算出网络型自然垄断行业分类定价的拉姆齐最优基准，将之与现实价格水平相比较，就能够对“网络型自然垄断行业的分类定价是否带来市场绩效扭曲”做出合理的评价。

一、数据描述与整理

城市自来水供销因为地区间人口、资源禀赋、经济发展水平等的不同，而在生产生活用水的数量、单位售水成本、平均售价以及产销差率等方面表现出巨大的差异。根据《城市供水年鉴》(2015、2016、2017)，经过整理得到2014年596家、2015年606家及2016年681家城市自来水公司的企业层面数据（大部分城市只有一家自来水公司，即使某些城市拥有多家自来水公司，其业务也往往被限定在某区域内独家经营，不存在直接竞争）。反映企业主要经营指标的描述性统计如表2-3所示。

由于居民用水采纳了阶梯水价的方案，且《城市供水年鉴》并未给出各自来水公司的居民用水单位售价，所以采纳了单位平均售价的指标。该指标实质上是对分类定价的加权平均，虽然各城市在每个分类的最大差距是个位数倍数，但分类水价内却有着两位数的差距。如果某个城市非居民与特种行业占比高，同时单位售水成本也高，其平均售价将会变得非常之高。单位平均水价的均值与单位售水成本的均值大致相当，反映了政府规制的目标。人均综合用水的波动幅度高于人均生活用水，反映的是生产经营活动的地区分布差异。产销差率反映出各自来水公司降成本的努力水平，只是如此巨大的差异着实令人惊讶①。

表 2-3　中国城市自来水公司供水主要数据的描述性统计

年份	指标	极大值	极小值	均值	标准差	样本数
2014 年	单位平均售价	15.00	0.78	2.41	1.16	451
	单位售水成本	8.13	0.55	2.38	1.05	537
	人均日综合用水	811.52	11.60	195.34	115.16	536
	人均日生活用水	549.32	10.00	134.87	70.13	529
	产销差率	79.12	0.03	24.15	13.50	560
2015 年	单位平均售价	9.09	0.89	2.47	1.00	464
	单位售水成本	8.97	0.37	2.44	1.15	531
	人均综合用水	761.58	27.79	204.34	115.80	535
	人均日生活用水	543.84	27.79	146.67	78.44	523
	产销差率	92.30	0.55	24.04	13.15	577
2016 年	单位平均售价	30.00	0.89	2.64	1.60	508
	单位售水成本	2.55	0.16	2.61	1.92	574
	人均综合用水	—	—	—	—	—
	人均日生活用水	469.78	9.45	129.74	66.55	603
	产销差率	64.69	0.57	22.14	11.68	642

资料来源：作者根据《城市供水统计年鉴》（2015-2017）数据整理。

二、重要指标的统计与估算

为简化分析，假设各城市自来水公司的边际成本固定不变，于是可以使用单位售水成本作为总边际成本C_{0Q}的替代。而居民用水价格p_0有些地方已经直接给出

① 产销差率，又被称为“未计量水百分率”，指的是城市自来水公司供应的自来水产品总量与所有用户的缴费单显示的用水量总量的差额。包括：免费供水量、物理漏水量和会计记账漏水量。根据“补偿成本”的原则，这些是会计入成本，并为城市自来水用户共同承担。

(《城市供水年鉴》2015、2016),有些则给出的是阶梯定价(《城市供水年鉴》2017)。税收扭曲(公共基金的影子价格)λ可以认为在同一城市范围的较短时间内是不变的，于是可以利用城市多家自来水公司的某项分类定价的变化数据来进行估算，通常选择居民用水。另外一个重要的指标就是弹性，按照弹性的估计办法 $\eta=-\frac{Q_1-Q_0}{P_1-P_0}\times\frac{P_0}{Q_0}$，如果一家企业的自来水售价前后发生了变化，根据变化了的价格与销量数据也可以估计出其需求价格弹性①。值得注意的是计算过程中要考虑剔除趋势项的影响。努力水平$\frac{\partial E_0}{\partial \beta}$及其相关指标可通过同一家企业产销差率的变化程度来反映。

综上，为了能够估算出弹性，需要选取价格发生变化且前后销量数据都能采集到的样本。因此，通过对《城市供水年鉴》(2015-2017)相关数据的考察，本章选取了北京市的供水数据作为估算依据。

北京市拥有北京市自来水集团、北京市石景山区自来水公司、北京绿都供水有限责任公司、北京顺义自来水有限责任公司与北京市昌平自来水有限责任公司五家自来水企业。2014 年 5 月 1 日，北京市自来水实行“同城同价”和“居民阶梯水价”。具体情况如下表 2-4 所示。

表 2-4　北京市城市自来水消费统计信息(2014-2015)

年份	分类水价	用水量（单位：万立方米）	用水价格（单位：元）	水费	水资源费	污水处理费②
2014 年	居民生活用水	50098.30	4.00	1.70	1.26	1.04
	行政事业用水	19428.10	6.21/7.15	3/3.52	1.44/1.63	1.77/2.00
	工业用水	12112.10	6.21/7.15	3/3.52	1.44/1.63	1.77/2.00
	经营服务用水	13079.00	6.21/7.15	3/3.52	1.44/1.63	1.77/2.00
	特种行业用水	496.00	61.68	38.90	21.10	1.68
	其他用水	3840.00	免费	免费	免费	免费

① 还有一种常用的估计方法是利用 OLS 取对数的方法，但是本章受到样本量影响，收集不到充分得多的样本数据，只有估计点弹性。

② 北京市发改委规定：自 2015 年 1 月 1 日起，非居民用户水价由每立方米 7.15 元调整为 8.15 元，其中污水处理费由每立方米 2 元调整为 3 元，水费和水资源费标准保持不变。

续表

年份	分类水价	用水量（单位：万立方米）	用水价格（单位：元）	水费	水资源费	污水处理费①
2015年	居民生活用水	53085.15	5.00	2.07	1.57	1.36
	行政事业用水	18420.24	8.15	3.52	1.63	3.00
	工业用水	11771.87	8.15	3.52	1.63	3.00
	经营服务用水	13261.88	8.15	3.52	1.63	3.00
	特种行业用水	461.50	160.00	4.00	153.00	3.00
	其他用水	5777.76	免费	免费	免费	免费

资料来源：作者根据《城市供水统计年鉴》（2015-2016）数据整理。

值得注意的是关于阶梯水价的换算问题。根据《关于加快建立完善城镇居民用水阶梯价格制度的指导意见》（发改价格〔2013〕2676 号）的规定“第一级水量原则上按覆盖 80%居民家庭用户的月均用水量确定”。第一阶梯涵盖了绝大多数家庭，他们的用水行为不会受到高阶梯水价的影响。此外，作者经过咨询城市自来水公司得知：城市自来水公司实际收取的平均居民水价与第一阶梯价格非常接近，所以业内通常以第一阶梯水价作为居民水价的标准。由于上述两个原因，本章也将居民的第一阶梯水价作为居民水价标准。

为了剔除外部趋势因素的影响，本章选取了天津市作为北京市的对照组。首先，2014 年到 2015 年天津市城市自来水价格并未发生变化。其次，两座城市同为中国四大直辖市，经济发展水平较为近似。再次，两座城市位置相邻，并且水资源状况类似：同处于华北沉降带，并接受南水北调工程输水。具体情况如表 2-5 所示。

为了消除外部趋势的影响，对弹性的估计办法做出调整，$\eta=-\frac{Q_1-(1+\theta)Q_0}{P_1-P_0}\times\frac{P_0}{Q_0}$，其中$\theta=\frac{Q_1'-Q_0'}{Q_0'}$，经过计算，可获得北京市 2015 年居民水价的弹性值。由于缺少自来水公司经营特种行业的数据，只有估计出弹性η_2作为$\hat{\eta}_2$的近似（虽然$\hat{\eta}_2$通常要比η_2略小，但往往相差不大）。通过选取具有代表性的北京市水的生产与供应业（即纯净水行业，属于特种经营行业的重要组成部分）的 2014 年和 2015

① 北京市发改委规定：自 2015 年 1 月 1 日起，非居民用户水价由每立方米 7.15 元调整为 8.15 元，其中污水处理费由每立方米 2 元调整为 3 元，水费和水资源费标准保持不变。

年数据，如下表 2-6 所示。按照弹性估算办法，估算出特种行业需求弹性约为 6.6356。

表 2-5　天津市城市自来水消费统计信息（2014-2015）

年份	分类水价	用水量（单位：万立方米）	用水价格（单位：元）	水费	水资源费	污水处理费
2014 年	居民生活用水	26587.13	4.90	2.61	0.90	1.39
	行政事业用水	4230.01	7.85	—	—	—
	工业用水	26646.25	7.85	—	—	—
	经营服务用水	6279.61	7.85	—	—	—
	特种行业用水	64.35	22.25	—	—	—
	其他用水	660.51	免费	免费	免费	免费
2015 年	居民生活用水	28163.23	4.90	2.61	0.90	1.39
	行政事业用水	4412.59	7.85	—	—	—
	工业用水	27586.93	7.85	—	—	—
	经营服务用水	5989.71	7.85	—	—	—
	特种行业用水	76.40	22.25	—	—	—
	其他用水	1130.37	免费	免费	免费	免费

资料来源：作者根据《城市供水统计年鉴》（2015-2016）数据整理。

表 2-6　北京市水的生产与供应行业的产出与价格指数

项目名称	2014 年	2015 年
产成品（不含库存）	426	547
工业生产者出厂价格指数	109.8	105.1

资料来源：作者根据《北京市统计年鉴》（2015-2016）等数据，计算整理得到。

非居民行业的弹性，选取了具有代表性的工业企业数据，考虑到封闭经济的假设，主要使用了北京市服饰业与食品加工业两个行业作为参照指标，数据如表 2-7 所示。单独计算出服装行业的弹性约为 4.538，食品行业的弹性约为 2.260，其联合弹性约为 1.515[①]。如果以全部工业品计算则约为 0.758，但考虑到封闭经济的假设，所以最终选取了食品与服装业的联合弹性 1.515。

① 之所以联合弹性比单独计算出的弹性都要小，是因为服饰业与食品制造业在 2014 到 2015 年度，产品与价格指数的变化是反方向的。

表 2-7　北京市服饰与食品制造行业产出与价格数据

行业	项目	2014 年	2015 年
纺织服装、服饰业	产成品（不含库存）	371268	361139
食品制造业	产成品（不含库存）	190820	213678
纺织服装、服饰业	生产者出厂价格指数	99.8	100.4
食品制造业	生产者出厂价格指数	104.5	99
行业联合体	加权价格指数	101.4	99.9

资料来源：作者根据《北京市统计年鉴》（2015-2016）数据，计算整理得到。

需要说明的是：即使以全部工业品弹性 0.758 作为η_r的估计指标，最终由此估计出的 Ramsey 最优定价标准只会在非居民用水的最优价格上发生变化。并且最终三类水价的最优标准之间的关系，只会是幅度上的变化，而不是方向上的变化。因为全部工业品弹性 0.758 与服饰业与食品加工的联合弹性 1.515 均处在η_0（-0.0014）与η_2（6.6356）之间。而在社会福利的评价方面，会因为非居民用水弹性标准变小，造成非居民水价的最优标准提高，进而非居民实际水价向上偏离最优标准的程度会上升，由此带来社会福利损失的估计值加大。

成本加成率指标 r 采用《北京市统计年鉴》中规模以上工业企业相关数据估算，等于企业利润除以企业营业收入。企业单位售水成本可以从《城市供水年鉴》获取。根据前文分析，激励修正项$\frac{\lambda}{1+\lambda}\frac{F}{f}\psi'\frac{\partial}{\partial Q}(-\frac{C_{0\beta}(\beta,e_0,Q)}{C_{0e_0}(\beta,e_0,Q)}$需要体现出投资风险、努力水平以及外部技术条件与内部努力水平关系等因素，由此选取漏损水量价值［(供水量—售水量)*单位售水成本］调整值作为替代指标[①]，计算的结果为-0.036。激励修正项符号为负，说明内部努力水平影响大于外部条件，即内部努力水平不到位。公共基金影子价格λ由公式$\frac{p_0-C_{0Q}}{p_0}=\frac{\lambda}{1+\lambda}\frac{1}{\eta_0}$求得。原因在于居民水价的制定充分考虑了“补偿成本+合理收益”的原则，并且论证相比其他分类价格最为客观公正，所以假定居民价格达到了最优价格水平。$\lambda = 0.0003 < 0.3$，表明公共基金的扭曲程度远小于发达国家水平，似乎有矛盾之处。但是，考虑到自然垄断企业的固定资产投资越来越依靠自身进行，在缺乏政府转移支付的条件下，λ存在趋近于 0 的可能（Laffont and Tirole，1994）。最终所有涉及最优定价的参数指标的估计值汇总在表 2-8 之中。

① 因为激励修正项类似于对成本的调减，所以首先以 2014 年漏损水量价值减去 2015 年漏损水量价值的差值，然后平均到 2015 年的售水总价（即销售收入）中，获得平均值作为估计值。

表 2-8 北京市 2015 年分类水价 Ramsey 标准重要指标估计结果

η_0	η_r	η_2	r	λ	C_{0Q}	$\frac{\lambda}{1+\lambda}\frac{F}{f}\psi'\frac{\partial}{\partial Q}(-\frac{C_{0\beta}(\beta,e_0,Q)}{C_{0e_0}(\beta,e_0,Q)}$
−0.0014	1.5150	6.6356	0.0847	0.0003	2.5700	−0.0360

资料来源：作者根据《城市供水统计年鉴》（2015–2016）等数据，计算整理得到。

值得注意的是居民用水需求价格弹性η_0为一个小于零并且接近于零的数，说明居民用水在 2014 到 2015 年的时段内是严重缺乏弹性的，并且负号说明最优的定价应该小于成本，这与通常观察到的情况一致。类似地，其他公共服务行业产品的居民价格弹性往往也呈现出小于零接近零的特征（张明海，2004），所以大部分公共服务行业对居民价格进行补贴（小于或等于单位成本）是具有经济意义的。然而与张明海（2004）、李眺（2007）等的研究不同，居民用水需求并非完全独立的，它与特种行业用水存在较为明显替代关系，随着特种行业用水价格的飙升（北京市 2014－2015 年价格上涨了约 1.6 倍）达到 160 元/立方米，而同期居民用水价格上涨了 25%仅为 5 元/立方米，所以居民用水价格弹性呈现出“吉芬商品”的特征①。因此按照拉姆齐定价的逆弹性法则，在中国城市自来水价格的短期变化中，应该对居民用水价格给予适度补贴。

本章的文献综述曾提到“美国城市居民水价在水价体系中最高”符合最优定价规则，而“中国城市居民水价在体系中最低”同样符合最优定价规则。因为短时期内两国居民用水的价格弹性不同，体现在：①许多发达国家网络型自然垄断行业产品的价格（比如电力、自来水与天然气价格）往往是低于国内水平的，并且其居民用水支出一般不超过世界银行给出的居民家庭收入 5%的可承受负担的红线。②中国人均水资源仅为世界平均水平的四分之一左右，因此，“节约水资源”也是中国自来水定价规制的重要目标。

三、市场绩效分析

在表 2–8 给出的参数估计结果的基础上，并结合表 2–2 所列的最优定价标准，可以估计出完全信息条件下北京市分类定价的最优标准以及考虑激励修正后的最优定价标准。结果如表 2–9 所示，从中可以发现：在维持水资源费与污水处理费不变的情况下，若居民用水最优标准是 2.07 元，非居民的水费最优标准应该是

① 夏骋翔和李克娟（2007）的研究同样表明在某些收入与价格水平下，城市居民自来水消费会呈现“吉芬商品”特征。

10.88 元，特种行业应该是 3.28 元[①]。但是，很明显北京市自来水公司对特种行业征收了过高的水费，而对非居民行业征收了过低的水费。这会导致市场绩效的扭曲，原因可能存在于以下方面：①超过最优定价标准的分类价格导致特种行业产出低于社会最优标准，导致社会福利损失；②过高的价格导致套利行为的发生，比如居民与非居民行业进行特种行业的生产活动，而这并不是社会最优所需要的；③过高的价格导致特种行业减少对自来水的需求，甚至迁移到区域之外，会减少自来水企业的盈利；④从用水量上看居民用水最多，而非居民次之，特种行业几乎可以忽略不计，居民用水收费的巨额亏损只能通过非居民用水收费实现弥补；⑤支持对工业企业为代表的非居民行业征收较高水费的原因在于水价在其总成本中所占比例极小[②]，因此其水价上调空间较为充足。

2018 年 7 月 2 日国家发展改革委出台的《关于创新和完善促进绿色发展价格机制的意见》（发改价格规〔2018〕943 号）提出：为节约用水，价格结构应拉大非居民用水与特种行业用水的差距。这与本章提出的最优定价基准并不矛盾，因为：政府要求维持特种行业用水价格高昂，目的在于促进节水和环境保护；而在城市自来水价格构成中水资源费（税）与污水处理费的区别定价已经起到了此作用，供水企业不应重复征收。此外，在供水企业收费（最优水价）基础上加上水资源费，消费者实际承担的城市自来水用水价格（如下表 2-9 所示）完全符合《关于创新和完善促进绿色发展价格机制的意见》的精神与规定。

需要说明的是：在城市自来水水价中加入激励因素，主要考虑的是产销差率[③]，同时也受到弹性与公共基金影子价格的影响。对于居民用水价格，需加入 $\frac{\lambda}{1+\lambda}\frac{F}{f}\psi'\frac{\partial}{\partial Q}\left(-\frac{C_{0\beta}(\beta,e_0,Q)}{C_{0e_0}(\beta,e_0,Q)}\right)/(1-\frac{\lambda}{1+\lambda}\frac{1}{\eta_0})$，对于非居民用水价格而言，需要加入 $\frac{1-r}{1-\Delta}\frac{\lambda}{1+\lambda}\frac{F}{f}\psi'\frac{\partial}{\partial Q}\left(-\frac{C_{0\beta}(\beta,e_0,Q)}{C_{0e_0}(\beta,e_0,Q)}\right)$，对于特种行业的用水价格，需要加入

① 特种行业以纯净水行业为例，北京市自来水的成本大约占到价格 12%–15%（参考自中国质量网，2015-1-7，《北京水价提高引连带效应桶装纯净水成本每桶增 2-3 元》，http://www.chinatt315.org.cn/315/2015-1/7/15091.aspx），以 $p_2=\frac{a}{0.12}=8.33a$ 代入公式，可计算出 a≈158.28。

② 以北京市 2015 年规模以上工业企业为例，自来水成本占比大约为 0.06%。即使涨到 15.51 元的最优定价标准，也不会超过 0.11%。与之对比的是：居民水费负担占生活支出的 1%–4%，而特种行业则大约为 10%以上。

③ 后来产销差率指标为漏损率指标所替代，见《CJJ92-2016 城镇供水管网漏损控制及评定标准》。一般情况下，漏损率都会略低于产销差率，因为核算漏损率时，免费用水量也作为有效供水量计算在内，而在核算产销差率时，有收费的水量才可纳入售水量核算。

$\frac{\lambda}{1+\lambda}\frac{F}{f}\psi'\frac{\partial}{\partial Q}\left(-\frac{C_{0\beta}(\beta,e_0,Q)}{C_{0e_0}(\beta,e_0,Q)}\right)/(1-\frac{\lambda}{1+\lambda}\frac{1}{\eta_2})$。如果$\frac{\lambda}{1+\lambda}\frac{F}{f}\psi'\frac{\partial}{\partial Q}(-\frac{C_{0\beta}(\beta,e_0,Q)}{C_{0e_0}(\beta,e_0,Q)}=-0.0036$，可求得激励修正对最优分类水价的影响分别为：-0.29，-0.36，-0.36。于是对其最优定价分别扣除 0.03 元、0.04 元和 0.04 元。需要特别指出的是：中国城市自来水政府定价中同样考虑了产销差率（或漏损率），一方面说明以此作为定价基准具有实践基础，另一方面本章的模型在基础上得到的激励修正项，区别于现有定价规制中将其作为总定价成本的“红线”。

表 2-9　北京市 2015 年城市自来水最优分类定价与实际定价

信息类型	分类定价	最优定价	实际定价	差额
完全信息	居民	5.00	5.00	0.00
	非居民①	15.51	8.15	7.36
	特种行业	158.28	160.00	-1.72
信息不对称并引入激励规制	居民	4.97	5.00	-0.03
	非居民	15.47	8.15	7.32
	特种行业	158.24	160.00	-1.76

注：其中最优定价为保留货币单位至分，采取四舍五入。

资料来源：作者根据《城市供水统计年鉴》（2015-2016）等数据，计算整理得到。

针对实际定价偏离最优定价所造成的社会福利损失，其大致数值可根据哈伯格三角的方法（于良春和丁启军，2007）进行估算。公式为：$\frac{1}{2}r^2p_mq_m\eta$，其中 $r=\frac{p_mq_m-p^*q_m}{p_mq_m}$，$p_m$、$q_m$为实际价格与销量，$p^*$为最优定价。由此可估算出 2015 年北京市非居民行业水价扭曲带来的社会福利损失约为 21.88 亿元；特种行业水价扭曲带来的社会福利损失约为 28.31 万元。如果考虑激励因素，居民水价扭曲的福利损失为 36.48 万元，非居民行业的社会福利损失约为 21.64 亿元；特种行业的社会福利损失约为 29.64 万元。

自然垄断企业针对分类价格的交叉补贴机制，可能会造成整体社会福利的损失。对自然垄断企业而言，提供低价补贴造成的利润损失，可以通过提高其他未受到补贴项目的成本加成来补偿。这种在企业内进行的交叉补贴，一般得到规制

① 需要注意的非居民行业的除水之外的成本c'虽然未知，但是估算出的Δ=0.00054，而 $c_3=0.92p_r-p_w$，而p_r（实际为消耗每立方米水的销售收入）大约为 14823 元，$c_3\approx 13637-8.15$=13629。

部门的默许，并构成自然垄断企业与规制部门之间协议的一部分。自然垄断企业必须在提供补贴资金的领域（如城市自来水行业征收的非居民与特种行业水费）取得足够的利润，以便资助受补贴的部分（城市居民用水）。过高的加价会使得企业需求减少，甚至倒闭或迁移[①]，最终导致“税收基础”的消失，整个交叉补贴系统也将难以为继。

本章小结

中国网络型自然垄断行业在很长一个时期存在供给不足的问题，原因被归结为垄断经营和政企合一，所以早期对自然垄断行业改革的研究主要集中在开放市场。在可竞争市场理论指导下，中国自然垄断行业的改革将垄断产业纵向分离，其中可竞争性领域逐步向市场开放，逐步形成可竞争市场的生产与配售环节，以及保有政府定价的网络环节。网络环节构成了网络型自然垄断行业的主体，其服务产品的销售可能既面向消费者，也面向下游厂商或零售商。

大部分受到规制的自然垄断企业提供多种产品，在多产品企业的规制中，有两类问题：定价和激励。定价问题主要涉及如何进行区别定价；当存在竞争者或上下游企业间产品是互补或替代品时，被规制企业应该如何对产品定价？本章认为在既定条件下，最优的定价应该是满足预算平衡的社会总福利最大化。将下游市场的弹性纳入最优分类定价的制定中，相比三级价格歧视更全面地考察了社会总福利。网络型自然垄断行业纵向结构的最优分类定价，需要加入消费者对网络型自然垄断行业零售与下游产品的需求的考察。于是，零售定价应满足拉姆齐定价法则，批发价格（接入定价）应满足有效成分定价法则，中间品定价应满足斯塔克伯格博弈。来自中国自来水行业的相关证据表明：以非市场手段调整分类定价，造成某些用户成本负担的增减，带来是资源配置的扭曲。在现有会计制度下，降低服务产品的价格，需要依靠给予被规制企业适当激励化解信息不对称带来的种种问题。除此之外，本章在理论与实证分析过程中还有两个的发现：①从最优定价标准的角度，揭示只有下游企业的平均利润率高于弹性时才会触发上游垄断企业的一体化行为，两者才会从单纯的互补关系衍生出竞争关系；②通过验证中国城市居民用水的“吉芬商品”特征，证明地方规制部门对居民用水给予补贴是

① 比如对特种行业的过高加价，促使居民或者减少特种行业企业产品的需求，或者利用自家的廉价自来水进行洗车、洗浴与纯净水业务，形成替代。这也解释了为何特种行业的需求弹性相比一般行业要大得多。

符合最优定价标准的，这与某些发达国家居民用水价格高出其他用户水价的现象并不矛盾。

城市供水定价中的区别定价并非个例，在中国具有普遍代表性，比如国家电网所属企业在销售端也有居民生活用电、大工业用电、一般工商业及其他用电以及农业用电的区别定价。本章对区别定价的合理部分发声，是基于纵向关系中的接入与竞争，以及不完全信息条件下的激励规制。本章对区别定价中不合理内容的测度，可能存在未厘清之处，也存在其他一些问题。比如总产出水平受到资源与环保约束，最优定价水平将如何变化？努力水平假定为降成本的努力水平，如果是改进质量的努力水平，则努力水平的提升带来的是自然垄断企业边际成本的上升，结论可能会逆转。

第三章　网络型自然垄断行业接入定价与激励规制

上一章的分析得出一个重要结论：网络型自然垄断企业对外部竞争对手的接入定价是影响多产品企业最优定价基准的重要环节。然而，为何社会计划者执行的价格规制不能有效地纠正其中的“扭曲”？本章将借助产业组织理论与方法解释非对称竞争市场中的扭曲现象。首先，以伯川德竞争模型分析了自然垄断企业在开放竞争条件下的各类策略空间与支付，揭示出由于信息问题，社会计划者所期望的“业务抢夺”会大打折扣。其次，通过豪泰林模型对新进入者的“价值创造”效应分析，发现信息问题同样会使得“新价值”大幅缩水。所以在信息不对称与企业追逐利润最大化的条件下，开放竞争与放松规制只会带来上下游之间的非对称竞争。如果要想进一步地改善社会福利，围绕接入定价的激励性规制能够带来次优的结果。

第一节　引　　言

自然垄断行业的改革与规制是世界性难题，各国的理论界与实践界一直在不断探索。中国的自然垄断行业具有严格的公有制性质，自然垄断行业的规制改革与国有企业改革同步同声。中国国有企业的分类改革不仅区分了盈利性与公益性目标，还进一步区分了企业目标、规制方案、股权结构与内部治理方面的异质性（黄群慧和余菁，2013）。自然垄断行业的某些环节具有“一般商业性企业”特征被习惯地称为“可竞争市场”（夏大慰，1999）。自然垄断行业的分类改革要求改变“可竞争市场”中既有的企业目标、规制方案、股权结构与内部治理模式，并引入外部竞争。经过多年改革，逐步形成可竞争市场的生产与配售环节，以及保有政府定价的网络环节。竞争性领域效率较高，价格由市场形成；而网络环节的厂商沉没成本高、经营周期长，更倾向于接受“固定投资回报率”的政府定价（王俊豪，2001）。

一、问题提出

可竞争环节曾经一体化于自然垄断企业集团，并接入其网络环节，而改革后，却脱离了自然垄断集团①。对可竞争环节的企业而言，必须要接入自然垄断行业的网络。可竞争改革后，以往企业内部的会计核算变成了市场上的“接入定价”。非对称竞争是指具市场势力的自然垄断企业与可竞争市场中的外部竞争对手围绕“接入定价”展开的竞争②。为维护市场效率和社会福利，接入定价常常被规制部门所掌控，有效成分定价法则（ECPR）就是其代表。在中国，规制部门将接入服务作为自然垄断经营的一类商品，归纳至政府的“分类定价”中③。政府定价目的原本在于消除接入定价中市场势力造成的歧视与扭曲，然而规制部门与厂商之间的信息不对称，使得常规的规制方案难以奏效。

（1）网络型自然垄断行业的一个重要特征是其最终服务往往综合了诸多的因素。以天然气行业为例，最终消费者购买的天然气，首先由井口生产或者进口，然后进入天然气管道运输企业④的管网，接着销往城市门站或者一些大型的直接用户，最后进入城市门站的天然气会由城市管网企业通过自营或特许经营者分销给工业、居民和交通等终端用户。在NG厂商（或进口商）、管道运输企业以及分销网络之间存在经济学意义上的互补关系。“这种互补性在各行各业都很普遍，绝大部分商品与服务都是各种要素的组合，而这种组合能够增加产品的价值”（Laffont and Tirole，2000）。在长长的价值链条之中（如图3-1所示的中国天然气产业价值链），某些“强自然垄断环节”出于规模经济、范围经济或专利权保护的原因，而允许自然垄断的存在，另外一些与之互补的“弱自然垄断环节”则可考虑引入竞争。

（2）强自然垄断环节与弱自然垄断环节的最优价格决策机制并不相同，相应地，规制方案选择也存在差异。如图3-2所示，Q_1表示“强自然垄断环节”（AC大于MC）按边际定价原则的均衡产出，Q_2与Q_3表示“弱自然垄断环节”（AC小于等于MC）按边际定价形成的均衡产出。abcd面积为强自然垄断按边际定价带来的厂商福利损失，同理产出Q_2的“弱自然垄断环节”按照边际定价原则将获得

① 一方面外部竞争对手独立于自然垄断企业的网络，另一方面规制部门要求原属于自然垄断集团的可竞争环节独立核算。

② 由于自然垄断企业的公有制性质，而进入市场的竞争对手多为其他所有制类型，所以非对称竞争常被误认为是国有企业与民营经济的竞争，这是错误的。

③ 《中华人民共和国价格法》第十八条规定“自然垄断经营的商品价格适用政府定价”，而第十九条提出“定价权限和具体适用范围，以中央的和地方的定价目录为依据”。国家发展和改革委员会于2015年完成了最新一轮的政府定价目录集中修订，大比例缩减政府定价范围（中央和地方定价项目分别减少80%和55%左右）的同时，保留的定价项目主要限定在重要公用事业、公益性服务和网络型自然垄断环节。

④ 在中国为13家天然管道运输公司，其中8家归属中石油，3家归属中石化，剩余两家同业属于国有企业。

零经济利润，产出Q_3“弱自然垄断环节”按照边际定价原则能够获得一定的租金。因此，在“弱自然垄断环节”中，边际成本定价同时满足了社会福利最大化及厂商预算平衡的约束条件，在这些领域可以引入竞争①。而在“强自然垄断环节”中，规制者则必须对厂商的进入以及定价进行规制，使厂商的定价高于边际成本以消除亏损，同时避免出现过高的垄断价格（于良春，2004）。

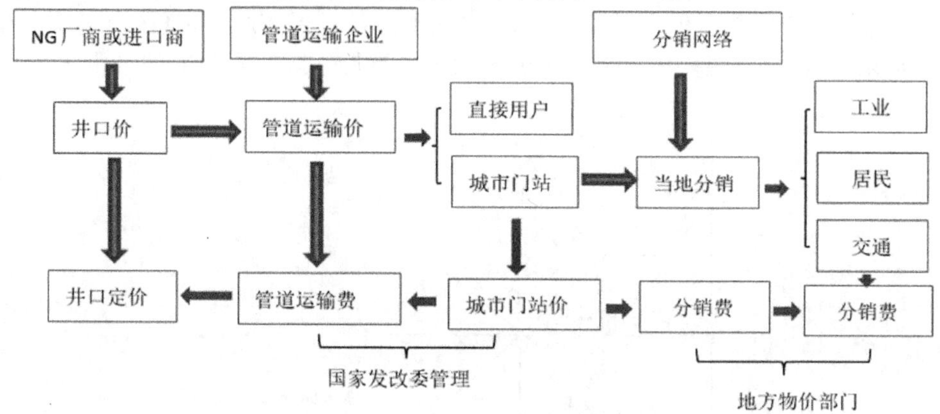

图 3-1　中国天然气行业定价规制图示

资料来源：参考自 Paltsev and Zhang（2015）中的图 7，作者根据需要进行部分修改。

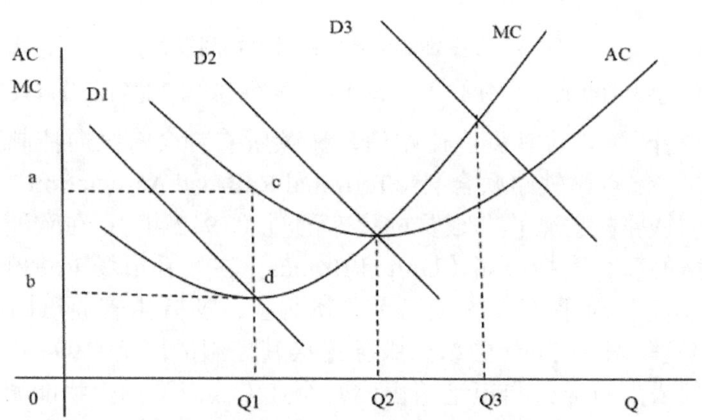

图 3-2　强弱自然垄断环节的边际定价比较

资料来源：参考自于良春（2004）中的图 1，作者根据需要进行部分修改。

① Hayek（1968）认为竞争是一个发现的过程，而非结果。竞争带来激励、信息以及创新，有利于化解规制中的信息不对称问题（Armstrong et al.，1994）。

如果将定价权不受限制地下放给自然垄断厂商，出于利润最大化目的，企业将偏离社会最优的定价与产出，造成社会总福利的“无谓损失”（Dead-Weight Loss）（Tirole，1988），即图 3-3 所示的阴影部分 ABC 的面积。所以自然垄断行业，至少其“强自然垄断环节”会受到政府规制部门的监督和调控，即使在欧美国家 20 世纪 80 年代兴起的“自由化”改革浪潮中，自然垄断企业仍然受到政府规制部门的严格监管，表现在定价方面就是“强自然垄断环节”保有政府定价[无论是 ROR（Rate of Return）还是 Price-Cap，定价权始终掌握在政府规制部门手中]。

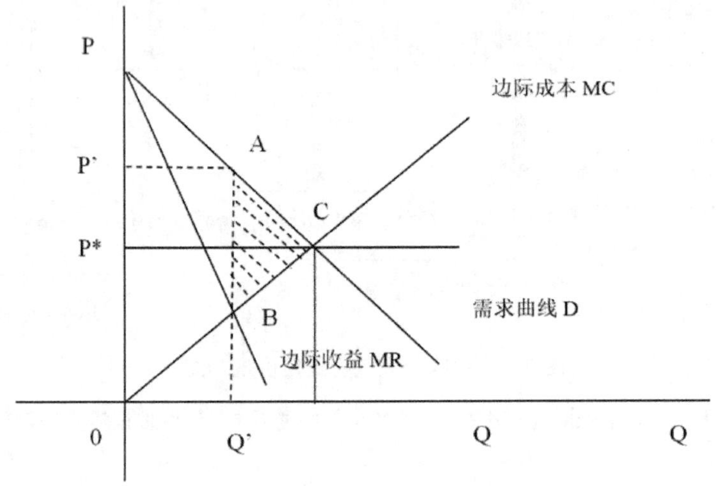

图 3-3　垄断定价带来的社会福利损失

资料来源：参考自 Tirole（1988）中的图 1.1，作者根据需要进行部分修改。

（3）反垄断学者与官员往往相信，瓶颈所有者会有纵向控制互补市场的动机。在美国，终点站铁路联合会（Terminal Railroad Association）拥有的横跨密西西比河的铁路桥曾禁止非成员的火车通过（1912 年）；在欧洲，控制欧洲香蕉销售网络的联合商标公司（United Brands）在互补市场（种植及零售等环节）大肆驱逐竞争对手（1978 年）；在新西兰，拥有主管通讯网络的在位商 Telecom 拒绝竞争对手 Clear 的部分服务连接其控制的网络（1994 年）；在中国，中石油系统的云南石油公司拒绝销售民营企业（云南盈鼎生物能源公司）的生物柴油（2015 年）。中国《反垄断法》第七条明确对自然垄断企业的“强自然垄断环节”给予保护①，同时严禁具有市场支配地位的经营者从事滥用市场支

① 法律规定：“国有经济占控制地位的关系国民经济命脉和国家安全的行业以及依法实行专营专卖的行业，国家对其经营者的合法经营活动予以保护，并对经营者的经营行为及其商品和服务的价格依法实施监管和调控，维护消费者利益，促进技术进步。”

配地位的行为[①]。《反垄断法》定义的市场支配地位，是指经营者在相关市场内具有能够控制商品价格、数量或者其他交易条件，或者能够阻碍、影响其他经营者进入相关市场能力的市场地位。显然，在“弱自然垄断环节”的可竞争市场中，自然垄断企业及其一体化组织具有很强的市场支配地位。而自然垄断企业的垄断地位受到国家法律保护，其价格受到规制部门的监管和调控，表现在可竞争市场，类似接入定价（比如城市自来水行业的特种经营用水，电厂的上网电价，民营加油站的进货价，甚至非通信集团所属的互联网公司开发的 APP 接入流量与计费[②]等），一个很突出的问题是如果自然垄断企业所在的一体化组织同时经营下游互补商品或服务，即使政府规制部门制定了相应的接入定价，但自然垄断企业内部很容易私下达成交易，从而形成对外部竞争对手的优势。很明显这会阻碍、影响其他经营者进入相关市场。

（4）自然垄断行业竞争性改革的关键在于制定合理的接入定价。合理定价目标，包括：促进瓶颈设施的有效利用，鼓励瓶颈所有者投资，降低自然垄断企业生产成本，以及可承受的规制成本。也就是说规制部门对接入定价进行规制不仅要考虑市场的需求，还要考虑网络型自然垄断行业的供给问题（尤其是其固定成本的回收问题）[③]。成本回收会引起价格规制的两难问题，过高的接入费用将构筑进入壁垒，维持自然垄断企业在可竞争市场中的垄断地位，而过低的接入费用不仅导致低效率企业的进入，损失市场效率，而且会对自然垄断企业产生掠夺，影响其瓶颈网络的升级和维护。因此，规制部门制定合理的接入定价水平并非易事，同时决定接入费用的相关结构也是如此[④]。随着中国改革的推进，一方面政府不断消除进入壁垒，从拓宽投资渠道、优化投资环境、完善支持政策等方面进一步为

---

① 《反垄断法》第十七条规定，滥用市场支配地位的行为包括：“（一）以不公平的高价销售商品或者以不公平的低价购买商品；（二）没有正当理由，以低于成本的价格销售商品；（三）没有正当理由，拒绝与交易相对人进行交易；（四）没有正当理由，限定交易相对人只能与其进行交易或者只能与其指定的经营者进行交易；（五）没有正当理由搭售商品，或者在交易时附加其他不合理的交易条件；（六）没有正当理由，对条件相同的交易相对人在交易价格等交易条件上实行差别待遇；（七）国务院反垄断执法机构认定的其他滥用市场支配地位的行为。”

② 中国移动所属的视频软件咪咕视频经常向其用户赠送流量甚至开展免费流量活动。特别是 2018 年俄罗斯世界杯期间其免流量观看世界杯的活动使其用户数量获得了 36.2%的增长。而且竞争对手，除了和广东电信合作的搜狐视频，其用户如果在世界杯期间观看比赛仍要承担昂贵的流量费支出。

③ 通过图 3-2，能够比较清晰地发现 AC 与 MC 之间的差距，而造成差距的原因主要就是固定成本的存在。

④ 接入定价的“结构”的含义指的是，接入费用的最优定价可能如 Stole（1995）、Armstrong and Vickers（2009）所分析的那样，是一个非线性的二部定价结构。

民间资本进入城市供水、燃气、供热、污水和垃圾处理行业提供切实的鼓励、引导和便利[①]。另一方面，政府不断推进价格规制改革，比如 2017 年底国家发展改革委修订颁布《政府制定价格成本监审办法》，更加注重加强垄断行业监管、规范成本监审行为，标志着政府成本监管进入科学监管、制度监管的新阶段[②]。

（5）规制实践中，受两个因素的干扰，政府规制部门往往难以制定合理有效的接入定价。其一是“规制俘虏”问题，即高额利润促使自然垄断企业与其可竞争市场的对手开展激烈的游说活动，干扰规制部门的判断与决策。而另一个则是“信息问题”，即由于规制部门对自然垄断企业与其可竞争市场对手的成本结构、需求函数以及市场结构等信息掌握不足，两类厂商都有可能利用自身的信息优势为自己谋利，从而产生“逆向选择”与“道德风险”等问题。如图 3-4 所示，即使“仁慈”的政府从社会福利最大化目标出发（D=MC，消费者剩余与厂商利润之和最大），由于信息不对称的原因，厂商报告的成本会高于“真实可达到的最优边际成本”。于是均衡价格虚高，实际产出减少，将会导致社会总福利产生阴影面积 ABC 的“无谓损失”。

在中国网络型自然垄断行业“开放市场”的历程中，某些行业的市场绩效得到了较为明显的改善。比如中国快递行业自 2005 年全面开放市场以来，不仅业务收入年增幅超过第三产业的平均水平（曾高达 25%以上），而且服务范围得到扩大、服务质量显著提高、价格水平稳中有降，直观地表明社会总福利得到改善（王道平和杨永芳，2009）[③]。但是中国国内仍旧存在部分行业，其竞争性改革的效果不甚理想，表现在：自然垄断企业成本效率仍旧低下，新进入的竞争对手普遍受到上游企业“盘剥”，虚高的价格迟迟无法降至合理空间。如林须忠（2016）针对中国城市燃气行业的研究表明：经过特许经营权改革，中国并未能够有效抑制燃气价格飞涨、供需失衡以及区域发展落差巨大等问题。原因可归结为缺乏公平的接

① 参见中国住房和城乡建设部联手国家发展和改革委员会、财政部、国土资源部、中国人民银行于 2016 年 10 月印发《关于进一步鼓励和引导民间资本进入城市供水、燃气、供热、污水和垃圾处理行业的意见》。与 2002 年原建设部就曾印发《关于较快推进市政公用行业市场化进程的意见》相比，5 部门联合印发的《意见》，无论是在土地供应上，还是在用电以及金融服务上又都有了突破性的提法。

② 近年来，国家发展改革委按照准确核定成本、严格加强监管要求，加强以自然垄断环节为重点的成本监审，为推进和深化重点领域价格机制改革发挥了重要作用。据统计，2013-2016 年国家发展改革委以及地方价格主管部门累计开展成本监审项目近 24000 个，覆盖电力、天然气、城市供水、教育、有线数字电视、旅游景点、出租车等垄断行业和重要公用事业、公益性服务等 20 多个行业，核减不应计入定价成本的费用约 8000 亿元。

③ 但是我国快递业的新进入者几乎无一例外地绕开了原邮政系统的瓶颈设施，组建了各自独立的本地投递网络，因此其极少受到接入问题的影响。

入政策与定价，进而难以实现“开放市场”所预期的效果。

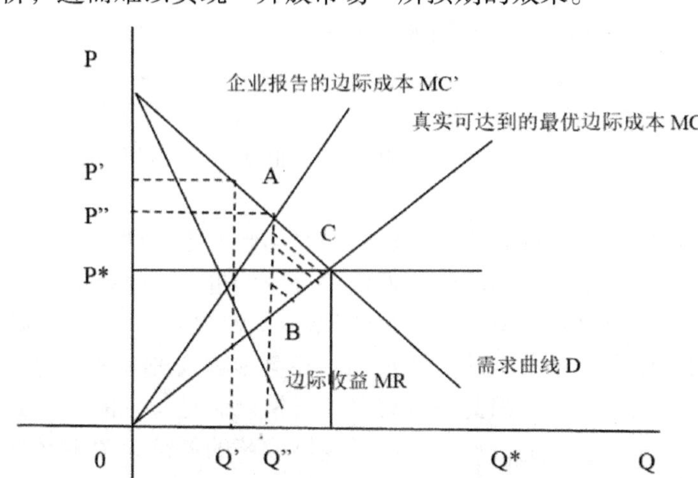

图 3-4　信息不对称影响价格规制所产生的社会福利损失

资料来源：参考自 Tirole（1988）中的图 1.1，作者根据需要进行部分修改。

综上，政府在进入壁垒的规制上逐步放松，更多的责任将是承担价格规制。现有接入定价规制，多数将自然垄断企业的生产成本视作外生不变的，然而现实中，被规制企业糟糕的成本状态成为设计激励规制的重要原因。糟糕的成本状况源于几个方面的原因：缺乏内部控制、怠工、管理不完善、不适当的额外津贴、缺乏创新、轻率的投资等。改制后的自然垄断企业集团，会把泛滥的成本轻易转嫁到竞争对手头上，使其承担高昂的接入费用，削减其竞争优势，维持在下游可竞争市场中的垄断优势和垄断利益。即使政府规制部门从社会福利最大化目标出发，对接入定价实施严格规制，由于信息不对称的存在，同样会充满了泡沫。

二、文献综述

中国公用事业在很长一个时期存在供给不足的问题，原因被归结为垄断经营和政企合一，所以早期对公用事业改革的研究主要集中在开放市场。可竞争市场理论（Baumol et al.，1982）提出存在潜在进入者的市场结构，可有效抑制在位企业的无效率行为。该理论指导下，中国公用事业改革将公用事业纵向分离，其中可竞争性领域逐步向市场开放，同时为保证规模经济而广泛实施特许权拍卖（吕荣胜等，2009）。在放松规制的环境中，自然垄断企业一方面会利用非价格手段，比如拒绝和延迟接入、捆绑销售、降低对手接入服务质量等手段，来实施排他性策略行为（王俊豪和程肖君，2007）。另一方面，会通过收取高昂的接入费用实现价格压榨，以此来排除竞争对手（李美娟和杨栋会，2012）。这些曾在中国自然垄断行业广泛存在，非经济性垄断带来了中国部分行业的低效率和低回报（刘小玄和张蕊，2014）[①]，人为设置的进入壁垒均造成了巨大的效率损失，损失占 GDP 比重不断上升（于良春和张伟，2010）。缺乏监管条件下，在位企业会提高接入价格来削弱竞争对手，从而降低竞争的效果，维持低效率的市场绩效（王俊豪和程肖君，2017）。

政府对可竞争市场的规制集中在进入壁垒与政府定价两个方面。进入规制应允许公平进入，扩大供给；同时限制低效率企业的进入，维持规模经济效率。价格规制在于激励厂商提升效率，主要包括降低成本和提升质量(吕荣胜等，2009)。然而价格特别是分类定价中的接入定价，明显会影响到进入企业的收益，从而对其进入产生决定性的影响，因此进入规制与价格规制是统一的。因此，王俊豪和程肖君（2007）提出接入定价规制是放松规制改革的关键，关乎网络型自然垄断行业的整体市场绩效。

刘瑞明和石磊（2011）的研究认为产权问题造成自然垄断行业的国有企业低效率，不仅榨取下游企业“租金”，而且损失了市场绩效。然而，陈林（2018）的实证检验表明对自然垄断行业的所有制改革（PPP）并不会带来效率的提升，反而损失市场绩效。产权从来不是自然垄断行业改革的主要问题，信息与激励问题才是近年来受到关注最多的方面（参见 Laffont and Tirole，1993；Armstrong and Sappington，2007；Decker，2014 等）。不是因为国外自然垄断行业由私人经营，恰恰相反，美国的公用事业基本为国有企业经营，引领私有化浪潮的英国最近频频将公用事业收归国有。张伟和于良春（2015）从国有企业的双重目标角度，解释了存在关系的自然垄断集团私有股权占比越高，越容易产生抑制竞争的行为。陈林（2018）的研究给出了实证的结果，但缺乏有力的理论支撑；张伟和于良春（2015）的理论分析，仍拘泥于产权，忽略了非对称竞争、纵向约束与政府规制中的信息与激励问题，而后者是现代规制理论的核心[②]。

在关乎接入价格的政府定价规制中，沉淀成本的回收问题是影响可竞争市场环境与效率的关键因素（汤吉军，2010）。然而沉淀成本、生产的总边际成本以及各独立的子成本（比如 ECPR 关注的一体化组织非垄断环节的生产成本）信息在

① 刘小玄和张蕊（2014）认为进入壁垒带来垄断企业的低于竞争市场的平均利润水平，原因在于寻租、在职高消费、高福利以及关联交易等。实际上，Hicks（1935）很早就提出“垄断最大的好处就是平静的生活”。Machlup（1967）认为“只有在不完全竞争环境中才会存在管理层懈怠的问题”。也有学者将其归纳为“X-非效率”（Leibenstein，1966）。

② Laffont（1994）认为：“现代规制经济学是在从信息经济学角度对传统规制范式进行批判之后，发展出的一种在信息不对称条件下的规范理论模型。”

政府与厂商之间明显存在不对称，同时潜在的利益受损方（可竞争市场的新进入者）也很难掌握并举证自然垄断企业集团的真实成本。于是，自然垄断企业的会出于自身利益最大化目的，开展各种策略性行为影响竞争对手进入可竞争的市场，比如无法区分瓶颈设施与可竞争环节成本导致的交叉补贴[①]（王俊豪和程肖君，2017）。政府定价规制需要足够的信息。然而无论企业所提供的财务报表，还是会计监督的报告，都难以真实反映企业的生产技术条件，也体现不出企业的真实努力水平（肖兴志和陈艳利，2003）。

接入定价解决的关键是瓶颈所有者的固定成本回收问题，因此有别于终端市场中的标准 Ramsey-Boiteux 定价与市场法则。Ramsey-Boiteux 价格提供的是接入定价的基准，实际应用中还需考察更多的内容，比如歧视性与非线性价格。如果规制者拥有成本和需求的完全信息，那么就可以不必考虑激励问题（Laffont and Tirole，2000）。然而现实中，被规制企业的成本与面临的需求存在异质性，并且相对于规制部门，企业具有信息的优势。如果不能设计出一个合理的激励机制，企业会利用信息优势扭曲价格与产出，造成社会福利损失与资源错配（Baron and Myerson，1982）。在规制者处于信息劣势条件下，以补偿成本为核心的低效能激励方案更容易被接受。而当服务成本规制成为政策选择，关键在于成本分配的具体方式。常见的方法包括全分摊式成本定价法（与使用量成正比），然而此办法却存在价格修订滞后、低效率进入等缺陷（Laffont and Tirole，2000）。还有就是在规制改革浪潮中备受关注的"前瞻性长期增量成本"定价法（FRIC：forward-looking long-run incremental cost）。FRIC 定价法有利于消除追溯式"成本相加"的影响，从而激励产生更好的成本效益，同时对动态效益（投资、创新）也能有作用[②]。

异质性对于接入定价及其福利效应具有广泛影响，并且已经成为接入定价规制研究的一个热点。投资性质的不同会对在位者未来的固定投资意愿的影响：若投资质量提升的边际成本较低，两种类型的投资都只会提高接入价格，若用于降低成本的边际成本较低，则接入价格上涨后两种投资都会被压缩（Vareda，2010）。同时，接入规制的不同类型也会对投资和与消费者福利造成不同影响，例如在回报不确定的古诺竞争中，完全分配成本导致最高的投资，其次是风险分担和长期增量成本监管。风险分担有利于消费者，因为它将相对较高的事前投资激励与强大的事后竞争强度相结合（Nitsche and Wiethaus，2011）。不同类型的接入规制还

① 交叉补贴不仅包括会计成本的分配，也包括管理成本的分配。前者可以在付出高昂会计监督成本条件下堵住多数会计核算上的交叉补贴。但会计师们缺乏专业商业知识，无法评估企业内部投资和人员分配，所以此类交叉补贴难以阻止。即使可以使用"标尺竞争"的方法，异质性与合谋也会削弱其效果。

② 然而 FRIC 对动态效益激励的影响关系很复杂，并且具有争议，参见 Temin（1997）的研究。

会影响创新，在标准的双寡头模型中，事后接入合同较少引起重复投资，相反事前合同却可以用来抑制竞争（Inderst and Peitz，2012）。另外，与统一接入定价相比，考虑空间异质性的接入定价规制能够改进社会福利，并且刺激在位者投资（Bourreau et al.，2015）。

综上，学者们认识到政府对可竞争市场的规制集中在进入壁垒与政府定价两个方面。接入定价解决的关键是瓶颈所有者的固定成本回收问题。被规制企业的成本与面临的需求存在异质性。但是，由于规制部门对自然垄断企业（在位者）与竞争对手的成本结构、需求函数以及市场结构等信息掌握不足，两类厂商都有可能利用自身的信息优势为自己谋利，从而产生“逆向选择”与“道德风险”等问题。特别地，由于异质性的存在，即使规制部门以竞争对手的绩效作为标尺，实施“标尺竞争”方案①。如果个体特异性超过共同特征，统一的激励体系标准变得不可行。特别是当厂商间的个体差异不容易被规制者所观测时，所有厂商都有激励发送禀赋差的信号，以期规制当局提高其成本标准，发放更多的转移支付或允许更高的价格，来获取更多租金（Joskow and Schmalensee，1986）。此时，规制者将不得不设计新的方案，以达到诸如成本最小化的激励目标。

本章尝试探讨自然垄断企业集团在可竞争领域的成本信息对制定接入定价和新进竞争对手的影响，创新之处在于：①从产业组织视角，发现非对称竞争不仅受行政垄断等“规制俘虏”影响，垄断厂商的纵向约束也是十分重要的因素；②借非合作鉴博弈方法，揭示出网络型自然垄断企业的市场势力与经济利益，是造成改革期望难以达成的重要原因；③借鉴并扩展了 Hotelling 模型，从而解释了在可竞争市场中，产品横向差异是如何造成伯川德悖论的；④提出在信息不对称条件下，可利用转移支付与反垄断等手段来解决非对称竞争问题，而非一味要求政府作出制度改变。总之，非对称竞争问题不仅是“政府失灵”，“市场失灵”同样不能忽视，与已有的大多数文献相比，本章更加侧重于后者。

第二节　业务抢夺效应与政府定价

从第二章中的（2-16）式，即$a = p_2 - c = C_{0Q} + \frac{\lambda}{1+\lambda}\frac{p_2}{\hat{\eta}_2}$，可以发现 Ramsey

① 将面临相似技术环境的企业进行比照，从中选取影子成本或绩效，称之为标尺竞争。标尺竞争能最大程度地消除缺乏竞争带来的效率损失，这对于在网络型企业规制特别重要。因为他们在产品市场上没有竞争者，同时也不需要为特许权开展竞争。规制者只需向所有异质性企业提供附带“相对绩效评估”的固定价格合约就足够了（Shleifer，1985）。

式的最优接入价格a能够保证自然垄断企业固定成本的回收[①]（Laffont and Tirole，1994）。根据 Amstrong et al.（1996）的研究，最优接入价格的公式还可以改写为：

$$a = C_{0Q} + \delta(p_1 - C_{0Q} - c) + \frac{\lambda}{1+\lambda}\frac{p_2}{\eta_2} \tag{3-1}$$

其中$\delta \equiv -\frac{\partial q_1/\partial p_2}{\partial q_2/\partial p_2}$,反映的是在位自然垄断企业的零售活动与接入活动之间的替代关系，进一步地反映了“业务抢夺”的可能性。而$\frac{\lambda}{1+\lambda}\frac{p_2}{\eta_2}$是标准的自有弹性利润，反映了进入者所提供服务的需求弹性，进一步地反映了“价值创造”的大小。如果$\delta = 0$，则新进入者提供的服务是纯粹的价值创造，而不会对在位者产生“业务抢夺”的影响。

有效成分定价规则（ECPR）一般要求满足四个对称性假设：提供接入的对称成本，即自然垄断企业提供给自己和进入者接入的边际成本是相同的；不存在进入者市场势力，即进入者的决策仅受到接入费用与其在可竞争市场领域的边际成本影响；可竞争市场的需求对称，即可竞争市场中的在位者与进入者的需求函数相同；可竞争市场的成本对称，即可竞争市场中在位者与进入者的边际成本相等。当四个对称性条件同时满足时，最优接入定价满足有效成分定价规则[②]。然而现实中，可竞争市场中的服务产品的异质性是进入者进入市场、开展竞争的根本动力。因此，在真实竞争的环境中，应充分考察在位垄断者与进入竞争对手在成本与需求方面的差异。

一、基本模型

假设其他对称性条件成立，仅仅在可竞争市场上，在位者（自然垄断企业）的成本c_1与进入者的成本c_2之间存在显著差异。由于自然垄断企业的子成本的不可观测性，即对于规制部门而言，无法有效区分瓶颈设施成本C_{0Q}与竞争领域成本c_1（或者区分成本的代价比较昂贵[③]），所以实践中政府制定接入定价多采用

① 即通过非负的$\frac{\lambda}{1+\lambda}\frac{p_2}{\hat{\eta}_2}$来回收瓶颈设施的固定成本$k_0$。而边际成本$C_{0Q}$直接从接入价格$a$中补偿。

② 此处在求得(2-16)式最优接入定价中事实上使用了对称性假设，主要体现在“超弹性”$\hat{\eta}_2$上。

③ 当自然垄断企业经营多种业务时，如果每种活动的子成本具备可观察性，则有利于规制部门实现目标。然而企业却可以利用信息优势在多种活动之间进行套利。当厂商能够把利润享有比例较高部分的成本转移到另一个由消费者承担较高费用的部分，比如将可竞争环节的成本转移至瓶颈环节，企业就能额外获利（Laffont and Tirole，2000）。

$a = p_1 - c_1$[①]的方案以方便处理。

信息不对称条件下，自然垄断企业存在基础设施成本$C_0(\beta, e_0, Q)$和下游可竞争环节的成本$C_1(\beta, e_1, Q)$，激励规制重点在于考察外部技术条件β与内生努力水平（e_0与e_1）对市场绩效的影响，同时假定外部接入的竞争对手的边际成本c_2不变，并且为公共信息。而本章的分析将发生颠覆性的逆转，将C_{0Q}被视作固定不变，而$c_i = \beta_i - e_i$。受到外部技术条件与内部努力水平的不同，在可竞争市场中企业的成本存在纵向差异。规制部门了解自然垄断企业 M 的成本类型空间为$\left\{c_1^H,\ c_1^L\right\}$，但却不能准确判断企业真实的成本类型。与之前的假设不同，进入者的成本c_2不再是公共信息，除了新进入的企业 E 之外，规制部门和自然垄断企业 M 都只掌握了进入者的成本空间，即$c_2 \in \left(0,\ c_1^H\right)$，而不了解其真实大小。如果可竞争市场领域在开放之后仍然存在进出障碍（或是出于行政壁垒或是沉淀成本高昂），那么下游可竞争市场将不再如之前所假设的类似完全竞争的市场。由于竞争的不充分，进入者同样能够取得“超额租金”[②]。

规制改革之后，随着“弱自然垄断环节”的开放，新进入者与在位企业展开的更多是价格竞争，比如民营加油站更多采用优惠的价格来争取顾客。由此可以假定在可竞争市场上，自然垄断企业所属一体化组织的在位厂商与进入者之间展开的是伯川德竞争[③]。假设在可竞争市场领域，在位的自然垄断企业与潜在进入的竞争对手提供无差异的服务产品，但是成本却存在差异。如图 3-5 所示，在不存在信息问题的情况下，即市场中的企业都如实地报告了自己的真实成本。自然垄断企业 M 受客观因素影响，可竞争环节成本为高成本c_1^H的概率为δ，为低成本c_1^L的概率为$1-\delta$。竞争对手 E 在可竞争环节的成本为c_2。假设存在$c_1^L < c_2 < c_1^H$的关系。为简化分析，假设开放的可竞争领域为下游终端消费品环节，此环节的销售活动不受政府定价规制制约，但是其上游产品由自然垄断企业供给，其价格受政府定价影响（或是直接定价或是采取政府指导价）。也就是可竞争领域的价格p由市场调节，而接入定价a由规制部门制定。

---

① 根据有效成分定价规则与鲍莫尔承受力规则，在对称性条件下，接入费用的社会最优价格应该等于自然垄断企业在下游可竞争领域的机会成本。

② 但这个“租金”很有可能被上游的自然垄断企业所榨取，在本章的后续部分将详细地阐释其中的原因和机理。

③ 由于接入业务的存在，进入者的产出很容易被自然垄断企业集团所控制，所以双方开展古诺竞争并不现实。比如 2011 年底，我国南方多省市曾出现柴油短缺加剧，民营加油站无油可加的状况。参见《新浪财经》http://finance.sina.com.cn/roll/20111214/011110987041.shtml.

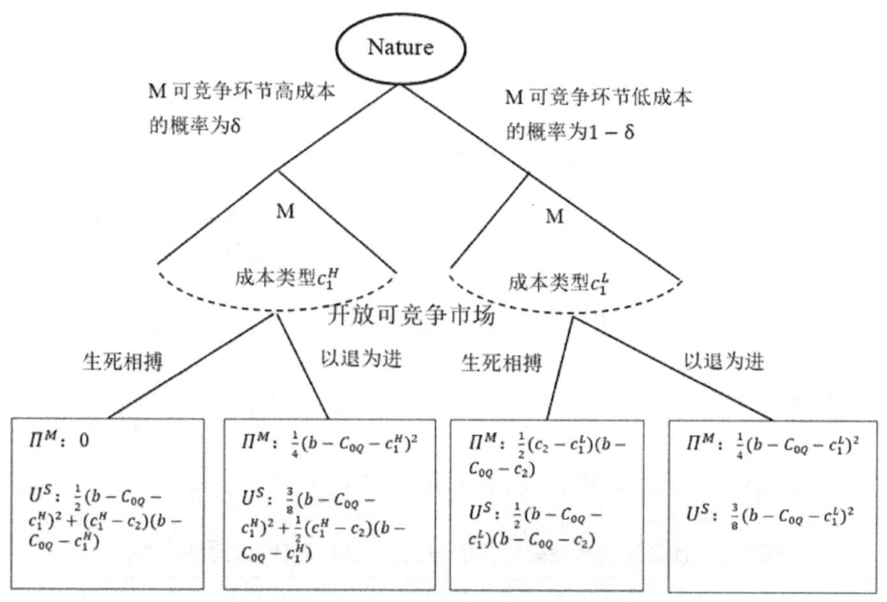

图 3-5　开放市场前后不存在信息问题的自然垄断企业策略与支付

在可竞争领域，市场的需求函数是$q=D(p)$，为方便计算，假设$q=D(p)=b-p$。消费者的福利为：$\frac{1}{2}(b-p)^2$。进入者 E 的利润为：$\Pi^E=(p_2-a-c_2)D_2(p_1，p_2)$。按照伯川德竞争基本形式，设定需求函数的形式如下：

$$D_i\left(p_i，p_j\right)=\begin{cases}D(p_i) & 如果p_i<p_j\\ \frac{D(p_i)}{2} & 如果p_i=p_j\\ 0 & 如果p_i>p_j\end{cases} \quad (3\text{-}2)$$

依据伯川德（1883）所指出的，两家企业的竞争性价格相等，即$p_1^*=p_2^*$。同时，当经济利润降至零或其以下时，在不考虑进入固定成本（沉淀成本）的条件下，因为机会成本的存在，企业将退出市场。

二、自然垄断企业高成本时的接入定价与进入

若不存在信息问题，首先考察自然垄断企业 M 为高成本时情形。如果潜在进入者 E 没有进入市场，则市场格局维持自然垄断企业垄断市场不变，则价格

$p^*=\frac{1}{2}(b+C_{0Q}+c_1^H)$，此时消费者剩余为$\frac{1}{8}(b-C_{0Q}-c_1^H)^2$，M 的利润为$\frac{1}{4}(b-C_{0Q}-c_1^H)^2$，E 的利润为 0。政府（"仁慈的"或"完全利他"型）出台"开放可竞争市场"的政策，目的是希望进入者与在位的自然垄断企业展开伯川德竞争，改善社会总福利。如果规制者的愿望得到实现，竞争对手的接入价格为$a=C_{0Q}$，在位者与竞争者实现真正的公平竞争。下游市场的价格将下降为$C_{0Q}+c_1^H$，消费者剩余增加到$\frac{1}{2}(b-C_{0Q}-c_1^H)^2$，高成本的自然垄断企业利润降低为 0 并退出市场，竞争对手获得利润$(c_1^H-c_2)(b-C_{0Q}-c_1^H)$，社会总福利增加到$\frac{1}{2}(b-C_{0Q}-c_1^H)^2+(c_1^H-c_2)(b-C_{0Q}-c_1^H)$，如下表 3-1 所示。

表 3-1 社会计划者期望的竞争与福利（自然垄断企业高成本）

福利指标	阻止进入（改革前）	进入者进入	前后变化
均衡价格	$\frac{1}{2}(b+C_{0Q}+c_1^H)$	$C_{0Q}+c_1^H$	下降
消费者剩余C^S	$\frac{1}{8}(b-C_{0Q}-c_1^H)^2$	$\frac{1}{2}(b-C_{0Q}-c_1^H)^2$	增加
自然垄断企业利润Π^M	$\frac{1}{4}(b-C_{0Q}-c_1^H)^2$	0	减少
潜在进入者的利润Π^E	0	$(c_1^H-c_2)(b-C_{0Q}-c_1^H)$	增加
社会总福利U^S（$C^S+\Pi^M+\Pi^E$）	$\frac{3}{8}(b-C_{0Q}-c_1^H)^2$	$\frac{1}{2}(b-C_{0Q}-c_1^H)^2+(c_1^H-c_2)(b-C_{0Q}-c_1^H)$	增加

自然垄断企业的愿望是竞争者的涌入不会降低自己原有的利润水平，并且他们能够通过隐藏真实成本，提高接入定价来实现。自然垄断企业期望的接入定价应该等于其垄断下游可竞争市场时的机会成本，即$a=\frac{1}{2}\left(b+C_{0Q}+c_1^H\right)-c_1^H=\frac{1}{2}\left(b+C_{0Q}-c_1^H\right)$。进入者的保留价格为$p_2^*=\frac{1}{2}\left(b+C_{0Q}-c_1^H\right)+c_2$。此时，因为$c_2<c_1^H$，所以$p_2^*<p^*=\frac{1}{2}\left(b+C_{0Q}+c_1^H\right)$，自然垄断企业将完全放弃下游可竞争

市场，但同时可以获得利润①，与开放市场前一致，利润同样为$\frac{1}{4}(b-C_{0Q}-c_1^H)^2$。此时市场价格将保持$p^*=\frac{1}{2}(b+C_{0Q}+c_1^H)$，进入者 E 获得利润$\frac{1}{2}(c_1^H-c_2)(b-C_{0Q}-c_1^H)$。消费者剩余仍为$\frac{1}{8}(b-C_{0Q}-c_1^H)^2$（因为市场价格未发生变化）。对比可以发现：当在位的自然垄断企业属于高成本类型时，如果竞争按照自然垄断企业所期望的类型，竞争对手的进入并不会导致市场均衡价格变化，消费者福利水平因此维持不变。而自然垄断企业的利润维持不变，进入者则获得了正的利润水平。社会总福利将呈现总体上升的趋势，但与社会计划者所期望的最优水平相比，存在的$\frac{1}{4}(b-C_{0Q}-c_1^H)^2+\frac{1}{2}(c_1^H-c_2)(b-C_{0Q}-c_1^H)$差距。如下表 3-2 所示。

表 3-2　自然垄断企业期望的竞争与福利（自然垄断企业高成本）

福利指标	阻止进入（改革前）	进入者进入	前后变化
均衡价格	$\frac{1}{2}(b+C_{0Q}+c_1^H)$	$\frac{1}{2}(b+C_{0Q}+c_1^H)$	不变
消费者剩余C^S	$\frac{1}{8}(b-C_{0Q}-c_1^H)^2$	$\frac{1}{8}(b-C_{0Q}-c_1^H)^2$	不变
自然垄断企业的利润Π^M	$\frac{1}{4}(b-C_{0Q}-c_1^H)^2$	$\frac{1}{4}(b-C_{0Q}-c_1^H)^2$	不变
潜在进入者的利润Π^E	0	$\frac{1}{2}(c_1^H-c_2)(b-C_{0Q}-c_1^H)$	增加
社会总福利U^S（$C^S+\Pi^M+\Pi^E$）	$\frac{3}{8}(b-C_{0Q}-c_1^H)^2$	$\frac{3}{8}(b-C_{0Q}-c_1^H)^2+\frac{1}{2}(c_1^H-c_2)(b-C_{0Q}-c_1^H)$	增加

值得肯定的是：开放可竞争领域的政策的确能够改变下游可竞争市场的垄断格局，并且有利于增进社会总福利。《国务院关于投资体制改革的决定》（国发〔2004〕20 号）提出允许社会资本进入公用事业领域，标志着中国公共事业可竞

① 这部分利润完全是从收取竞争对手的接入费用而来，利润$\Pi^M=(a-C_{0Q})D_2(p_1,p_2)$。

争性改革的开启。市场的可竞争性程度的提供能带来市场绩效的改善，不仅是消费者从价格和产品丰裕上获得利益，行业的平均工业增加值也会得到相应的提高（李国璋和白明，2006）。然而，公用事业的开放往往具有较高门槛，市场格局多为寡头垄断。与完全竞争的最优局面相比，仍然存在改进空间，因此并非帕累托最优。一方面，寡头垄断的格局下，新进入者获得“租金”，使得市场绩效与社会最优基准存在差距。另一方面，自然垄断企业为避免“棘轮效应”①，采取快速退出的策略，维持企业利益不降低，影响可竞争市场。此外，自然垄断企业与竞争对手之间达成“固定价格”的协议以对抗价格竞争，也会造成社会福利损失。由于此情形明显触犯了反垄断法律，本章受篇幅所限不做展开讨论。

如果进入门槛过高，仅有一家或几家企业被允许进入可竞争市场，并不会自然达成最优的社会福利水平。如果只有一家企业进入市场，形成双寡头局面，均衡价格（$C_{0Q}+c_1^H$）均会高于边际成本（$C_{0Q}+c_2$）。只有随着更多（低于自然垄断企业下游环节成本）的企业涌入，均衡价格才会逐步降低。即使最有成本效率的企业进入了可竞争市场，如果进入门槛过高，市场均衡价格仍居高不下，社会总福利达不到最优水平②。在中国，虽然网络型自然垄断行业的可竞争环节逐步开放，但却无法避免非经济垄断性的长期存在。结果保护了低效率、错配了社会资源，造成社会总福利的巨大损失（刘小玄和张蕊，2014）。

如果自然垄断企业能够隐藏其在下游可竞争市场中的真实生产成本，一旦面临“开放市场”的政策出台，出于自身利润最大化的目的，将迅速向竞争对手让出市场。背后的奥秘在于自然垄断企业一旦选择与外部竞争对手缠斗，竞争的过程同时也是成本信息被不断披露的过程［正如 Hayek（1968）所揭示的竞争的作用］，最终将产生伯川德竞争的结果。然而，放弃市场却可以使得自然垄断企业保持成本信息优势，并且可以向外部竞争对手收取$\frac{1}{2}\left(b+C_{0Q}-c_1^H\right)$的接入费用（明显高过成本信息被披露后的接入费用（$C_{0Q}$），由此获得不低于开放市场之前的经济利润。现实中，许多自然垄断企业在开放竞争市场之后，迅速而果断地退出市

① 最早的“棘轮效应”由 Duesenberry（1949）提出，原指消费习惯的养成具有不可逆性，即“由俭入奢易，由奢入俭难”。而在政府规制理论中则特指“今天为企业利润而展示的低成本，会损害未来的租金收入”（Laffont and Tirole，1993）。

② 也就是说，无论c_2是否现有可竞争市场厂商生产的最低边际成本，只有一家企业被允许进入，均衡价格就只能是$C_{0Q}+c_1^H$。如果c_2是最低边际成本，另有一家边际成本为c_3的企业被允许进入（$c_2<c_3<c_1^H$），均衡价格就会下降为$C_{0Q}+c_3$。以此类推，均衡价格总会等于成本倒数第二低的企业边际成本，被允许进入的企业越多，市场价格接近最低边际成本的可能性就越高。

场，从消费者处获取的“租金”转为向接入服务的下游企业征收，由此造成了不对称的竞争格局（刘瑞明和石磊，2011）。其结果必然导致社会总福利水平的下降，也就是（表 3-1 与表 3-2 所展示的）在“进入者进入”之后，自然垄断企业期望局面与社会计划者所期望的社会最优局面相比，社会总福利水平会产生 $\frac{1}{8}(b-C_{0Q}-c_1^H)^2+\frac{1}{2}(c_1^H-c_2)(b-C_{0Q}-c_1^H)$的差距。

综上，可以得到以下结论：①如果自然垄断企业在可竞争市场环节的生产成本较高，那么引入竞争对手一定能够改善社会福利水平。②如果规制部门掌握了全部的成本信息，则开放可竞争领域，能够带来市场价格的下降，消费者福利的上升，自然垄断企业可能会因为“零经济利润”而退出市场，进入者获得正的利润（受需求扩大和成本优势两方面共同作用）。③如果规制部门在自然垄断企业成本上存在信息劣势，自然垄断企业会主动退出市场来掩盖成本信息。结果是市场价格不变，消费者福利不变，进入者能够获得少量利润（仅受到成本优势影响），自然垄断企业凭借接入价格维持以往的利润水平不变。④在规制部门掌握自然垄断企业成本信息的条件下，随着可竞争市场开放程度的加深（即有双寡头向垄断竞争或完全竞争市场格局迈进），消费者福利与社会总福利水平将得到进一步提升；然而一旦存在信息不对称并且自然垄断企业采取了策略性行为，那么开放竞争不会改善消费者福利。至于社会总福利水平是否改善，需要考察进入者与自然垄断企业的福利变化[①]。

三、自然垄断企业低成本时的接入定价与进入

之前讨论的是自然垄断企业在下游可竞争市场中成本较高的情形，虽然比较符合大众的预期，但为保证研究的严谨性，必须考察自然垄断企业的成本较低时的接入定价与社会福利。

当自然垄断企业 M 为低成本时，如果潜在进入者 E 进入市场，则$p_1^*=p_2^*=C_{0Q}+c_2$，此时消费者剩余为$\frac{1}{2}\left(b-C_{0Q}-c_2\right)^2$，M 的利润为$\frac{(c_2-c_1^L)D(p_i)}{2}=\frac{1}{2}(c_2-c_1^L)$

① 这个过程会比较复杂和充满争议，首先更多企业涌入会使得更低成本企业涌入可能变大，从而竞争对手的成本优势提高，并由此带来竞争对手福利的改进，但是下游企业的增多，使得自然垄断企业掌握更多的市场势力，能够通过线性价格（接入费用）与非线性价格（特许费等）方式榨取下游厂商的租金。虽然“无摩擦”的租金的转移仍是大概率提升社会总福利，但是，交易成本的增加，抵消了福利改进的效果。极端条件下，考虑交易成本后，自然垄断企业能够接受榨取潜在进入者利润的“租金”，这时社会总福利是存在下降的可能的。这也是最优经济规模经济探讨的话题范围。

$(b - C_{0Q} - c_2)$，E 的利润为 0；如果潜在进入者 E 没有进入市场，则市场格局维持自然垄断企业垄断市场不变，则价格$p^* = \frac{1}{2}(b + C_{0Q} + c_1^L)$，此时消费者剩余为$\frac{1}{8}(b - C_{0Q} - c_1^L)^2$，M 的利润为$\frac{1}{4}(b - C_{0Q} - c_1^L)^2$，E 的利润为 0。

当在位的自然垄断企业属于低成本类型时，竞争对手的进入会导致市场均衡价格下降，消费者福利增加，自然垄断企业的利润减少（仍维持一个正的利润水平），而进入者的经济利润为零。社会总福利的变化$\frac{1}{8}(b - C_{0Q} - c_1^L)[(b - C_{0Q} - c_2) - 3(c_2 - c_1^L)]$存在拐点，当潜在进入者的成本小于等于在位者的边际成本，并且幅度很小，比如$c_2 = c_1^L + \varepsilon$时，进入者进入市场仍然能够改进社会总福利水平。但是，如果c_2超过c_1^L的水平达到一定程度，即当$c_2 - c_1^L > \frac{b - C_{0Q} - c_1^L}{3} > 0$时，社会总福利将减少，如表 3-3 所示。

表 3-3　社会计划者期望的竞争与福利（自然垄断企业低成本）

福利指标	阻止进入（改革前）	允许进入	前后变化
均衡价格	$\frac{1}{2}(b + C_{0Q} + c_1^L)$	$C_{0Q} + c_2$	下降
消费者剩余C^S	$\frac{1}{8}(b - C_{0Q} - c_1^L)^2$	$\frac{1}{2}(b - C_{0Q} - c_2)^2$	增加
自然垄断企业的利润Π^M	$\frac{1}{4}(b - C_{0Q} - c_1^L)^2$	$\frac{1}{2}(c_2 - c_1^L)(b - C_{0Q} - c_2)$	减少
潜在进入者的利润Π^E	0	0	不变
社会总福利U^S（$C^S + \Pi^M + \Pi^E$）	$\frac{3}{8}(b - C_{0Q} - c_1^L)^2$	$\frac{1}{2}(b - C_{0Q} - c_1^L)(b - C_{0Q} - c_2)$	当$c_2 - c_1^L > \frac{b - C_{0Q} - c_1^L}{3} > 0$时，减少；反之$0 < c_2 - c_1^L < \frac{b - C_{0Q} - c_1^L}{3}$时，增加[①]。

① 如果$c_2 = c_1^L$，即在位者与进入者的边际成本相同，那么$b - C_{0Q} - c_1^L > 0 = c_2 - c_1^L$，社会总福利将得到改进。

值得注意的是，因为自然垄断企业的愿望是进入者的进入不降低企业原有的利润水平。也就是接入定价应该等于其垄断下游可竞争市场时的机会成本，即 $a=\frac{1}{2}\left(b+C_{0Q}+c_1^L\right)-c_1^L=\frac{1}{2}\left(b+C_{0Q}-c_1^L\right)$。所以进入者的保留价格为 $p_2^*=\frac{1}{2}\left(b+C_{0Q}-c_1^L\right)+c_2$，一旦市场价格低于这个价格将不会有外部竞争对手进入市场。由于$c_2>c_1^L$，所以 $p_2^*>p^*=\frac{1}{2}\left(b+C_{0Q}+c_1^H\right)$，最终潜在进入者不会进入市场。当自然垄断企业在可竞争领域的成本类型为低成本时，开放市场的政策并不会对市场格局与市场绩效产生任何影响，如表 3-4 所示。

表 3-4　自然垄断企业期望的竞争与福利（自然垄断企业低成本）

福利指标	阻止进入（改革前）	进入者进入	前后变化
均衡价格	$\frac{1}{2}(b+C_{0Q}+c_1^L)$	$\frac{1}{2}(b+C_{0Q}+c_1^L)$	不变
消费者剩余C^S	$\frac{1}{8}(b-C_{0Q}-c_1^L)^2$	$\frac{1}{8}(b-C_{0Q}-c_1^L)^2$	不变
自然垄断企业的利润Π^M	$\frac{1}{4}(b-C_{0Q}-c_1^L)^2$	$\frac{1}{4}(b-C_{0Q}-c_1^L)^2$	不变
潜在进入者的利润Π^E	0	0	不变
社会总福利U^S（$C^S+\Pi^M+\Pi^E$）	$\frac{3}{8}(b-C_{0Q}-c_1^L)^2$	$\frac{3}{8}(b-C_{0Q}-c_1^L)^2$	不变

在不存在信息问题的情况下，自然垄断企业真实地报告了自己的成本类型。结果就是开放竞争条件下，特别是进入者涌入可竞争市场之后，在位的自然垄断企业的利润水平会有不同程度的下降。特别地，当自然垄断企业在可竞争领域的边际生产成本高于外部竞争对手时，规制部门依据公平接入原则制定价格（即表 3-1 与表 3-3 所示的情形）。此条件下，如果允许竞争对手进入市场，并开展伯川德竞争。那么，最终自然垄断企业在该市场的利润将下降为零。即使自然垄断企业的边际成本小于或等于外部竞争对手的成本，放任竞争对手进入，伯川德竞争的最终结果同样会降低其利润水平，只是最终利润水平不至于降低至零而已（如表 3-3 所示）。

完全信息条件下，自然垄断企业低成本与高成本的情况不同（见表 3-1 与表 3-3）。首先进入者因为不会进入市场，而得不到福利的改进，其次，社会总福利水平变化的方向不明，当$c_2 - c_1^L > \frac{b-C_{0Q}-c_1^L}{3} > 0$时，开放带来福利社会损失；而当$0 < c_2 - c_1^L < \frac{b-C_{0Q}-c_1^L}{3}$时，开放会带来社会福利的增加。不等式两边分别代表自然垄断企业的成本优势与完全竞争条件下的市场需求。所以，当低成本优势为自然垄断企业所带来的利润大到足以抵消部分消费者脱离市场的社会福利损失时，维持垄断格局是有利于社会福利的。此外，打破行政壁垒方式所带来的开放程度的加深，即吸引并允许更多竞争对手进入市场，会导致自然垄断企业的竞争优势（类似于$c_2 - c_1^L$）变小，从而$0 < c_2 - c_1^L < \frac{b-C_{0Q}-c_1^L}{3}$的概率变大。

而当自然垄断企业在可竞争领域的成本信息为私人信息时，追求利润最大化的企业在得到“开放可竞争市场”改革的信息时，低成本的自然垄断企业同样会采取“让出市场”以隐藏成本信息的策略。明显地，避免竞争的策略能够维持其利润不变（如表 3-4 所示），占优于与进入者展开竞争（即使竞争结果必然获胜，表 3-3 所示）。此情形下，“开放可竞争市场”的改革不会带来任何社会福利改进，也不会直接造成社会福利损失。

综上，可以到以下结论：①完全信息条件下，如果自然垄断企业在可竞争市场的成本是最低的，开放竞争市场未必会带来社会总福利的改进。②信息不对称条件下，自然垄断企业无论自身成本的高低，均会选择“让出市场”的策略，对其而言是占优的。③市场开放程度越高，社会福利改进的概率越大，但只在完全信息条件下成立，一旦自然垄断企业采取策略性行为则完全无效。④虽然自然垄断企业被禁止排除向竞争对手出售接入服务，并被要求按照 ECPR 提供公平价格，但在信息不对称条件下却可以凭借信息优势实施歧视性的策略行为。纵向圈占是非对称市场出现的根源①。

四、存在逆向选择的接入定价与进入

政府定价规制中的预期成本取决于被规制企业的外生变量和内生变量。其中

① 按照 Rey and Tirole（2007）的定义，纵向圈占是指具有市场势力的上游厂商（该厂商经营上游瓶颈环节）以纵向约束协议或纵向兼并的形式控制部分下游厂商（该厂商经营下游竞争性产业），从而减少其他潜在下游厂商进入市场机会的一类行为的总称，纵向圈占也被认为是纵向约束行为的一种长期限制竞争效应。

外生变量指的是企业在制造公共物品时需要面对的技术问题和机会成本。企业掌握的这些外生变量信息往往比规制部门要多、要深刻。在存在多个代理人（即多家参与企业）时，政府定价将面临“逆向选择”的考验。

此时，政府不知该为某一企业产品或服务定高价或低价，而被规制企业不会揭示低成本的事实（若果真如此），因为说服政府定高价对企业有利。在存在“逆向选择”的情况下，假定在可竞争市场上在位者与进入者之间仍然是开展伯川德竞争。当 M 的成本类型实际为高成本c_1^H时，它却向规制部门报告自己成本类型为低成本c_1^L。如图 3-6 所示。

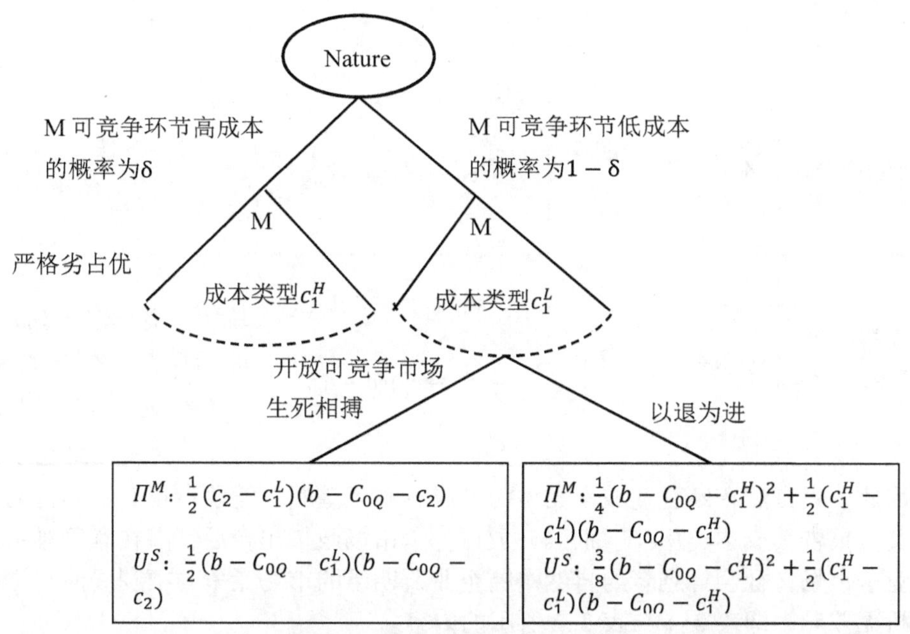

图 3-6　开放市场前后存在逆向选择的自然垄断企业策略与支付

当自然垄断企业独家垄断下游可竞争市场时，价格$p^*=\frac{1}{2}(b+C_{0Q}+c_1^L)$，此时消费者剩余为$\frac{1}{8}(b-C_{0Q}-c_1^L)^2$，M 的利润为$\frac{1}{4}(b-C_{0Q}-c_1^L)^2-\frac{1}{2}(c_1^H-c_1^L)(b-C_{0Q}-c_1^L)$，E 的利润为 0。与正确报告成本类型相比，市场均衡价格下降，消费者剩余增加，自然垄断企业集团利润水平下降。当$c_1^H-c_1^L<2(b-C_{0Q}-c_1^L)$（两种类型成本差距较大）时，社会总福利增加，但自然垄断企业的利润下降最多；当$c_1^H-c_1^L<2(b-C_{0Q}-c_1^L)$（两种类型成本差距较小）时，社会总福利下降，自

然垄断企业利润的下降幅度较小。如表 3-5 所示，对于高成本的自然垄断企业而言，报告低成本类型明显是严格劣占优策略，也就是说企业撒谎的代价是纯粹牺牲个体利益，理性的企业必然不会采取此类行动。

表 3-5　改革前发生逆向选择的竞争与福利（高成本企业报告低成本类型）

福利指标	报告真实类型	报告低成本类型	变化
均衡价格	$\frac{1}{2}(b+C_{0Q}+c_1^H)$	$\frac{1}{2}(b+C_{0Q}+c_1^L)$	下降
消费者剩余C^S	$\frac{1}{8}(b-C_{0Q}-c_1^H)^2$	$\frac{1}{8}(b-C_{0Q}-c_1^L)^2$	增加
自然垄断企业的利润Π^M	$\frac{1}{4}(b-C_{0Q}-c_1^H)^2$	$\frac{1}{4}(b-C_{0Q}-c_1^L)^2-\frac{1}{2}(c_1^H-c_1^L)(b-C_{0Q}-c_1^L)$	下降
社会总福利U^S（$C^S+\Pi^M$）	$\frac{3}{8}(b-C_{0Q}-c_1^H)^2$	$\frac{3}{8}(b-C_{0Q}-c_1^L)^2-\frac{1}{2}(c_1^H-c_1^L)(b-C_{0Q}-c_1^L)$	当$c_1^H-c_1^L<2\left(b-C_{0Q}-c_1^L\right)$时增加；当$c_1^H-c_1^L<2\left(b-C_{0Q}-c_1^L\right)$时下降

因此，当自然垄断企业成本类型为高成本并且垄断可竞争市场时，其行动必然是真实报告其成本类型c_1^H。而当开放可竞争市场政策出台后，潜在竞争对手进入可竞争市场，社会计划者与自然垄断企业所期望的市场竞争与福利局面与之前的分析无差异，即表 3-1 与表 3-2 所示的内容。

假如 M 为低成本c_1^L时，它却向规制部门报告自己的成本类型为高成本c_1^H。当自然垄断企业独家垄断下游可竞争市场时，价格$p^*=\frac{1}{2}(b+C_{0Q}+c_1^H)$，此时消费者剩余为$\frac{1}{8}(b-C_{0Q}-c_1^H)^2$，M 的利润为$\frac{1}{4}(b-C_{0Q}-c_1^H)^2+\frac{1}{2}(c_1^H-c_1^L)(b-C_{0Q}-c_1^H)$，E 的利润为 0。与正确报告成本类型相比，低成本的自然垄断企业报告高成本会导致市场均衡价格上升，消费者剩余减少，自然垄断企业集团利润水平上升，社会总福利下降，下降幅度为$\frac{1}{8}(c_1^H-c_1^L)^2+\frac{1}{4}(c_1^H-c_1^L)(b-C_{0Q}-c_1^L)$。如表 3-6

所示，对于低成本的自然垄断企业而言，报告高成本类型是占优策略，如果信息在厂商和规制部门之间不对称，理性的企业很可能会采取此类行动，然而这会造成社会福利的损失。

因此，当自然垄断企业成本类型为低成本并且垄断可竞争市场时，其行动必然是虚假地报告其成本类型c_1^H。而当开放可竞争市场政策出台后，潜在竞争对手进入可竞争市场，社会计划者与自然垄断企业所期望的市场竞争与福利局面将随之发生变化。

表 3-6　改革前发生逆向选择的竞争与福利（低成本企业报告高成本类型）

福利指标	报告真实类型	报告高成本类型	变化
均衡价格	$\frac{1}{2}(b+C_{0Q}+c_1^L)$	$\frac{1}{2}(b+C_{0Q}+c_1^H)$	上升
消费者剩余C^S	$\frac{1}{8}(b-C_{0Q}-c_1^L)^2$	$\frac{1}{8}(b-C_{0Q}-c_1^H)^2$	下降
自然垄断企业的利润Π^M	$\frac{1}{4}(b-C_{0Q}-c_1^L)^2$	$\frac{1}{4}(b-C_{0Q}-c_1^H)^2+\frac{1}{2}(c_1^H-c_1^L)(b-C_{0Q}-c_1^H)$	增加
社会总福利U^S（$C^S+\Pi^M$）	$\frac{3}{8}(b-C_{0Q}-c_1^L)^2$	$\frac{3}{8}(b-C_{0Q}-c_1^H)^2+\frac{1}{2}(c_1^H-c_1^L)(b-C_{0Q}-c_1^H)$	下降

当在位的自然垄断企业属于低成本类型同时报告高成本时，竞争对手的进入会导致市场均衡价格下降，消费者福利增加，自然垄断企业的利润减少（仍维持一个正的利润水平），而进入者的经济利润为零。这与报告真实成本的情形类似，但是幅度都有所加深。原因在于虽然开放市场后的各项福利指标与完全信息条件下完全一致，但开放前却存在较大差异，如表 3-6 所示。

开放可竞争市场后，社会计划者所期望的社会总福利变动幅度为$\frac{1}{8}\left(b-C_{0Q}-c_1^L\right)\left[\left(b-C_{0Q}-c_2\right)+2\left(c_1^H-c_1^L\right)-3\left(c_2-c_1^L\right)\right]+\frac{1}{8}\left(c_1^H-c_1^L\right)^2$。与低成本企业报告真实成本情况类似，社会总福利变动同样存在拐点。当潜在进入者的成本小于等于在位者的边际成本，并且幅度很小比如$c_2=c_1^L+\varepsilon$时，进入者进入市场仍然能够改进社会总福利水平。但是如果c_2超过c_1^L的水平达到一定程度，即当$c_2-c_1^L>\frac{b-C_{0Q}-c_1^L}{3}+\Omega$时，社会总福利将减少。如表 3-7 所示。

表 3-7　社会计划者期望的竞争与福利（自然垄断企业低成本且报告高成本）

福利指标	阻止进入（改革前）	允许进入	前后变化
均衡价格	$\frac{1}{2}(b+C_{0Q}+c_1^H)$	$C_{0Q}+c_2$	下降
消费者剩余C^S	$\frac{1}{8}(b-C_{0Q}-c_1^H)^2$	$\frac{1}{2}(b-C_{0Q}-c_2)^2$	增加
自然垄断企业的利润Π^M	$\frac{1}{4}(b-C_{0Q}-c_1^H)^2+\frac{1}{2}(c_1^H-c_1^L)(b-C_{0Q}-c_1^H)$	$\frac{1}{2}(c_2-c_1^L)(b-C_{0Q}-c_2)$	减少
潜在进入者的利润Π^E	0	0	不变
社会总福利U^S（$C^S+\Pi^M+\Pi^E$）	$\frac{3}{8}(b-C_{0Q}-c_1^H)^2+\frac{1}{2}(c_1^H-c_1^L)(b-C_{0Q}-c_1^H)$	$\frac{1}{2}(b-C_{0Q}-c_1^L)(b-C_{0Q}-c_2)$	当$c_2-c_1^L>\frac{b-C_{0Q}-c_1^L}{3}+\Omega>0$时，减少；反之$0<c_2-c_1^L<\frac{b-C_{0Q}-c_1^L}{3}+\Omega$时，增加①

开放竞争市场之前，自然垄断企业低成本报告高成本与真实报告成本类型的情况相比（即对比表 3-3 与表 3-7）可以发现，虽然各项福利指标的变动一致，但是幅度均有所扩大。尤其值得注意的是社会总福利改善的概率明显提高，因为在短期内，成本与消费者偏好不发生变化，$c_2-c_1^L$与$\frac{b-C_{0Q}-c_1^L}{3}$短期内同样不会变化，但是$\Omega=\frac{1}{3}\left[2(c_1^H-c_1^L)+\frac{(c_1^H-c_1^L)^2}{b-C_{0Q}-c_1^L}\right]>0$的引入，使得$\frac{b-C_{0Q}-c_1^L}{3}+A$项数值变大，$0<c_2-c_1^L<\frac{b-C_{0Q}-c_1^L}{3}+\Omega$的概率提高，而$c_2-c_1^L>\frac{b-C_{0Q}-c_1^L}{3}+\Omega>0$的概率下降。这说明开放市场改革对于原本低成本企业谎报高成本的情形，福利改善的预期更加显著。

由于自然垄断企业的愿望是进入者的进入不降低企业原有的利润水平。也就

① 其中$\Omega=\frac{1}{3}\left[2(c_1^H-c_1^L)+\frac{(c_1^H-c_1^L)^2}{b-C_{0Q}-c_1^L}\right]>0$。

是接入定价应该等于其垄断下游可竞争市场时的机会成本，即$a=\frac{1}{2}(b+C_{0Q}+c_1^H)-c_1^L=\frac{1}{2}(b+C_{0Q}+c_1^H-2c_1^L)$。所以进入者的保留价格为$p_2^*=\frac{1}{2}(b+C_{0Q}+c_1^H-2c_1^L)+c_2$，一旦市场价格低于这个价格将不会有外部竞争对手进入市场。由于$c_2>c_1^L$，所以$p_2^*>p^*=\frac{1}{2}(b+C_{0Q}+c_1^H)$，最终潜在进入者不会进入市场。于是可以得到结论：当自然垄断企业在可竞争领域的成本类型为低成本时，即使其在政策出台前报告的是高成本类型，开放市场的政策依然不会对市场格局与市场绩效产生任何影响，如表 3-8 所示。

表 3-8　自然垄断企业期望的竞争与福利（自然垄断企业低成本且报告高成本）

福利指标	阻止进入（改革前）	进入者进入	前后变化
均衡价格	$\frac{1}{2}(b+C_{0Q}+c_1^H)$	$\frac{1}{2}(b+C_{0Q}+c_1^H)$	不变
消费者剩余C^S	$\frac{1}{8}(b-C_{0Q}-c_1^H)^2$	$\frac{1}{8}(b-C_{0Q}-c_1^H)^2$	不变
自然垄断企业的利润Π^M	$\frac{1}{4}(b-C_{0Q}-c_1^H)^2+\frac{1}{2}(c_1^H-c_1^L)(b-C_{0Q}-c_1^H)$	$\frac{1}{4}(b-C_{0Q}-c_1^H)^2+\frac{1}{2}(c_1^H-c_1^L)(b-C_{0Q}-c_1^H)$	不变
潜在进入者的利润Π^E	0	0	不变
社会总福利U^S	$\frac{3}{8}(b-C_{0Q}-c_1^H)^2+\frac{1}{2}(c_1^H-c_1^L)(b-C_{0Q}-c_1^H)$	$\frac{3}{8}(b-C_{0Q}-c_1^H)^2+\frac{1}{2}(c_1^H-c_1^L)(b-C_{0Q}-c_1^H)$	不变

因为信息不对称，开放可竞争市场前后，低成本企业利用信息优势总能获得比完全信息条件下更多的利润。同时市场价格也总是比完全信息条件下更高，消费者福利受损，社会总福利也会相对减少。更进一步，不管是在之前错误地报告成本信息类型，还是开放可竞争市场之后放弃竞争的策略性行为，都掩盖

了企业的真实成本信息，使得企业获得了不当的“信息租金”。于是，在中国网络型自然垄断行业开放竞争市场之后，仍然存在不令人满意的市场绩效，可以在很大程度上将其归因为信息问题。并且由信息问题所导致的市场绩效损失并不会随着市场进入壁垒（比如中国国内学者较多关注的行政垄断壁垒）的破除而得到显著改善。

通过上文的分析，可以发现：社会计划者所期望的竞争与福利状态，是自然垄断企业采取与新的进入者在开放的可竞争市场上“生死相搏”，最终通过伯川德竞争形式显示其真实成本，并实现社会总福利的改进。而理性的自然垄断企业出于利润最大化目的，往往采取“以退为进”的策略，让出可竞争市场，转而通过收取接入费用的方式维持原有的垄断利润。考虑到局面的复杂性，图 3-7 展示了社会计划者与自然垄断企业之间博弈的主要局面和支付。由此可以发现：

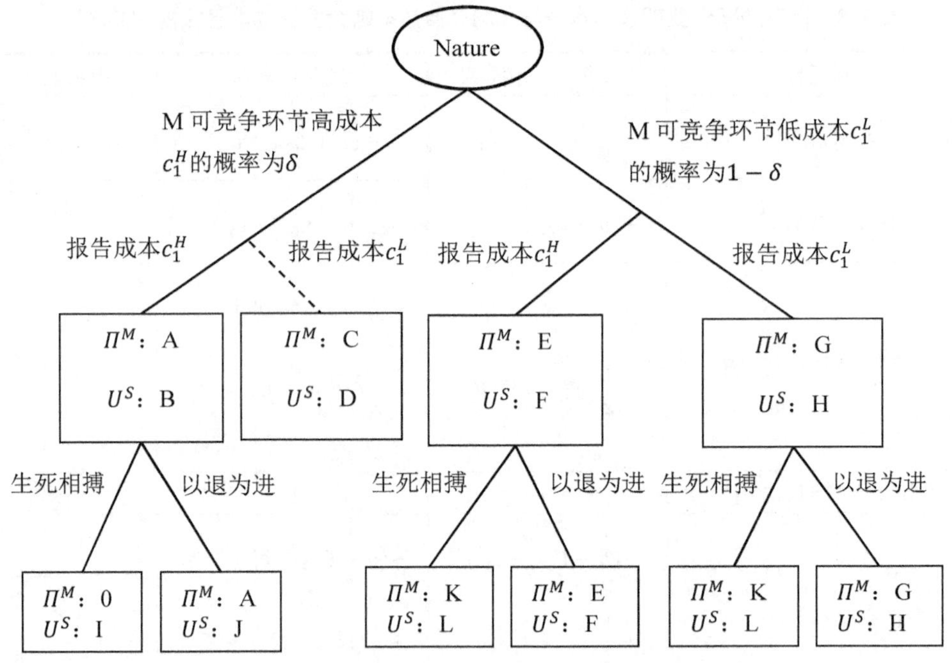

图 3-7　开放市场前后自然垄断企业策略与支付①

① 其中 A=$\frac{1}{4}(b-C_{0Q}-c_1^H)^2$；B=$\frac{3}{8}(b-C_{0Q}-c_1^H)^2$；C=$\frac{1}{4}(b-C_{0Q}-c_1^L)^2-\frac{1}{2}(c_1^H-c_1^L)(b-C_{0Q}-c_1^L)$；D=$\frac{3}{8}(b-C_{0Q}-c_1^L)^2-\frac{1}{2}(c_1^H-c_1^L)(b-C_{0Q}-c_1^L)$；E=$\frac{1}{4}(b-C_{0Q}-c_1^H)^2+\frac{1}{2}(c_1^H-c_1^L)(b-C_{0Q}-c_1^H)$；F=$\frac{3}{8}(b-C_{0Q}-c_1^H)^2+\frac{1}{2}(c_1^H-c_1^L)(b-C_{0Q}-c_1^H)$；G=$\frac{1}{4}(b-C_{0Q}-c_1^L)^2$；H=$\frac{3}{8}(b-C_{0Q}-c_1^L)^2$；I=$\frac{1}{2}(b-C_{0Q}-c_1^H)^2+(c_1^H-c_2)(b-C_{0Q}-c_1^H)$；J=$\frac{3}{8}(b-C_{0Q}-c_1^H)^2+\frac{1}{2}(c_1^H-c_2)(b-C_{0Q}-c_1^H)$；K=$\frac{1}{2}(c_2-c_1^L)(b-C_{0Q}-c_2)$；L=$\frac{1}{2}(b-C_{0Q}-c_1^L)(b-C_{0Q}-c_2)$。

（1）自然（此处特指一切外部的技术条件）决定着自然垄断企业在可竞争领域的生产成本，市场结构与成本信息共同决定着价格、消费者剩余、企业利润。在开放可竞争市场改革之前，自然垄断企业垄断着该市场，比如多年前的加油站、包裹派送等。此时无论企业真实成本的高低，具有经济理性的企业法人及其管理层都会选择向社会报告自己的成本类型为高成本，从而抬高市场价格。高成本企业获得垄断利润，低成本企业不仅获得垄断利润，还会额外获得"租金"。租金的大小取决于虚报成本（$c_1^H - c_1^L$）的大小。社会掌握的成本信息越充分，企业的这部分"租金"就会越少。因此，在垄断的市场结构中，无论政府定价还是市场定价，加强信息披露与成本监管，总能够改善社会总福利。

（2）开放可竞争市场，社会计划者期望竞争改变市场结构，改进社会福利。社会计划者期望在位者与进入者展开"生死相搏"的价格竞争，这样无论自然垄断企业的成本高于还是低于竞争对手，社会总福利均能不同程度地得到改善（对比图 3-6 中的 B 与 I、F 与 L、H 与 L）。为保证市场的公平环境，规制部门通常会对接入定价采取 ECPR 或类似方案，希望进入者的接入成本不高于自然垄断企业集团内部分支的接入成本。此时接入定价 a= C_{0Q}。

（3）开放可竞争市场后，企业追逐利润最大化，在信息不对称条件下必然导致非对称竞争。按照理性经济人假设，企业追求利润最大化，在信息不对称条件下，当掩饰真实成本的"以退为进"策略能够为其带来更多的利润，此占优策略必然会被采纳。此时，企业利润与社会总福利等指标与开放市场前几乎一致，自然垄断企业低成本时完全一致（注意图 3-6 中的 E、F、G、H）；高成本自然垄断企业的利润同样不变（图 3-7 中的 A），只是社会总福利因为进入者获得正的利润而改进（图 3-7 中 B 到 J），价格与消费者福利也没有变化（参见表 3-2）。此时接入定价$a = p_1^* - c_1^i = \frac{1}{2}(b + C_{0Q} + c_1^H) - c_1^i \gg C_{0Q}$。

（4）还有一个值得注意的问题是：为什么改革前报告真实成本的企业还能够在开放市场之后隐藏成本信息呢？比如图 3-7 中低成本企业在开放市场前报告c_1^L，开放市场之后，却掩盖成本，抽取下游企业"租金"，现实中是否存在呢？这是有可能的。①在垄断的市场格局下，自然垄断企业能够取得足够垄断利润，如果"虚报成本"被规制部门限制，自然垄断企业权衡之下有可能放弃谋取"信息租金"。②开放竞争市场后，在位企业与进入者展开伯川德竞争，价格将趋近于边际成本（由于$c_1^L < c_2$），自然垄断企业虽仍能取得正的利润 K=$\frac{1}{2}(c_2 - c_1^L)(b - C_{0Q} - c_2)$，但明显小于 G=$\frac{1}{4}(b - C_{0Q} - c_1^L)^2$，利益受损，企业不会心甘情愿地接

受。③由于信息不对称，自然垄断企业能够隐藏成本的方式[①]保证自身利益不受损失，以“利润最大化”为目标的企业显然会采取相应的行动。在此处，自然垄断企业将“以退为进”，让出下游市场，收取高额的接入费用，形成上下游之间的非对称竞争格局。现实中，普遍存在着自然垄断企业依然在下游市场收取较高的价格，同时竞争者收取较低价格，两者并存于可竞争市场。对此现象的解释可以参考 Tirole（1988）关于伯川德悖论解决办法的概述，比如生产能力约束、时间维度以及产品差异化。下文关于“价值创造效应”也将从产品横向差异化的角度展开分析。

第三节　价值创造效应与政府定价

在前文的分析中，得到一个结论：如果自然垄断企业不采取策略性行为，那么随着进入者涌入可竞争市场，不管自然垄断企业本身成本的高低，即使成本低于所有竞争对手，其利润仍然会显著下降。这是“业务抢夺”效应的集中体现。

在可竞争市场中，进入者获得交易并不一定意味着在位者的损失。进入者提供差别性的服务，“打动了原来那些不使用此类产品的摇摆人群”（Baumol and Sidak，1994a）。据此，进一步地，假设其他对称性条件仍然成立，在可竞争市场上，不仅在位者（自然垄断企业）的成本c_1与进入者的成本c_2存在不同，他们的需求函数也存在着差异。在网络型自然垄断行业竞争改革之前，此时下游可竞争环节只有自然垄断企业集团垄断经营。假定在位的自然垄断企业以边际成本c_1提供一种服务产品s_1，为消费者创造价值v_1。自然垄断企业制定价格$p_1 = v_1$，从中获得利润$p_1 - (C_{0Q} + c_1)$用以回收固定成本。随着可竞争市场的开放，某一进入者带来了一种新颖的服务产品s_2，生产的边际成本为c_2，这项服务产品受到新的顾客群体的青睐，他们从中感受到的价值为v_2，进入者制定价格$p_2 = v_2$，获得利润$p_2 - (a + c_2)$。特别地，如果能够依照有效成分定价法则来制定接入价格，那么进入者的利润$p_2 - (a + c_2) = p_2 - (C_{0Q} + c_2)$。然而“价值创造”显然打破了Baumol-Willig 法则中的关于需求和成本的对称性假设。

① 注意：此时隐藏的不是关于c_1^i的成本信息，而是C_{0Q}的成本信息。当然也存在一种情况，自然垄断企业的瓶颈部分也向外出售产品，比如城市自来水的分类定价。由于缺乏科学的标准和严格的执行程序，中国城市自来水分类定价往往与最优基准存在巨大偏差。所以，其他价格并不能准确地提供接入定价需要的成本信息，而且企业也会通过种种办法（比如交叉补贴）来混淆规制部门的成本监控（Laffont and Tirole，2000）。

一、成本对称的价值创造效应

为简化分析，根据 Hotelling（1928）关于产品横向差异的模型，假设消费者的效用v_1与v_2之间的差距，来源距离x与距离成本t①。在只有两个竞争对手的情况下，$v_1 = \bar{v} - tx$，$v_2 = \bar{v} - t(1 - x)$，其中$\bar{v}$表示（消除了距离影响的）消费者消费该类商品时获得的效用。据此可以构造出两个简单的需求函数：$D_1 = v_1 - p_1 = \bar{v} - p_1 - tx$以及$D_2 = v_2 - p_2 = \bar{v} - p_2 - t(1 - x)$。开放可竞争市场改革前后，自然垄断企业与竞争对手间的竞争与福利可由图 3-8 得到描述。

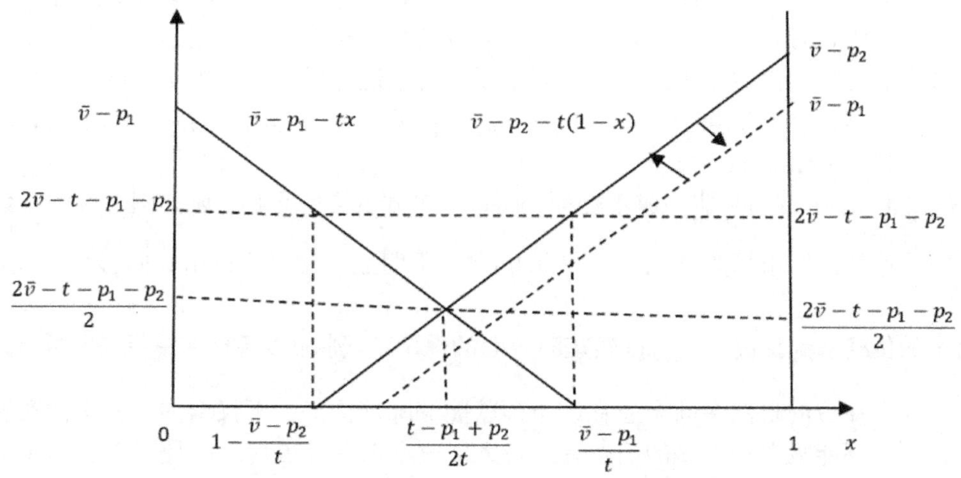

图 3-8　产品横向异质性条件下可竞争市场的竞争与福利

资料来源：参考自 Tirole（1988）中的图 2.2，作者根据需要进行部分修改。

从中可以发现：（1）由于p_1一般比p_2高，所以可以从图 3-8 直观观察到 Hotelling 模型左边的截距（$\bar{v} - p_1$）要低于右边的截距（$\bar{v} - p_2$）。这是因为如果p_2比p_1高的话，进入者难以占据较大的市场以回收固定成本②，所以一般情况下新进入的竞争者都会采取降价的策略从垄断的在位者手中抢夺更多的市场份额。为简化分析，本章后续部分都将假定进入者为抢夺更多市场而选择低于自然垄断企业价格的定价行为。

① 这个距离可以是空间上的距离，也可以是心理上的距离。

② 隐藏的假设条件是：消费市场不足以满足所有潜在进入企业的要求，所以进入者积极地展开价格竞争。在我国加油站经营权的开放之后，民营与其他所有制企业经营的加油站油价普遍要比中石油与中石化的低廉，优惠有时是直接的价格优惠，有时以其他形式（比如加油赠送更多价值的礼物）表现。当然也存在反例，比如一些偏远地区新设立的加油站，凭借区域垄断地位能够维持高出国有企业的价格，但其规模普遍较小，因此凭借小的市场足以生存下去。

（2）自然垄断企业与其竞争对手都存在着自己的"保留市场"，对自然垄断企业而言是 0 到$1-\frac{\bar{v}-p_2}{t}$之间的区域，而对于竞争对手而言则是$\frac{\bar{v}-p_1}{t}$到 1 之间的区域。区域内的消费者从自身福利最大化出发，在既定的价格下只会选择消费对应厂商的产品。特别是在改革之后，在竞争对手价格低于自然垄断企业的情况下，$\frac{\bar{v}-p_1}{t}$到 1 区域间的消费人群是"价值创造"最直接和最显著的表现。

（3）虽然价格不同，消费者选择购买两家企业产品的消费者剩余的边界却是一致的。消费者在选择成为自然垄断企业或其竞争对手的"忠诚客户"时，选择对方产品带来的消费者剩余会小于等于零，对应地选择购买"忠诚品牌"产品获得消费者剩余会大于等于$2\bar{v}-t-p_1-p_2$。根据距离的远近，消费者剩余最高会分别达到$\bar{v}-p_1$以及$\bar{v}-p_2$①。

（4）保留市场并非一成不变的，而是受对方价格的影响。比如图 3-8 中自然垄断企业的保留市场为 0 到$1-\frac{\bar{v}-p_2}{t}$的区域，很明显受到对手价格p_2的影响。如果对手的价格从p_2提高到p_1，自然垄断企业的保留市场将扩大到$1-\frac{\bar{v}-p_1}{t}$的区域。另外，如果在位的自然垄断企业在改革前就能够降低价格，不仅增加了原有消费者的福利，还能吸引到更多的消费者，极大地改进消费者福利，但是图 3-3 所示垄断的市场结构阻碍了这种福利改进。

二、自然垄断企业高成本的价值创造效应

开放可竞争市场之前，自然垄断企业垄断可竞争市场，此时的所有消费者的总福利为$\int_0^{\frac{\bar{v}-p_1}{t}}(\bar{v}-p_1-tx)dx$。自然垄断企业的利润为$\Pi^M=(p-c)q=(p_1-C_{0Q}-c_1^H)N*\frac{\bar{v}-p_1}{t}$，其中$N$表示消费者总人数②。根据利润最大化原则，

① 在本例中，购买进入者的产品最高能达到的消费者剩余，会高于购买自然垄断企业产品的消费者剩余极限。但这是建立在$p_1>p_2$的假设条件上，如果相对价格发生变化，消费者福利的极限值会发生颠覆。同时极限值并非消费者决策的重要因素，而是边界的下限。

② 在开放市场之前，自然垄断企业的需求$q=N*\frac{\bar{v}-p_1}{t}$，此时消费者只有购买选择自然垄断企业产品或不购买两个选项，当消费者剩余大于零时，理性消费者会选择购买，此时对应的需求边界为$N*\frac{\bar{v}-p_1}{t}$。

可以求出$p_1 = \frac{\bar{v}+C_{0Q}+c_1^H}{2}$，与“业务抢夺”情形下的价格$p = \frac{1}{2}(b + C_{0Q} + c_1)$在形式上类似，在实质上也是一样的[①]。开放可竞争市场后，潜在竞争者进入市场。与前文的假设一致，假定进入者的成本c_2满足$c_1^L < c_2 < c_1^H$。社会计划者期望进入者与在位者能够展开“生死相搏”的伯川德竞争。此情形下，市场上存在的两个均衡价格分别为：$p_1 = \frac{\bar{v}+C_{0Q}+c_1^H}{2}$和$p_2 = C_{0Q} + c_1^H$；消费者剩余的变化由两部分组成$\int_0^{1-\frac{\bar{v}-p_2}{t}}(\bar{v} - p_1 - tx)dx + \int_{1-\frac{\bar{v}-p_2}{t}}^1(\bar{v} - p_2 - t + tx)dx$；自然垄断企业的利润降低为$(p_1 - C_{0Q} - c_1)N * (1 - \frac{\bar{v}-p_2}{t})$，但仍大于零；进入者的利润从零提高为$(p_2 - C_{0Q} - c_2)N * \frac{\bar{v}-p_2}{t}$。社会总福利也相应地从$\int_0^{\frac{\bar{v}-p_1}{t}}(\bar{v} - p_1 - tx)Ndx + (p_1 - C_{0Q} - c_1^H)N * \frac{\bar{v}-p_1}{t}$提高到$\int_0^{1-\frac{\bar{v}-p_2}{t}}(\bar{v} - p_1 - tx)Ndx + \int_{1-\frac{\bar{v}-p_2}{t}}^1(\bar{v} - p_2 - t + tx)Ndx + (p_1 - C_{0Q} - c_1^H)N * \left(1 - \frac{\bar{v}-p_2}{t}\right) +（c_1^H - c_2）\frac{\bar{v}-p_2}{t}N$。如下表 3-9 所示。

表 3-9 社会计划者期望的竞争与福利（自然垄断企业高成本）

福利指标	阻止进入（改革前）	进入者进入	前后变化
均衡价格	$\frac{\bar{v} + C_{0Q} + c_1^H}{2}$	$\frac{\bar{v}+C_{0Q}+c_1^H}{2}$； $C_{0Q} + c_1^H$	价格并存
消费者剩余C^S	$\int_0^{\frac{\bar{v}-p_1}{t}}(\bar{v} - p_1 - tx)Ndx$	$\int_0^{1-\frac{\bar{v}-p_2}{t}}(\bar{v} - p_1 - tx)Ndx + \int_{1-\frac{\bar{v}-p_2}{t}}^1(\bar{v} - p_2 - t + tx)Ndx$	增加
自然垄断企业的利润Π^M	$(p_1 - C_{0Q} - c_1^H)N * \frac{\bar{v} - p_1}{t}$	$(p_1 - C_{0Q} - c_1^H)N * (1 - \frac{\bar{v}-p_2}{t})$	减少

① 因为前文中b表示的是价格为零时的市场需求（消费者剩余），而在此处如果$p_1 = 0$时，市场需求（消费者剩余）为$\bar{v}$。

续表

福利指标	阻止进入（改革前）	进入者进入	前后变化
潜在进入者的利润Π^E	0	$(c_1^H - c_2)\frac{\bar{v}-p_2}{t}N$	增加
社会总福利U^S	$\int_0^{\frac{\bar{v}-p_1}{t}}(\bar{v}-p_1-tx)Ndx + (p_1 - C_{0Q} - c_1^H)N * \frac{\bar{v}-p_1}{t}$	$\int_0^{1-\frac{\bar{v}-p_2}{t}}(\bar{v}-p_1-tx)Ndx + \int_{1-\frac{\bar{v}-p_2}{t}}^1(\bar{v}-p_2-t+tx)Ndx + (p_1 - C_{0Q} - c_1^H)N * \left(1-\frac{\bar{v}-p_2}{t}\right) + (c_1^H - c_2)\frac{\bar{v}-p_2}{t}N$	增加

对比表 3-1 可以发现：由于产品横向异质性，①改革后的市场上会同时存在两个均衡价格；②消费者总剩余由购买两种不同商品的消费者剩余加总构成；③自然垄断企业的利润会下降但不会为零，利润的下降源自市场份额的降低；④进入者获得正的利润水平，不但填补了自然垄断企业失去的市场，而且扩大了总的市场份额。

由于利益受损，在信息不对称条件下，自然垄断企业同样会通过提高接入价格的办法，榨取进入者“租金”。自然垄断企业期望的接入定价应该等于其垄断下游可竞争市场时的机会成本，即$a = \frac{\bar{v}+C_{0Q}+c_1^H}{2} - c_1^H = \frac{\bar{v}+C_{0Q}-c_1^H}{2}$。进入者的保留价格为$p_2^* = \frac{\bar{v}+C_{0Q}-c_1^H}{2} + c_2$。此时，因为$c_2 < c_1^H$，故 $p_2^* < p_1^* = \frac{\bar{v}+C_{0Q}+c_1^H}{2}$，自然垄断企业在竞争市场（图 3-8 中$1-\frac{\bar{v}-p_2}{t}$到$\frac{\bar{v}-p_1}{t}$的区域）与进入者的缠斗毫无意义，会理性地放弃此市场，并获得利润$(p_1 - C_{0Q} - c_1^H)N$，比改革前的利润甚至有所增加，原因在于市场的扩大。与此同时，自然垄断企业在其保留市场（图 3-8 中 0 到$1-\frac{\bar{v}-p_2}{t}$的部分）维持价格$p_1 = \frac{\bar{v}+C_{0Q}+c_1^H}{2}$并保持经营。进入者想要占领自然垄断企业让出的市场，必须要降低价格，但是由于自然垄断企业的主动退出，因此不必如伯川德竞争那样将价格降低至$C_{0Q} + c_1^H$，一个微小的降价ϵ足以，此时市场上存在两个价格$p_1 = \frac{\bar{v}+C_{0Q}+c_1^H}{2}$和$p_2' = \frac{\bar{v}+C_{0Q}+c_1^H}{2} - \epsilon > C_{0Q} + c_1^H$。自然垄断企业利润增加，进入者获得正的利润，社会总福利也改善。如下表 3-10 所示。

表 3-10　自然垄断企业期望的竞争与福利（自然垄断企业高成本）

福利指标	阻止进入（改革前）	进入者进入	前后变化
均衡价格	$\frac{\bar{v}+C_{0Q}+c_1^H}{2}$	$\frac{\bar{v}+C_{0Q}+c_1^H}{2}$；$\frac{\bar{v}+C_{0Q}+c_1^H}{2}-\epsilon$	价格并存
消费者剩余C^S	$\int_0^{\frac{\bar{v}-p_1}{t}}(\bar{v}-p_1-tx)dx$	$\int_0^{1-\frac{\bar{v}-p_2}{t}}(\bar{v}-p_1-tx)Ndx+\int_{1-\frac{\bar{v}-p_2}{t}}^{1}(\bar{v}-p_2'-t+tx)Ndx$	增加
自然垄断企业的利润Π^M	$(p_1-C_{0Q}-c_1^H)N*\frac{\bar{v}-p_1}{t}$	$(p_1-C_{0Q}-c_1^H)N$	增加
潜在进入者的利润Π^E	0	$(\frac{c_1^H-c_2}{2}-\epsilon)\frac{\bar{v}-p_2}{t}N$	增加
社会总福利U^S	$\int_0^{\frac{\bar{v}-p_1}{t}}(\bar{v}-p_1-tx)Ndx+(p_1-C_{0Q}-c_1^H)N*\frac{\bar{v}-p_1}{t}$	$\int_0^{1-\frac{\bar{v}-p_2}{t}}(\bar{v}-p_1-tx)Ndx+\int_{1-\frac{\bar{v}-p_2}{t}}^{1}(\bar{v}-p_2'-t+tx)Ndx+(p_1-C_{0Q}-c_1^H)N+(\frac{c_1^H-c_2}{2}-\epsilon)\ \frac{\bar{v}-p_2}{t}N$	增加

与表 3-9 相比，容易发现：由于自然垄断企业的策略性行为，市场价格比社会计划者预期的要高，消费者剩余提升幅度变小，进入者的利润水平下降，自然垄断企业的利润水平不仅不会减少反而增加了，但是社会总福利的改进幅度却是下降的。减少的幅度约为$\frac{(\bar{v}-C_{0Q}-c_1^H)(c_1^H+c_2)}{2t}N$①。与表 3-2 相比，可以发现：由于产品横向异质性，自然垄断企业采取策略性行为会导致：①改革后的市场上由一个价格变为两个价格并存；②消费者总剩余由单一购买人群变化为购买两种不同商品的消费者剩余加总构成；③自然垄断企业的利润由维持不变变为部分提高，源

① 为方便得到结果，令$p_2'=\frac{\bar{v}+C_{0Q}+c_1^H}{2}-\epsilon=p_1$，得到近似数值。近似于市场上只有一个价格，与中国加油站的市场竞争格局相似。

自总市场份额的扩大；④进入者获得正的利润水平，不但填补了自然垄断企业失去的市场，而且扩大了总的市场份额。

三、自然垄断企业低成本的价值创造效应

为简化分析，此处仅节选了对自然垄断企业最为有利的决策，即当自然垄断企业为低成本时报告高成本类型。此时，与真实报告成本类型（c_1^L）相比，市场价格上升，消费者福利降低，自然垄断企业利润增加，社会总福利下降。如表 3-11 所示。

表 3-11　改革前发生逆向选择的竞争与福利（低成本企业报告高成本类型）

福利指标	报告真实类型	报告高成本类型	变化
均衡价格	$\frac{\bar{v}+C_{0Q}+c_1^L}{2}$	$\frac{\bar{v}+C_{0Q}+c_1^H}{2}$	上升
消费者剩余C^S	$\int_0^{\frac{\bar{v}-p_1}{t}}(\bar{v}-p_1'-tx)dx$	$\int_0^{\frac{\bar{v}-p_1}{t}}(\bar{v}-p_1-tx)dx$	下降
自然垄断企业利润Π^M	$(p_1'-C_{0Q}-c_1^L)N*\frac{\bar{v}-p_1}{t}$	$(p_1-C_{0Q}-c_1^L)N*\frac{\bar{v}-p_1}{t}$	增加
社会总福利U^S	$\int_0^{\frac{\bar{v}-p_1}{t}}(\bar{v}-p_1'-tx)dx+$ $(p_1'-C_{0Q}-c_1^L)N*\frac{\bar{v}-p_1}{t}$	$\int_0^{\frac{\bar{v}-p_1}{t}}(\bar{v}-p_1-tx)dx$ $+(p_1-C_{0Q}-c_1^L)N*\frac{\bar{v}-p_1}{t}$	下降

在此局面下，当政府做出开放竞争市场的改革决定，社会计划者期望发生如下改变：两个价格并存，但出现一个很低的竞争价格p_2；消费者福利增加；自然垄断企业“租金”减少；潜在竞争者进入市场；社会总福利增加。如表 3-12 所示。

表 3-12　社会计划者期望的竞争与福利（自然垄断企业低成本且报告高成本）

福利指标	阻止进入（竞争性改革前）	允许进入	前后变化
均衡价格	$\frac{\bar{v}+C_{0Q}+c_1^H}{2}$	$\frac{\bar{v}+C_{0Q}+c_1^H}{2}$; $C_{0Q}+c_2$	两个价格并存
消费者剩余	$\int_0^{\frac{\bar{v}-p_1}{t}}(\bar{v}-p_1-tx)dx$	$\int_0^{1-\frac{\bar{v}-p_2}{t}}(\bar{v}-p_1-tx)dx$ $+\int_{1-\frac{\bar{v}-p_2}{t}}^{1}(\bar{v}-p_2-t+tx)dx$	增加

续表

福利指标	阻止进入（竞争性改革前）	允许进入	前后变化
自然垄断企业 M 利润	$(p_1 - C_{0Q} - c_1^L)N * \frac{\bar{v} - p_1}{t}$	$(p_1 - C_{0Q} - c_1^L)N * (1 - \frac{\bar{v} - p_2}{t})$	减少
潜在进入者 E 利润	0	0	不变
社会总福利U^S	$\int_0^{\frac{\bar{v}-p_1}{t}} (\bar{v} - p_1 - tx)dx + (p_1 - C_{0Q} - c_1^L)N * \frac{\bar{v} - p_1}{t}$	$\int_0^{1-\frac{\bar{v}-p_2}{t}} (\bar{v} - p_1 - tx)dx + \int_{1-\frac{\bar{v}-p_2}{t}}^{1} (\bar{v} - p_2 - t + tx)dx + (p_1 - C_{0Q} - c_1^L)N * (1 - \frac{\bar{v} - p_2}{t})$	增加

与表 3-7 相比，可以发现：由于产品横向异质性，当自然垄断企业是低成本并报告高成本时，①改革后的市场上会同时存在两个均衡价格；②消费者总剩余由购买两种不同商品的消费者剩余加总构成；③自然垄断企业的利润会下降但不会为零，利润的下降源自市场份额的降低；④竞争者的进入只收获零经济利润。

由于利益受损，在信息不对称条件下，自然垄断企业同样会通过提高接入价格的办法，榨取进入者“租金”。自然垄断企业期望的接入定价应该等于其垄断下游可竞争市场时的机会成本，即$a = \frac{\bar{v}+C_{0Q}+c_1^H}{2} - c_1^H = \frac{\bar{v}+C_{0Q}-c_1^H}{2}$。进入者的保留价格为$p_2^* = \frac{\bar{v}+C_{0Q}-c_1^H}{2} + c_2$。此时，因为$c_2 < c_1^H$，故 $p_2^* < p_1^* = \frac{\bar{v}+C_{0Q}+c_1^H}{2}$，自然垄断企业在竞争市场（图 3-8 中$1 - \frac{\bar{v}-p_2}{t}$到$\frac{\bar{v}-p_1}{t}$的区域）与进入者的缠斗毫无意义，会理性地放弃此市场，并获得利润$(p_1 - C_{0Q} - c_1^H)N$，比改革前甚至增加了，原因在于市场的扩大。与此同时，自然垄断企业在其保留市场（图 3-8 中 0 到$1 - \frac{\bar{v}-p_2}{t}$的部分）维持价格$p_1 = \frac{\bar{v}+C_{0Q}+c_1^H}{2}$并保持经营。进入者想要占领自然垄断企业让出的市场，必须要降低价格，但是由于自然垄断企业的主动退出，因此不必如伯川德

竞争那样将价格降低至$C_{0Q}+c_1^H$，一个微小的降价ϵ足以，此时市场上存在两个价格$p_1=\frac{\bar{v}+C_{0Q}+c_1^H}{2}$和$p_2'=\frac{\bar{v}+C_{0Q}+c_1^H}{2}-\epsilon>C_{0Q}+c_1^H$。自然垄断企业利润增加，进入者获得正的利润，社会总福利也改善。如表 3-13 所示。

与表 3-8 相比，可以发现：由于产品横向异质性，当自然垄断企业是低成本并报告高成本时，①改革后的市场上会同时存在两个均衡价格，但两者相差无几；②消费者总剩余由购买两种不同商品的消费者剩余加总构成，增加幅度更多来自“价值创造”带来的市场扩大效应；③自然垄断企业的利润会不仅不会下降，还会因为总市场份额的扩大而增加；④竞争者的进入也能收获正的经济利润。

表 3-13　自然垄断企业期望的福利（自然垄断企业低成本且报告高成本）

福利指标	阻止进入（改革前）	进入者进入	前后变化
均衡价格	$\frac{\bar{v}+C_{0Q}+c_1^H}{2}$	$\frac{\bar{v}+C_{0Q}+c_1^H}{2}$；$\frac{\bar{v}+C_{0Q}+c_1^H}{2}-\epsilon$	两个价格并存
消费者剩余C^S	$\int_0^{\frac{\bar{v}-p_1}{t}}(\bar{v}-p_1-tx)dx$	$\int_0^{1-\frac{\bar{v}-p_2}{t}}(\bar{v}-p_1-tx)dx$ $+\int_{1-\frac{\bar{v}-p_2}{t}}^1(\bar{v}-p_2'-t$ $+tx)dx$	增加
自然垄断企业利润Π^M	$(p_1-C_{0Q}-c_1^L)N*\frac{\bar{v}-p_1}{t}$	$(p_1-C_{0Q}-c_1^L)N$	增加
潜在进入者利润Π^E	0	$(\frac{c_1^H-c_2}{2}-\epsilon)\frac{\bar{v}-p_2}{t}N$	增加
社会总福利U^S	$\int_0^{\frac{\bar{v}-p_1}{t}}(\bar{v}-p_1-tx)dx$ $+(p_1-C_{0Q}-c_1^L)N$ $*\frac{\bar{v}-p_1}{t}$	$\int_0^{1-\frac{\bar{v}-p_2}{t}}(\bar{v}-p_1-tx)dx$ $+\int_{1-\frac{\bar{v}-p_2}{t}}^1(\bar{v}-p_2'-t$ $+tx)dx$ $+(p_1-C_{0Q}-c_1^L)N$	增加

总之，在分析开放竞争带来的“价值创造”效应时，同样会发生在分析“业务抢夺”时存在的信息不对称问题，并且竞争格局与福利会发生某些变化。这种变化不仅因为福利指标选取了积分的函数形式，主要还是加入了空间因素，即考虑了服务产品的横向差异。

本章小结

自然垄断行业改革中出现的"非对称竞争问题",根源在于市场结构的不对称,为改进社会总福利进行的政府规制行为（比如政府定价）却会因为信息不对称而难以发挥作用。本章从开放可竞争市场的两种效应出发，通过引入信息不对称与企业策略性行为，发现：①社会计划者期望在位者与进入者的"伯川德竞争"，会因自然垄断企业的主动退让而无法改进社会福利；②社会计划者期望进入者的进入带来"价值创造"效应，虽然能够在自然垄断企业策略行为下改善社会总福利，但是相比预期的改进幅度明显变小；③自然垄断企业的策略性行为是为了维持之前的利润水平不降低，但却损害了整体社会福利；④如果自然垄断企业能够严格执行社会计划者的意志，改革将会取得最优的结果，如果自然垄断企业能够同时主动降低成本，那么改进的效果更佳；⑤如果自然垄断企业独立于社会计划者的意志，给予其一定的转移支付来弥补其利润损失，使得其能在激励相容约束下执行社会计划者目标，社会福利能够取得次优的改进；⑥次优解的取得需要满足一定条件，比如当自然垄断企业为高成本类型时，改革后的行业平均利润率要能达到原来的一半，激励规制才具有经济性。

根据本章的研究发现，政府推进可竞争市场的改革，在理想状态下，"业务抢夺"与"价值创造"两个效应能够带来社会总福利的明显增加。这就是为何 2014 年 7 月国务院在《关于促进市场公平竞争维护正常秩序的若干意见》中提出要在自然垄断行业引入竞争机制，开放可竞争环节。公有制肩负起的"公益性"目标，不仅不会成为改革的负担，而且因为与社会计划者的目标一致，会有利于社会总福利的提升[①]。所以，中国共产党十八届三中全会提出的"自然垄断行业必须保持国有资本控股"符合现代经济学一般原理。综上，"毫不动摇地巩固和发展公有制经济"和"毫不动摇地鼓励、支持、引导非国有经济的发展"符合社会合意性原则，同时符合现代规制理论关于信息和激励的一般原则。

企业的成本在短时期内受到外部技术条件和内部努力水平的影响，长时期内还会受到技术进步的影响，新的技术设备会替代旧的技术设备。在自然垄断行业不存在竞争对手时，设备的更新与折旧并不是太大的问题。而当开放市场，引入

① 比如联合国将中国的 Public-Public-partnership 的模式列入 PPP 新模式并加以推广，侧面证明国有企业在公用事业改革中有助于社会福利目标的实现。

了竞争对手，哪怕只是在可竞争环节引入了竞争，技术进步对折旧与沉没成本，进而对企业生产成本影响显著。在开放“可竞争市场”的研究中，考虑技术进步的作用，将是未来可期之处。

第四章　网络型自然垄断行业固定成本定价与激励规制

为简化分析，前文依照惯例将垄断企业的固定成本假设为零，实际上加入对固定成本的考察，并不会阻碍激励规制思想在规制实践中的运用。本章以中国电力行业分类定价中所涉及设备的技术进步与经济性闲置问题，探讨其中的信息与激励规制问题。首先，从信息不对称条件下的 A-J 效应出发，通过引入上游行业的技术进步与垄断行业的竞争性进入，揭示出“经济性闲置”的来源与影响。其次，借助中国电力行业价格改革的自然实验，实证分析发现垄断的在位企业能够掠夺利润、转嫁亏损，降低开放竞争改革的预期效果。未来的改革方向应该以激励相容显示真实信息，以此促进资源的合理配置。

第一节　引　　言

前文对网络型自然垄断行业政府定价的分析，无论是定价基准与激励修正，还是非对称竞争中的寻租与激励，都是依照严格的经济理论，对规制实践的抽象与演绎。所得结论虽然对中国自然垄断行业改革具有原则性的指导意义，却又与政府定价实践存在一定差距，主要体现在理论中假定不存在的固定成本往往是规制实践关注的重点。比如在中国电力供应行业的政府定价中，基于固定成本的“容量电价”不仅是上网电价的重要组成，并且在消费终端的销售电价中，“基本电价（容量电价）+电度电价”的二部制定价[①]与单一的“电度电价”定价是分类定价的重要指标[②]。

一、提出问题

世界上，任何一种自然垄断行业的政府定价，都是对自然垄断企业投资回报率进行规制的工具。在不存在技术进步的条件下，自然垄断企业的投资成本可以

① 根据《销售电价管理暂行办法》的规定，基本电价与容量电价实际上是联动关系。

② 在工业用户中，大工业用户执行二部制定价，一般工商业用户执行单一定价，具体内容可参见表 4-1《浙江省电网销售电价表（自 2018 年 4 月 1 日起执行）》。

在近似无限期的时间内进行回收，因此自然垄断企业可以接受与规制部门签署一份较低价格的“契约”。在竞争进入与技术进步共同存在的条件下，不仅瓶颈设备的成本回收周期缩短，而且要面对竞争对手引进新式技术设备的挑战。自然垄断企业与规制部门之间的“规制合同”被打破，竞争对手携带更低成本的新技术进入市场，造成自然垄断企业的投资成本难以收回，这常常被称作“规制掠夺”（Laffont and Tirole，2000）。

（1）中国网络型自然垄断行业政府定价改革是伴随着改革的进程而不断发展的。以城市自来水行业为例，从公益性的无偿供水到现在大致经历了“包费制”、部分成本回收、全成本水价和抽取“超额利润”四个阶段（刘世庆和许英明，2012）。目前，中国网络型自然垄断行业的定价受总体上受《价格法》和《政府制定价格行为规则》约束，同时由于定价权下放至地方政府，也要接受地方政府价格部门的监管。中国网络型自然垄断行业的政府定价实行“准许成本+合理收益”原则。定价成本依据社会平均成本为基础制定，其中技术设备等固定资产的定价成本往往依据历史成本原则[①]。然而熟悉现代规制理论的人们都了解，历史成本定价原则为代表的“追溯基于成本的定价法”被证明存在许多问题（Laffont and Tirole，2000）。

（2）在世界范围内，追溯性成本定价法已经被抛弃，政府定价的主流是前瞻性成本定价法。曾经在世界范围内，政府定价的规制领域流行“追溯基于成本的定价法”，即将网络型自然垄断行业网络中的各项费用分门别类地归至相关生产环节，将余下的“固定成本”再平摊到各生产环节之中（比如 2005 年中国电力价格改革后，依照生产销售过程形成了上网电价、输配电价和销售电价），同时在每项成本基础上增添（均匀加成的）固定成本（Braeutigam，1980）。其优势是可以依照既有成本补偿自然垄断企业的投资，从而化解规制侵吞的问题。但同样存在明显缺陷，比如：①程序繁琐，往往需要花费大量时间认定成本和平衡预算；②缺乏降成本激励，因为它本身就是以既定成本为定价依据的；③价格结构不合理，特别是在分类定价中会引发不合理的交叉补贴情况（如第二章揭示的城市自来水行业分类定价损害市场绩效）。因此“追溯基于成本的定价法”比如完全成本分担定价（Fully Distributed Cost，FDC）被逐步抛弃，从 20 世纪 90 年代开始，政府定价规制的主流成为长期增量成本定价（Long-run Incremental Cost，LRIC）。1994 年欧盟 WIK/EAC 报告提倡在欧盟国家的电信及互联网业务定价中使用 LRIC[②]；

① 参见 2017 年 12 月出台的《政府制定价格成本监审办法》（国家发展和改革委员会令第 8 号）第 27 条。

② Arnbak et al.（1994）在欧盟 WIK/EAC 报告中推荐 LRIC 基础上的加成，是一种反向 Ramsey 定价规制，并非反对 Ramsey 定价，而是改革过程的中间步骤（Laffont and Tirole，2000）。

1995 年英国电信管理局（Ofcom）首次公开采用 LRIC 办法；1996 年美国《电信法》和联邦通讯委员会（Federal Communications Commission，FCC）的法令也开始使用 LRIC；1997 年世界贸易组织《全球基础电信协议》同样规定国际间电信互联费用的定价成本应遵循 LRIC 规则。

虽然中国目前的政府定价指导文件《政府制定价格行为规则》第二十七条规定“固定资产、无形资产等各类资产的原值，参照合理规模，遵循历史成本原则核定”，但同样也有体现 LRIC 的表述。比如第二十八条“固定资产折旧方法采用年限平均法（交通运输等行业可以采用工作量折旧法）”并且“经营者确定的固定资产折旧年限明显低于实际使用年限，成本监审时应当按照实际使用年限调整折旧年限”。然而，如何界定其中的“资产闲置”问题（比如技术进步引起的技术性闲置等）却缺乏明确规定。如果不能有效界定技术进步带来的“经济性闲置”问题，就不能给予自然垄断企业恰当的补偿，最终将会引发自然垄断行业的资产侵吞问题（由于中国自然垄断行业必须为国有控股，所以“规制掠夺”同时也是国有资产流失问题之一）。

（3）竞争与技术进步引起的“经济性闲置”问题，是造成“规制掠夺”的根本原因。不同于一般意义上违反《刑法》的“国有资产侵吞”，“规制掠夺”虽然也会造成国有资产（自然垄断行业）流失的事实，但在世界各国都并不构成法律问题，而是一个经济问题。在美国，开放竞争给公用事业的下游带来实质性的亏损，加利福尼亚公用事业委员会 1995 年宣布该州的电力公共部门有权征收“电力服务附加费”来收回闲置成本。在中国，2018 年 4 月 1 日起开始执行的《浙江省电网销售电价表》中大部分用户的电价包含了国家重大水利工程建设资金、水库移民扶持基金、农网还贷资金及可再生能源发电定价等多种附加费[①]。自然垄断企业除了具有典型的规模经济、范围经济和网络外部性等特征外，往往还需要大规模的专用资产投资，投资回收周期较长[②]（Shy，2001）。Laffont and Tirole（2000）认为社会计划者在对自然垄断企业实施政府定价规制的过程中，一方面希望自然垄断企业投资并维护好瓶颈设施（“事前效应”）；另一方面希望引入竞争降低价格改进社会总福利（“事后效应”）[③]。这是一个权衡的过程。“事后”的竞争引起自然垄断企业争相采纳更高效率（或更廉价）的技术设备，

① 附加费往往是在既有的政府定价办法之外，另行收取的，无论是中国还是美国电价的附加费，体现的不再是“准许成本+合理收益”式的资本回报率规制原则，而是带有明显的政策性补偿色彩。

② 比如《输配电定价成本监审办法（试行）》（发改价格〔2015〕1347 号）的附件规定：电网企业主要固定资产折旧年限为 15 到 35 年不等。

③ 关于“事后效应”的分析可参见本书第三章的内容。

由此使得原来的技术设备产生“经济性折旧”；而在“事前”自然垄断企业与规制部门签订的“规制契约”中规定的折旧大多只是“物理折旧”。二者的差距是“规制掠夺”的本源。合理地提供补偿，比如美国和中国政府在电力行业改革中给予企业的附加费补助。然而，正如激励规制理论一贯的观点，技术进步引起的成本变动在自然垄断企业与规制部门之间存在信息不对称，所以补贴的设计应该依据激励规制思想合理展开。现实中规制部门很少有采取机制设计来制定补贴的案例，他们更多习惯采用“大拇指法则”[①]。

（4）信息不对称与缺乏激励的政府定价将会导致市场绩效的极大扭曲。政府定价规则的一个重要特征就是对于信息的要求。在执行比如上游设备制造业技术进步，会带来下游垄断企业资本投资成本下降。假定“资本—劳动”投资组合不变，那么等产量的总成本投入必将减少，按照成本收益率定价，政府定价应该下降。但是垄断企业往往不会接受这种局面，垄断的市场结构使得其能够隐瞒真实成本，并维持较高的政府定价。这就解释了为何中国中央政府在电力价格改革之后，依然不得不依靠行政命令的方式来降低自然垄断行业的政府定价水平。比如2018年《中央政府工作报告》提出“降低电网环节收费和输配电价格，一般工商业电价平均降低10%”的目标[②]。

在开放竞争市场之后，则会产生新的信息与激励问题。假定市场上有两家竞争性企业，一家为在位企业，另一家为进入者。在位企业的设备已经投资，并处于折旧成本回收阶段，而进入者重新投资技术设备，并且新的技术设备比原有的设备更廉价（或更高效）。假定政府依照设备投资的社会平均成本出台政府定价，在位企业将难以回收成本。并且如果这家进入者投资成功并成为在位企业后，在未完全回收固定成本前，有新的企业以更廉价的设备投入生产，新的在位企业同样会蒙受损失。当社会计划者有意无意触发了“规制掠夺”，自然垄断企业集团（假设以“利润最大化”作为主要目标）将会采取策略性行为，来弥补其利润的损失，而策略性行为往往会扭曲市场绩效，造成的社会福利损失远大于自然垄断企业在“规制掠夺”中损失的部分，类似本书第三章所分析的那样。一个突出的表现就是：上游设备制造业的技术进步，却不能完全传递给下游的自然垄断企业，带来自然垄断行业的效率提升与社会总福利的改进（本章后续理论分析部分将重点分析）。

① 大拇指法则（Rule of Thumb）来自西方谚语，也被称作“经验法则”，是一种简单的、经验性的、探索性的但同时也不是很准确的处理事务的原则。

② 类似以行政手段降低政府定价的案例也普遍存在于中国的其他网络型自然垄断行业，比如2018年政府工作报告再次敦促网络宽带提速降费，要求年内取消流量“漫游”费，且移动资费年内降低至少30%、明显降低宽带费用。

综上，在中国改革的进程中，规制部门始终在不断地探索自然垄断行业政府定价的合理模式，但截止目前仍未能够寻找到真正适合的模式。突出的表现就是：时至 2018 年，依然要依靠政府的行政手段来降低垄断企业的政府定价。上游设备制造业的技术进步，降低了垄断企业生产设备的价格，却带不来垄断企业政府定价的下降。一方面是由于垄断企业为维持“垄断租金”而采取策略性方案（比如虚假报价或虚增设备投资）；另一方面则是由于现有政府定价规制未能给予企业“经济性闲置”补偿，企业迫不得已而扭曲市场价格。

二、文献综述

经过多年改革，中国国有企业改革取得了相当的成效，国有资本退出了竞争领域，提升了生产效率，实现了国有资本的保值增值，同时也促进了其他所有制经济的快速发展。现阶段国有企业改革仍存在两个关键难点：一个是自然垄断行业中的中央企业，一个是地方投融资平台的国有企业（周敏慧和陶然，2018）。从产业组织视角看，这两类关键企业其实质都是属于规制经济学研究的核心：网络型自然垄断行业。于是可以推断：现阶段中国国有企业改革的重点是对网络型自然垄断行业的改革。网络型自然垄断行业的改革不能简单地沿用之前改革的经验，原因在于这些行业往往既有盈利性目标，同时也有公益性目标（黄群慧和余箐，2013）。2013 年“深化国有企业改革研讨会”的与会代表（如金碚）认为新时期全面深化国有企业改革，不能沿用优惠政策与所有制性质改革来获得增长，而应该以公平竞争的方式实现效率，以此来实现盈利性与公益性的双重目标（戚聿东和刘健，2013）。

但是根据 Olson（1982）提出的“分利集团理论”，“利益集团从不关心社会福利的大小，他们更关心自身利益份额的大小”。具体到自然垄断行业，就是自然垄断企业（特别是被内部人控制的企业）会本能地偏离其作为“国有企业”应承担的“公益性”目标和义务（王国兵，2007）。比如上游设备制造业的技术进步，往往并不能顺利地传递到下游自然垄断企业，降低其生产成本与政府定价水平，带来社会总福利的改进（许萍和陈锐，2008）。因此，执行社会计划者角色的政府应对其施加规制。对自然垄断行业的规制一般包括进入与退出规制、价格规制以及质量规制等（张红凤，2008）。

由于价格是传递市场信息的信号，起到引导资源配置的作用。所以，对自然垄断行业规制的研究多见于价格规制方面。在理论研究方面：汪秋明（2006）以中国电信行业存在的信息与激励问题，设计出具有激励效果的定价模型，同时考虑了“信息租金”与服务质量规制两个因素。但是，其设计的动态定价模型既没有定义需求函数与福利函数，也不是求解（约束条件下）福利最大化的结果，所以难以判断是否符合社会福利的最优或次优基准。而王燕（2004）在对价格规制合同中“信息租金”与配置效率的研究中，通过求解参与约束与激励相容约束条件下的社会福利最大化问题，得到了政府定价规制的次优解。但是，其设计出两个“转移支付”作为菜单供垄断企业选择的方案，虽然符合委托代理理论要求的“分离均衡”，但企业的效率类型绝不是两个或多个离散类型，更常见的往往是连续统的效率类型。因此，对“转移支付”的设计应该使用包络定理来构造唯一的“激励项”（参见本书第二章的相关分析）。

在实证研究方面：许多学者以回归的方法证明了自然垄断行业（比如电力行业）的改革有效地提高了企业的生产效率（马甜，2010；马天明，2017）。但是，马甜（2010）与马天明（2017）的研究都没有设立实验组和对照组，并将原本应该设为虚拟变量的解释变量（比如企业所有制与是否接受改革）以代理变量作替代，这样将导致无法准确评价“政策冲击”的影响，其回归结果在统计学意义上可信度不高。同样是检测“改革”对企业生产效率的影响，陈林（2018）使用基于成本函数的三重差分法则要科学得多，并且研究结果表明对自然垄断行业的产权改革（比如 PPP“混改”）并不能显著提升自然垄断环节的企业全要素生产率，而只对竞争性领域企业的 TFP 提升作用显著。钱炳（2017）的研究同样使用了倍差法，并发现由于“厂网分离”后形成了“上游垄断、下游竞争”市场格局。“市场圈定”效应增强了隶属电网的发电企业的成本加成，同时削弱了独立发电企业的盈利能力，反映出开放竞争市场后，技术进步未必能够改进企业绩效。综上，实证研究的结果往往表明中国自然垄断行业的改革虽然取得了提升企业生产效率的成果，但对社会总福利的改进却十分有限。

以上关于政府定价的研究，有些也同时考察了开放竞争（比如“厂网分离”“引进其他投资主体”）。开放自然垄断行业中的“弱自然垄断环节”，通过价格竞争（伯川德竞争）的办法，理想状态下能够显示企业真实生产成本，并降低政府定价（见本书第三章关于社会计划者期望的竞争局面的分析）。在自然垄断行业中引入公平竞争元素，并非新话题。可竞争市场理论（Baumol et al.，1982）提出存在潜在进入者的市场结构，可有效抑制在位企业的无效率行为。在该理论指导下，中国自然垄断行业的改革将公用事业纵向分离，其中可竞争性领域逐步向市场开放，同时为保证规模经济而广泛实施特许权拍卖（吕荣胜等，2009）。但是，开放市场并不是“一劳永逸”的事情，公平竞争环境还要依靠规制部门来维护，有些时候为消除信息不对称带来的非对称竞争问题，需要开展激励规制（见本书第三章结论）。此外，开放竞争市场会带来“经济性闲置”（前期固定资产投入难以回收），特别是政府定价不能给予自然垄断企业充分的激励时，鼓励竞争的“事后效应”将导致鼓励投资和维护基础设施的“事前效应”不尽如人意。关于“经济性闲置”问题中的激励规制的研究，在中国学术界目前还比较少见。

固定资产的回收实质上是对大额一次性投资的租赁定价。由于新的投资意味着原有固定资产价值的完全丧失，因此理性的企业决策者会选择延长等待来增加回收的价值，比如 McDonald and Siegel（1986）通过仿真法测算出理想状态下固定资产回收总价大约等于投资成本的两倍。此外，固定资产的投资均衡规模，应该是考虑产出与价格因素的“消费者福利最大化”问题的动态优化解，这就要求以动态规划的思想计算出每一期的最优定价（Dixit and Pindyck，1994）。20 世纪末，西方国家“规制革命”暴露出的一系列的问题，特别是当技术进步和竞争性进入同时发生时，如果缺乏有效的资本回收政策，除垄断企业损失之外，纳税人同样会因服务质量下降与未来更高税负（在“闲置资产”的条件下重新投资基础设施的成本）而蒙受损失。据此，Crew and Kleindorfer（1992）提出了考虑上游设备制造业技术进步率的“规定资产回收窗口”概念。在上述学者的研究基础上，Hausman（1997）归纳出前瞻性长期增量成本的定价的基本内容，包括对基础设备的物理折旧、投资的机会成本以及技术进步率的预测。其中加入（上游设备制造业）技术进步率的预测，目的是为了纠正“经济性闲置”问题。持类似观点的还有 Salinger（1998）、Sidak and Spulber（1996，1997）等。

作为代理人的自然垄断企业进行固定资产投资，其成本的回收需要经历一定的时期，回收的总价值通常要高于投资成本。这不仅是因为投资成本本身的贴现（以利率反映在每一期的定价中），还要考虑投资机会成本的贴现（以合理收益率反映在每一期的定价中）。技术进步和竞争性进入同时发生时，上游设备制造业技术进步带来资本品价格的下降，于是对于垄断企业而言，马歇尔效应与希克斯效应并非都会发生。按照激励规制理论，规制部门应该给予垄断企业“转移支付”以规避其策略性行为对市场绩效的巨大破坏（Laffont and Tirole，2000）。

本章的创新之处在于：①证明上游设备制造业技术进步，会带来垄断厂商与社会计划者的决策差异，由此“竞争性改革”并不能充分地增进社会福利。②进一步地，揭示出竞争政策虽然能够显示企业真实成本并降低政府定价，却会带来新的问题，比如“经济性闲置”。③将技术进步从连续型扩展至随机型情况，发现调解网络型垄断企业“降成本”与“稳投资”矛盾，可归结至折旧政策上来，“加速折旧”或是一条有效方案。

第二节　理论模型推演

自然垄断企业追求利润最大化，需要使得既定产出的成本最小或者既定成本的产量最大。与之相对应，社会计划者追求社会福利最大化，需要使得既定产出的社会总成本最小或者既定社会成本的产量最大。社会成本与企业成本的不一致（此处并非“外部性”问题，而是特指政府“补偿成本”与企业真实成本的差异），会带来企业决策偏离社会最优目标。

一、信息不对称与企业策略性行为

根据王俊豪（2001）的研究，回报率规制条件下，自然垄断企业的边际技术替代率$MRTS_{LK}=\frac{w}{r-\alpha}$，大于均衡条件下的边际技术替代率$MRTS_{LK}^{*}=\frac{w}{r}$。其中$w$表示工资率，$r$表示设备投资的平均价格（如果不考虑技术进步等因素，习惯以利率作为替代）。又因为s表示的准许收益率通常要大于利率r，公共资金的影子价格$\lambda>0$，所以有$\alpha=\frac{\lambda}{1+\lambda}(s-r)>0$。接受回报率规制的垄断企业会因为资本要素的相对价格较低，而倾向于扩大投资规模，这就是A-J效应（Averch and Johnson，1962）的特征表现。显然，A-J效应的假设包括：不存在技术进步，并且不存在信息不对称。而本章将放松这两个假设，以说明为何在设备行业技术进步与垄断行业引入竞争后，同样需要开展激励性规制。

（1）如果技术进步是客观存在的，并被社会计划者所欢迎，那么仅考虑历史成本折旧必将引起社会计划者与自然垄断企业目标和行动的差异。为简单起见，假设技术进步只发生两期，第一期（新的技术设备上马之前），存在一个成本$c_0=w*l_0+r*k_0$，第二期（新技术设备上马后），存在一个新的成本$c_2=w*l+r'*k$。对于社会计划者而言，目标是社会福利最大化。

如图4-1所示，如果有社会计划者来组织生产，①上游设备制造业的技术进步（竞争的市场结构），带来设备产品价格的相对下降，理性的决策首先是以相对便宜的资本品替代劳动力，即投资组合从A点（k_0，l_0）移动至B点（k_1，l_1），类似于斯拉茨基方程中的替代效应（substitution effect，SE）。A点与B点代表的产出量相同，并且由于B点位于MN线的下方，说明预算成本还有结余。如果成本是后续追加的，既定产量的成本下降，会带来价格下降。②对于社会计划者而言，预算成本有时是先付的，结余代表着社会资源的闲置与浪费。理性的决策是将资源耗尽得到更高的产出，即从 B 点（k_1，l_1）移动至 C 点（k_2，l_2），类似于斯拉茨基方程中的收入效应（income effect，IE）。即使成本是先付的，因为既定成本的产量增加，同样价格会下降。类似替代效应表示既定产出的社会总成本最小，而类似收入效应表示既定社会成本的产量最大，都是社会福利最大化的体现。

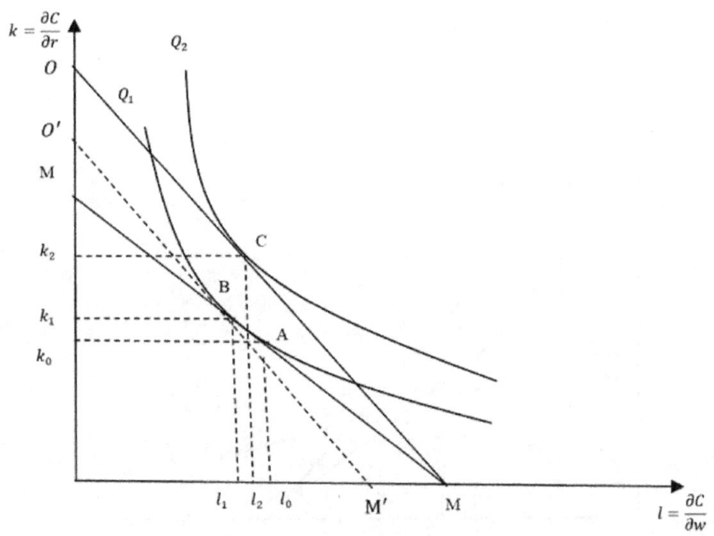

图 4-1　社会计划者期望的技术进步带来社会福利改进

资料来源：作者参考杰里和瑞尼（2002）“消费者理论”中的希克斯分解图示，根据需要调整绘制。

对于垄断厂商而言，目标是企业利润的最大化。因此，当社会计划者委托垄断厂商组织生产，将会发生：①产生 A-J 效应，并产生扭曲，如图 4-2 所示，规制部门给予企业合理收益率s，带来了企业成本与社会成本的相对变化[①]。对企业而言，MM 线移动至 MN 线，代表的总成本不变，但对于社会而言 MN 线代表的总成本是增加的[②]。②企业做决策，在既定产出水平下要求成本最小，因为资本品价格下降，理性的决策是以相对便宜的资本品替代劳动力，投资组合由 A 点（k_0，l_0）移动至A'点（k_0'，l_0'）。A 点与A'点代表的产出量相同（都位于等产量线Q_1上），并且由于A'点位于 MN 线的下方，说明预算成本还有结余。③但是企业不会将结余的成本价值利用起来，获得更大的产出量。因为收益率规制意味着“补偿成本

① 收益率规制一般要求$R=L+(1+s)K=w*l+(1+s)*r*k$。所以造成企业的边际技术替代率$MRTS_{LK}=\frac{w}{r-\alpha}<\frac{w}{r}$，垄断企业资本品的投资成本相对降低（Decker，2014）。

② 增加幅度受到合理收益率s与公共资金的影子价格λ共同影响。

原则”，垄断企业不会有任何闲置成本的损失。至于图 4-2 中MN线与$M'N'$线之间的社会资源，一部分被作为合理利润补偿企业投资的“机会成本”，而另一部分则是公共基金的影子价格，并且这两部分很难在规制实践中精确测度，给垄断企业留下了“寻租空间”。对于垄断企业而言，社会成本预算约束是松弛的（或称软预算约束），一些学者（如许萍和陈锐，2008）认为 A-J 效应会产生要素配置的低效率，基本上就是源于此①。

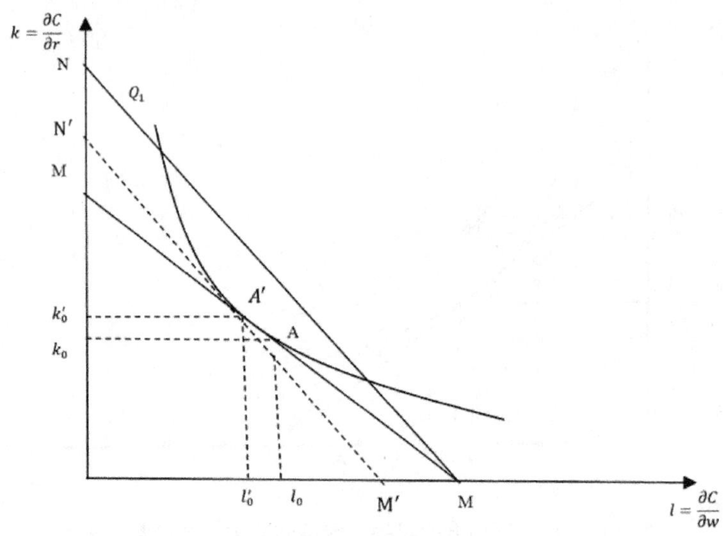

图 4-2　利润率规制条件下自然垄断企业的 A-J 效应

资料来源：作者参考王俊豪（2001）的图 1，根据需要调整绘制。

当技术进步发生时，仍然由垄断厂商组织生产，那么策略与福利将发生如下变化：①上游技术进步带来资本品价格的直接下降，企业的总成本预算变得相对“富裕”。如图 4-3 所示，垄断厂商的等成本线由 MN 移动至 MO，无论 A 点还是A'点到新的成本线 MO 的垂直距离比到 MN 要长。②垄断企业因为资本品价格下降，理性的决策是以相对便宜的资本品替代劳动力，投资组合由A'点（k_0'，l_0'）进一步移动至B'点（k_1'，l_1'）。B'点与 A 点和A'点代表的产出量相同（都位于等产

① 王俊豪（2001）在描述 A-J 效应时，给出了 ROR 规制的约束条件：$R(l,k)-w*l-s*k\geqslant 0$。其含义是垄断企业的收益要大于等于社会总成本。并且在其做优化分析的时候默认这个约束条件是紧的，表明垄断企业的收益需要恰好等于社会总成本（不存在资源闲置），很显然这是社会计划者所期望的结果。但实践中企业的参与约束往往是：$R(l,k)-w*l-r*k\geqslant 0$。又因为$s>r$，所以企业的参与约束条件就变成了$R(l,k)-w*l-r*k=w*l+s*k-w*l-r*k=(s-r)*k>0$，很明显这个约束条件是松弛的。

量线Q_1上），并且成本的结余进一步扩大[①]。③节约的成本只会成为垄断企业的利润，而不会增加消费者剩余。这是因为很多时候，垄断企业对设备的投资并不在政府定价的窗口期，因此预算成本是先付的。即使设备更新与政府定价窗口期在一个时间点上，并且政府定价规制要求被规制企业上报成本信息接收监审[②]，报告的还是仍旧使用高成本（旧的技术设备），购买时完全可以采取“阴阳合同”[③]或“隐形折扣”的办法来应对规制部门的监督（Laffont and Tirole，2000）。结果政府定价不会降低，企业利润得到维持和增加，相比最优状态社会总福利会因为“价格扭曲”而减少（原理可参考本书第三章的分析）。

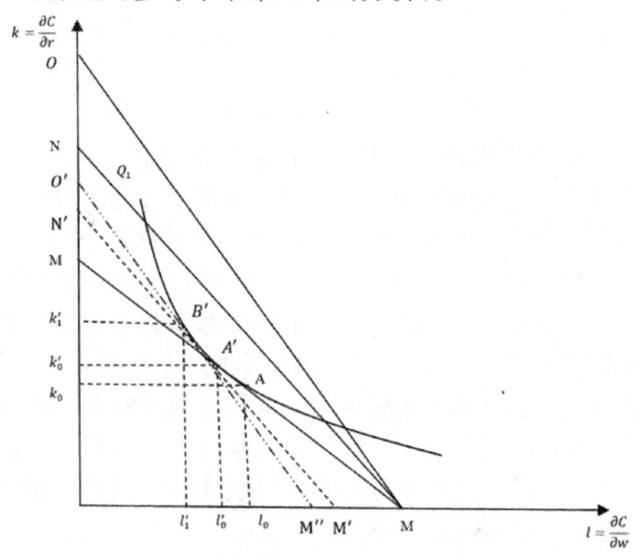

图 4-3 上游技术进步发生时垄断企业的决策

通过图 4-1、图 4-2 与图 4-3 的分析，可以发现：自然垄断行业的企业成本与社会成本的差距，形成了“预算软约束”问题，不仅带来要素配置的低效率，并且消费者不会从技术进步中获得社会福利的改进。于是，改进市场绩效的一个

① B'点位于 MO 的平行线$M''O'$之上，A 点与A'点位于$M''O'$的右上方，所以三点之中B'点到 MO 的垂直距离最大。

② 成本信息监审表一般包括：运营费用（直接生产费用+管理费用+销售费用）、资产折旧与摊销。其中直接生产费用又包括：材料和燃料费用、损耗费用、职工薪酬、修理费以及其他费用。比如 13 家天然气管道运输企业成本监审信息表。http://jgs.ndrc.gov.ex2.www.ipv6.ndrc.gov.cn/gzdt/201708/t20170830_859218.html。

③ Tirole（1988）的第六章给出了寡头市场中同业者“默契合谋”的一般解释，史晋川和杜立民（2007）将其运用于中国电力市场的，而此处的“默契合谋”指的是电力企业与电力设备企业之间纵向的合谋。

重要方向应该是使得厂商的成本向社会成本逼近，使得自然垄断行业中的软预算变成“硬预算”（即预算约束由松弛变得紧实）。这其中的关键就是企业成本信息的真实披露问题。虽然有学者设计出对“撒谎行为”惩罚以保证信息真实的方案（杨永忠，2003），但他们的方案要求“事后的监督”的信息准确，同样会因信息问题和“规制俘虏”问题大打折扣，而未成为规制经济学的主流（Armstrong and Sappington，2007）。Hayek（1968）认为竞争是一个发现的过程，而非结果。竞争带来激励、信息以及创新，有利于化解规制中的信息不对称问题（Armstrong et al.，1994）。在自然垄断行业的某些“弱自然垄断环节”开放竞争，将驱使企业成本向社会成本靠近，为自然垄断行业的生产经营活动施加相对严格的预算约束，从而有利于资源的有效配置和利用，改善社会总福利水平。“开放可竞争市场”是20世纪80年代兴起的“规制革命”的一个重要领域。

（2）引入竞争能够改进市场绩效，但在某些条件下会产生“经济性闲置”问题。A-J 效应的市场格局被假定为完全垄断，如果引入竞争对手，形成伯川德竞争（如第三章分析的那样），在不存在接入费用与非对称竞争的情况下，价格将趋近于真实的边际成本。此时，被规制企业与其竞争对手将竞相使用最低数量与最优效率的技术设备。于是，规制部门会要求自然垄断企业开放基础设施中的潜在竞争环节（见本书第一章中的表 1-1）。但是开放潜在竞争环节会带来新的问题，一个典型案例是20世纪90年代美国电力供应行业放松规制，独立的代理采购商不再愿意支付发电过程的高额成本，因为新的组合式天然气汽轮机组等新技术设备使得原有的发电机组设备变得“不经济”，由此引发了政府定价中的“经济性闲置”的话题（Laffont and Tirole，2000）。

假设开放自然垄断行业的可竞争市场，进入者与在位者展开伯川德竞争，同时不存在非对称竞争与市场圈定等问题（即仍保留垄断市场的“强自然垄断环节”对可竞争市场中的所有企业一视同仁）。此外，为简化起见，暂不考虑市场规模与企业生产能力的问题。当不存在技术进步时，将回到图 4-2 的分析。因为竞争的市场按照市场原则定价，所以不再存在公共基金的影子价格；并且假定竞争非常充分，企业的经济利润为零。于是，社会成本线与企业的成本线重合，企业与社会计划者都会选择投资组合 A 点（k_0，l_0），社会资源得到充分利用，A-J 效应消失。当技术进步与开放进入同时发生时，如图 4-4 所示，先于技术进步发生投资的企业的投资组合在 A 点（k_0，l_0），技术进步发生后投资的企业的投资组合在 B 点（k_1，l_1）。成本预算线由 MN 变化为$M'O'$，此时 A 点位于预算线$M'O'$的右上方，先期的投资组合将变得不经济。如果政府定价没有考虑“技术进步的因素”，前期投资的回收期将与新企业的投资回收重叠（比如竞价上网后，“容量电价”按照社会平均投资成本制定），前期投资将难以完全收回，产生“经济性闲置”问题。

“事后效应”的开放竞争政策将导致厂商争相引入新技术，新技术设备的上马带来原有技术设备的“经济性折旧”；而在“事前”自然垄断企业与规制部门签订的“规制契约”中规定的折旧大多只是“物理折旧”。短时期内，比如引入竞争的初期，可以通过给予自然垄断企业补偿的方式来化解。在美国，加利福尼亚公用事业委员会 1995 年宣布该州的电力公共部门有权征收“电力服务附加费”来收回闲置成本。在中国，国家和发展改革委员会在《上网电价暂行管理办法》中规定：发电企业电价逐步向“竞价上网”过渡。但是如果技术进步长期存在，并且政府定价始终采取追溯性基于成本定价法，引入竞争之后，“经济性闲置”问题也会长期存在，并影响垄断企业对基础设施的投资。因为随着上游设备制造业的技术进步，总会不断有新的企业上马新的更高效（或更廉价）的技术设备，使得仍在利用原有技术设备并且折旧未回收完毕的企业产生“沉淀成本”。由此可以得到结论：“经济性闲置”不是一个短期的话题，开放市场后将长期存在，并且会降低自然垄断企业在“事前”投资并维护好瓶颈设施的积极性。“经济性闲置”问题的根源在于现存的政府定价规制不能给予企业适当的激励。因此，借鉴成熟市场经济国家的规制经验①，对自然垄断企业的政府定价方式进行调整是目前中国国有企业改革的当务之急。

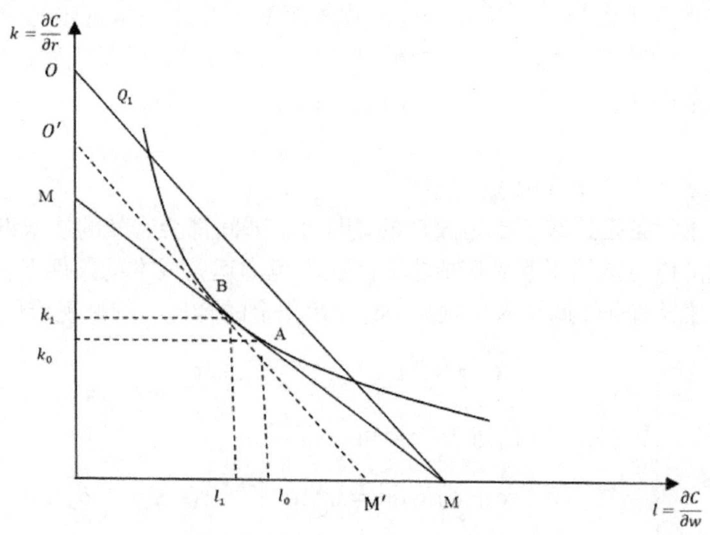

图 4-4　技术进步与竞争进入同时发生时的策略与福利

① 与中国类似，绝大多数的发达经济体国家的自然垄断行业，同样由国有企业经营并接受政府定价规制（Decker，2014）。

二、技术进步与前瞻性长期增量成本定价

在长期增量成本的政府定价中，规制部门通常能够考虑到物理折旧与利率（或通胀率）的影响，比如中国电力行业价格改革（2005 年）之后容量电价执行的新标准，而容易忽视技术进步与设备更新的作用。在竞争的市场环境中，忽略开放竞争与技术进步带来的“沉淀成本”，将不能完全回收企业的投资成本。Hausman（1997）曾抨击美国联邦通讯委员会当时执行的 LRIC 度量方式错误地忽视了技术进步的存在，并提出前瞻性长期增量成本的度量应该包括：①有关设备的知识；②网络元素使用情况的预测；③技术进步率的预测。即：t 日价格=前瞻性长期增量成本=t 日边际成本 ×（利率+技术进步率+物理折旧率），用公式表示就是：

$$p_t = (r + x + \delta)K_t \qquad (4-1)$$

其中r表示利率，x表示技术设备（比如电力供应行业的发电机组）的技术进步率[①]，δ表示技术设备的物理折旧率，K_t表示设备的投入成本（此处假设不存在运营成本且技术设备是连续不断投入的，所以K_t也就是自然垄断企业在 t 日的边际成本）。比如长期贷款利率为 8%，折旧 20 年（采取平局年限折旧，则每年 5% 折旧率），设备成本预计每年降低 7%，那么技术设备的年定价成本应该等于设备采购价格的 20%。关于定价公式的推导证明过程如下：

假设在可竞争市场中，所有企业的规模报酬不变，技术进步影响设备成本，并且技术进步的瞬时变化率 $x \geqslant 0$ 由外部决定，且随时间推移而固定不变。在连续的时间内，忽略生产运营成本，t 日的企业的生产成本为：

$$K_t = e^{-xt}K_0 \qquad (4-2)$$

其中K_0表示基准日的投资成本[②]。

如果技术设备是连续不断地投放的，即每个瞬间都会有新的技术设备生产出来。社会最优的价格应该等于其生产成本，而在不考虑运营成本的条件下，应该等于设备的租赁费用（如果 t 期投入，则从 t 期开始租金的合计）的贴现价值。于是有：

$$K_t = \int_0^{\infty} e^{-r\tau}(e^{-\delta\tau}p_{t+\tau})d\tau \qquad (4-3)$$

对（4-3）式左侧，即K_t进行变换可以得到：

$$K_t = \int_0^{\infty} e^{-(r+\delta+x)\tau}(r + x + \delta)K_t d\tau = \int_0^{\infty} e^{-(r+\delta)\tau}(r + x + \delta)K_t e^{-x\tau}d\tau \qquad (4-4)$$

---

① 需要注意的是，技术设备的技术进步率往往是自然垄断企业之外的设备供应商所产生的，并且设备供应商往往被认为面临的是竞争的市场局面。

② 如果不存在技术进步，即x表示的技术进步率等于零，那么 LRIC 将退化为与 FDC 一致，即 $p_t = (r + \delta)K_0$。

将（4-2）式简单变换为$K_{t+\tau}=e^{-x\tau}K_{\tau}$，并代入（4）式，可以进一步得到：

$$K_t=\int_0^{\infty}e^{-(r+\delta)\tau}(r+x+\delta)K_{t+\tau}d\tau \tag{4-5}$$

通过K_t联系（4-3）式和（4-5）式，于是得到：

$$p_{t+\tau}=(r+x+\delta)K_{t+\tau} \tag{4-6}$$

由（4-6）式，经过简单变形（令$t=t+\tau$），就可以得到（4-1）式所列的前瞻性长期增量成本定价法公式。并由此发现：在规模报酬不变的条件下，均衡价格完全由成本来决定。

另外，假设自然垄断企业生产能力（实际上是技术设备的库存，有的《库存管理》教材将其称为"生产能力的库存"）达到Q_t时，需求才能得到充分满足，此时：

$$Q_t=D_t(p_t)=D_t[(r+x+\delta)K_t] \tag{4-7}$$

如果需求曲线不随时间推移而向下移动，产能Q_t会随时间变化保持恒定或增长。由于现有的库存在不断地折旧，所以正如事前假定的那样，在每一个时点上，都会有新的技术设备被自然垄断企业购买并利用。

前瞻性长期增量成本定价法具有以下特点：①假定设备在其寿命周期内是满负荷运转的，因此可以不必考察其使用量；②假定需求是不会下降的，因此价格不会随着时间推移而低于消费者的支付意愿；③技术进步是外生的，不必考察政府定价与上游设备制造业技术进步的交互关系（也就是回归中不必考察内生性问题）。虽然前瞻性长期增量成本定价法全面地考察了技术进步与机会成本，并且具有简便易行的优势，但也存在明显的缺陷。不足之处主要体现在两个方面：①未考虑旧技术设备被抛弃的价值，即其寿命周期未到（计划使用量未用尽）的价值贴现。②现实中技术进步是随机的，政府定价标准与企业成本经常偏离。当定价高于企业成本时，企业会默默地接受"租金"，当定价低于企业成本时，企业不会承担"预算平衡"被打破的损失。在完全信息条件下，上述两个不足原本并不会使得市场绩效产生偏差。但是考虑到信息不对称[①]，上述不足却会令市场绩效偏离最优基准很远。因此，激励规制的实施，应该保证给予一个超过较高的成本加成，保证在随机的技术进步到来前，瞬时回报率等于零。也就是自然垄断企业在"经济性闲置"出现前，就赚取了（足够补偿未来损失的）超额利润。

① 此处的信息不对称，不仅包括自然垄断企业利用信息优势谋取"租金"，类似 Stiglitz（1977）分析保险市场中存在代理人"撒谎"欺骗委托人以谋取更大利益，也包括规制部门不掌握企业真实信息，而以推断的办法进行定价，类似 Akerlof（1970）分析旧车市场中的"逆向选择"问题。这都会损害市场绩效。

三、激励性定价：基于随机性技术进步与经济性闲置

现实中，技术进步的速度往往是随机发生的，由此假设存在两类技术设备，运行中的原有技术设备和未来投入的新技术设备，新技术设备的投入日期是随机的。此外，“经济性闲置”往往还与经营成本相关，所以假设现有设备的投资成本为K_H，现有的经营成本为L_H（为简化分析，假设运营成本等于职工薪酬）；新投入设备的投资成本为K_L，未来的经营成本为L_L，并且运营成本不随时间变化。新技术之所以能投产，是因为新技术产生的总成本低于原有技术的总成本，也就是：

$$(r+\delta)K_L+L_L<(r+\delta)K_H+L_H \tag{4-8}$$

其中r表示利率，δ表示物理折旧率。但是新技术的投产，并不意味着原有技术就应被彻底抛弃。如果继续沿用原有技术，企业经营的瞬时总成本为$(r+\delta)K_H+L_H$，而引进新技术后，瞬时总成本为$(r+\delta)K_H+(r+\delta)K_L+L_L$[①]。当前者大于后者，即$L_H>(r+\delta)K_L+L_L$时，应当放弃原有技术设备；当前者小于后者，即$L_H<(r+\delta)K_L+L_L$时，原有技术设备应该继续利用。

假定新技术到来的日期y服从Poisson过程[②]，新技术到来之前的概率是e^{-yt}，技术进步率x的期望为：

$$E(x)=y\frac{\left(K_H+\frac{L_H}{(r+\delta)}\right)-\left(K_L+\frac{L_L}{(r+\delta)}\right)}{\left(K_H+\frac{L_H}{(r+\delta)}\right)} \tag{4-9}$$

由（9）式，可以发现：随机发生的技术进步还会受到自然垄断企业经营成本的异质性影响。

假定新技术到来之前的价格为p，新技术采纳之后的价格为p'，其中$p'=(r+\delta)K_L+L_L$。为简化起见，假设后续不会再有新的技术发生。在新技术来临之前，现有技术的投资成本等于资产收入的折现值的期望，即：

$$K_H=\int_0^{\infty}ye^{-yt}\Big[\underbrace{(p-L_H)\int_0^{t}e^{-(r+\delta)\tau}d\tau}_{\text{新技术到来前的前期投资成本回收}}+\underbrace{max(p'-L_H,\ 0)\int_t^{\infty}e^{-(r+\delta)\tau}d\tau}_{\text{新技术到来后的前期投资成本回收}}\Big]dt \tag{4-10}$$

① 其中隐含的假设是：一旦引入新技术，经营性成本将围绕新技术展开，旧的技术设备只留下“沉淀成本”［即$(r+\delta)K_H$］。

② Poisson过程指的是一种累计随机事件发生次数的最基本的独立增量过程。由法国著名数学家Poisson所证明，一般需要满足三个条件：①$P_r(X(0)=0)=1$；②$\forall 0<t_1<t_2<\cdots<t_n$，$X(t_1)$，$X(t_2)-X(t_1)$，…，$X(t_n)-X(t_{n-1})$相互独立；③增量$X(t)-X(s)$，$t>s$的概率分布为泊松分布。

如果$L_H < (r+\delta)K_L + L_L$时，原有技术设备应该继续利用，此时新技术到来前的定价应为：

$$p = L_H + (r+\delta)K_H + \frac{y}{r+\delta}[L_H + (r+\delta)K_H - L_L - (r+\delta)K_L]$$

$$= [r+E(x)] * (K_H + \frac{L_H}{r+\delta}) \quad (4-11)$$

将技术进步率的期望值$E(x)$代入，得到：

$$p = \left(1+\frac{E(x)}{r+\delta}\right) * [(r+\delta)K_H + L_H] \quad (4-12)$$

如果$L_H > (r+\delta)K_L + L_L$时，应当放弃原有技术设备，此时新技术到来前的定价应为：

$$p = L_H + (r+\delta)K_H + \frac{y}{r+\delta}[L_H + (r+\delta)K_H - L_H] = L_H + (r+\delta+y)K_H \quad (4-13)$$

将技术进步率的期望值$E(x)$代入，得到：

$$p = \left(1+\frac{E(x)}{r+\delta}\right)[(r+\delta)K_H + L_H] - y[\frac{L_H-(L_L+(r+\delta)K_L)}{r+\delta}] \quad (4-14)$$

通过上述分析，可以发现：①只要存在技术进步，无论新技术到来后，旧技术是否仍被继续开发利用，新技术到来前的政府定价总应该比不存在技术进步时的政府定价［此时$p = (r+\delta)C_H + L_H$］要高一些[①]。②旧的技术设备被抛弃与否取决于瞬时总成本的比较，但设计出的（技术到来前）政府定价都具有经济性[②]。③新技术到来之前的政府定价是为了弥补“经济性闲置”造成的企业损失，而这部分损失往往是基于技术进步带来的技术设备的机会成本[③]。因此，如果政府定价采用历史成本法［即$p = (r+\delta)K_H + L_H$］，企业将不会有积极性投资和维护技术设备（即使有投资和维护行为的发生，也只会是“质量过

---

① 当$L_H < (r+\delta)K_L + L_L$时，因为$\frac{E(x)}{r+\delta} > 0$，$p = \left(1+\frac{E(x)}{r+\delta}\right) * [(r+\delta)K_H + L_H] > (r+\delta)K_H + L_H$；当$L_H > (r+\delta)K_L + L_L$时，因为$y > 0$，$p = L_H + (r+\delta+y)K_H > (r+\delta)K_H + L_H$。

② （4-12）式与（4-14）式的定价不存在谁大谁小的问题。当$L_H < (r+\delta)K_L + L_L$时，因为$y\left[\frac{L_H-(L_L+(r+\delta)K_L)}{r+\delta}\right] < 0$，所以（4-12）式的价格相对较低；而当$L_H > (r+\delta)K_L + L_L$时，因为$y\left[\frac{L_H-(L_L+(r+\delta)K_L)}{r+\delta}\right] > 0$，（4-14）式的价格相对较低。

③ 因为L_H与$(r+\delta)K_L + L_L$的大小如何，根据（4-8）式可知，总是存在$max(p' - L_H，0) < (r+\delta)K_H$，立即新技术到来之后，先期投入的资本成本将不能足额回收，哪怕继续原有技术设备继续使用，仍然会产生“经济性闲置”问题。

度供给”[①]的技术设备），降低成本的新技术设备不会被采纳，消费者与社会总福利也会由此遭受损失。④基于随机性技术进步与经济性闲置的激励性政府定价［如（4-12）式与（4-14）式］，保证了资源的有效配置；充分地利用了信息；保证了“事前效应”中的激励相容[②]，符合机制设计的基本原则。

综上，通过理论分析，本章发现：①历史成本折旧为代表的追溯性基于成本定价的失败，在于社会计划者将自然垄断企业过于“理想化”，遗忘了企业以“利润最大化”为目标。②引入竞争可以改进市场绩效，但是效果却会大打折扣，原因在于规制部门与自然垄断企业围绕“事前效应”与“事后效应”的权衡。③上游装备制造业的技术进步，原本应该传递到下游的自然垄断企业，以此改善自然垄断行业的市场绩效，但追溯性基于历史成本定价因为忽略了企业的利益而必然失败。④在技术进步随即发生并且“经济性闲置”长期存在的条件下，激励规制应该额外给予自然垄断企业一个“合理的加成”以实现社会福利的次优目标。

中国自然垄断行业的改革实践是否与本章理论分析得到的结论一致，需要以实证检验以下几个问题：①上游设备制造业的技术进步是否对自然垄断行业的市场绩效产生影响？如果存在，是体现在消费者福利，还是企业利润上？②可竞争领域引入竞争，是否改进了消费者福利，是否同时损害了在位企业的利润？③在位企业利润的受损是否由技术进步带来的“经济性闲置”引起？

第三节　基于电力改革准自然实验的实证研究

经过多年改革，中国自然垄断行业的政府定价实践，采取的大多是分类定价，如同本书第二章所分析的一样。而在分类定价实践中，总是绕不开企业的固定成本的回收问题。对此，在某些行业中，规制部门出台了明确办法，比如电力供应行业的“容量电价”制定方案。但是，这些方案的制定往往忽视了竞争性进入与上游设备制造业技术进步的影响，前文理论分析部分揭示了由此带来的“经济性闲置”问题，会影响企业投资成本的回收，降低企业投资积极性，甚至（在信息

① 关于产品质量“过多供给”，参见 Tirole（1988）的 2.2 节“产品选择（Product Selection）”相关内容。

② 因为很多时候公用事业参与投资与经营是政府强加的，在投资成本不能通过政府定价得到合理补偿的条件下，企业为自身利益会采取策略性行为而扭曲市场价格与资源配置，损害市场绩效，如本书第三章分析。此时合理的政府定价能够满足“激励相容”。

不对称条件下）诱惑企业的“策略性行为”，扭曲市场绩效。为了验证本章理论分析部分的结论，此处使用中国电力价格改革（2005 年）的自然实验作为实证分析的基础，以此来识别和检验其中的因果关系。

一、计量模型设定

中国电力行业的政府定价改革延续了许多年，其中以 2005 年的“价改”最为突出。2005 年 2 月《电力监管条例》颁布；2005 年 3 月制定与《电价改革方案》相配套的《上网电价管理暂行办法》《输配电价管理暂行办法》和《销售电价管理暂行办法》三个实施办法。新的电价管理办法出台后，对于一般消费者而言，面对的主要是“销售电价”。2005 年之后，中国的销售电价一般被划分为三类：居民生活用电、农业生产用电，工商业用电，其中工商业用电根据装接容量等条件又可以划分为一般工商业用电和大工业用电。

$$Time_{it}=\begin{cases}1 & t\in[2006,2008]\\0 & t\in[2002,2004]\end{cases}\tag{4-15}$$

表 4-1　浙江省电网销售电价表（自 2018 年 4 月 1 日起执行）

用电分类	电压等级		电度电价（元/千瓦时）	分时电价（元/千瓦时）			基本电价	
				尖峰电价	高峰电价	低谷电价	变压器容量（元/千伏安*月）	最大需量（元/千瓦*月）
一、居民生活用电	不满 1 千伏“一户一表”居民用户	年用电 2760 千瓦时及以下部分	0.5380		0.5680	0.2880		
		年用电 2761-4800 千瓦时部分	0.5880		0.6180	0.3380		
		年用电 4801 千瓦时及以上部分	0.8380		0.8680	0.5880		

续表

用电分类	电压等级	电度电价（元/千瓦时）	分时电价（元/千瓦时）			基本电价	
			尖峰电价	高峰电价	低谷电价	变压器容量（元/千伏安*月）	最大需量（元/千瓦*月）
一、居民生活用电	不满1千伏合表用户	0.5580					
	1-10千伏及以上合表用户	0.5380					
	农村1-10千伏	0.5080					
二、大工业用电	1-10千伏	0.6644	1.0824	0.9004	0.4164	30	40
	20千伏	0.6444	1.0571	0.8771	0.4004	30	40
	35千伏	0.6344	1.0444	0.8654	0.3924	30	40
	110千伏	0.6124	1.0114	0.8364	0.3724	30	40
	220千伏及以上	0.6074	1.0014	0.8284	0.3684	30	40
三、一般工商业及其他用电	不满1千伏	0.8277	1.3377	1.0327	0.5097		
	1-10千伏	0.7897	1.2877	0.9897	0.4777		
	20千伏	0.7697	1.2617	0.9670	0.4610		
	35千伏及以上	0.7597	1.2487	0.9557	0.4527		
四、农业生产用电	不满1千伏	0.7280	0.9984	0.8986	0.4992		
	1-10千伏	0.6900	0.9462	0.8516	0.4731		
	20千伏	0.6700	0.9188	0.8269	0.4594		
	35千伏及以上	0.6600	0.9052	0.8147	0.4526		

资料来源：国家电网浙江省电力公司网站，作者根据需要调减部分篇幅。

如表4-1所示，浙江省最新实施的电网销售电价不仅在价格上存在差异，并且定价方案也不相同。容量电价是电力企业固定投资成本的集中反映，并且始终处于政府定价的范畴。竞争性进入（2005 年后依照社会平均投资成本定价）与技术进步（电力设备制造业的技术进步长期存在，见后续数据整理部分）引发的“经济性闲置”问题及其后果，也主要是通过“容量电价”传递开来的。因此，此处对电力行业政府定价的实证分析将主要围绕“容量电价”展开。

（1）根据电力改革的自然实验做 DID 分析，需要首先设计出对照组与实验组。此处将 2005 年 3 月中国国家发展和改革委员会颁布的三个电价管理暂行办法作为政策冲击，将时间跨度分为两个时期：①2002 年至 2004 年为实验开展前的阶段（对照组）；②2006 年至 2008 年为实验后的阶段（实验组）。因为定价改革不同于其他改革（如混合所有制改革），一经出台立刻会在规定范围内实施，所以实验的观测期较短。所以本章将电力行业定价改革（自然实验）的观测期设定为 2005 年（即政策出台的年份）。为此，本章引入虚拟解释变量 $Time_{it}$，其分组与取值如下：

同时，为了区别在位企业与新进入的竞争者（本意在于区分“经济性闲置问题”）[①]，本章另外引入虚拟变量$Incumbent_{it}$，将样本企业划分为两种类型：①2002 年后出现的独立发电企业（对照组）；②原国家电力公司系统所属电厂与电网保留电厂（实验组）。其分组与取值如下：

$$Incumbent_{it}=\begin{cases}1 & \text{原国家电力公司系统所属电厂与电网保留电厂}\\0 & \text{2002 年后出现的独立发电企业}\end{cases}\qquad(4\text{-}16)$$

需要说明的是，虚拟解释变量$Incumbent_{it}$的分类依据是中国电力行业改革的实践。2002 年 12 月国家电力公司拆分为两大电网公司和五大发电集团，即国家电网、南方电网以及国电、华电、华能、大唐和中电投；设立时间为 2002 年及其以后的发电企业数量巨大，这些企业一般都属于独立发电企业（不管是隶属五大独立发电集团，还是其他投资主体设立的企业）。因为根据政策要求，电网集团不再设立新的发电企业，原有的发电企业有条件的也要逐步从电网集团独立出去。

根据《上网电价管理暂行办法》规定：容量电价以参与竞争的各类放电机组的平均投资成本为基础制定[②]，容量电价 $=\frac{\phi\times(\text{折旧+财务费用})}{\text{发电机组的实际可用容量}}=\phi*(r+\delta)\frac{\sum_{i=1}^{n}K_i}{n}$。其中$\phi$表示政府价格主管部门根据市场供求关系确定的比例系数（原则上每个省

① 因为在位企业必然存在“经济性闲置问题”，而新进入的竞争者则因“新设立的独立发电企业，考虑发电项目的经济寿命周期”（《上网电价管理办法》第七条）而可以认为不存在“经济性闲置问题”，或相比在位企业影响程度显著降低。

② 《上网电价管理暂行办法》规定：不参与竞价上网的发电机组主要包括“政府招标确定上网电价和新能源的发电企业”。

区设置一个统一的系数ϕ）。在此之前，2002 年后出现的独立发电项目，按照其新投入机组的投资成本，进行统一的定价（标尺竞争）；而原国家电力公司系统所属电厂与电网保留电厂的上网电价根据各自企业的投资与经营成本制定（个体成本定价）。显然在"竞价上网"之后，在位企业与新的独立发电项目之间的价格竞争会引发"经济性闲置"问题。并且这个问题将长期存在（参见本章理论部分关于技术进步与经济性闲置的分析），只是在 2005 年前后，容易判别在位企业与新的竞争对手，方便开展实证检验。

（2）检验上游设备制造业的技术进步对社会总福利的影响。假设下游的自然垄断企业在购买上游设备制造业的产品时，不存在额外成本（也就是不存在空间距离成本 t 等），那么上游设备制造业的技术进步对所有下游自然垄断企业的影响无差异。得到关于消费者的双重差分计量模型如下：

$$C_{it}^{s} = \alpha_0 + \alpha_1 lnTFP_{t-1}^{instrument} + \alpha_2 DD_{it} + \alpha_3 Time_{it} + \alpha_4 Incumbent_{it} + \gamma_i + \gamma_t + \varepsilon_{it} \quad (4-17)$$

其中关于消费者剩余C_{it}^{s}的估计，此处借鉴了孙睿君和钟笑寒（2005）以马歇尔需求函数估计消费者剩余的方法。$\ln TFP_{t-1}^{instrument}$表示电力设备制造业的上一年度技术进步增长，用来检验其对电力用户的社会总福利的影响。$Time_{it}$与$Incumbent_{it}$分别表示时间虚拟变量与企业类型的分组变量，其取值参见（4-15）与（4-16）式。γ_i与γ_t分别表示个体固定效应和时间固定效应。α_0表示截距项，ε_{it}表示随机误差项。双重差分估计量$DD_{it} = Time_{it} * Incumbent_{it}$，如果 2005 年的电力行业改革促使在位企业增加了社会总福利，则其回归系数应该显著为正。

（3）检验上游设备制造业的技术进步对厂商利润的影响。由于电力企业为代表的自然垄断企业经常采取多种经营，所以此处将厂商利润设定为"主营业务收入—主营业务成本"。同样假设电力设备制造业的技术进步无差异地影响着电力行业。得到关于企业利润的双重差分计量模型如下：

$$\pi_{it} = \alpha_0 + \alpha_1 lnT\,\square\square_{t-1}^{instrument} + \alpha_2 DD_{it} + \alpha_3 Time_{it} + \alpha_4 Incumbent_{it} + \gamma_i + \gamma_t + \varepsilon_{it} \quad (4-18)$$

其中$lnTFP_{t-1}^{instrument}$表示电力设备制造业上一年度的全要素生产率增长速度，用来检验其对电力企业利润的影响。$Time_{it}$与$Incumbent_{it}$分别表示时间虚拟变量与企业类型的分组变量，其取值参见（4-15）与（4-16）式。γ_i与γ_t分别表示个体固定效应和时间固定效应。α_0表示截距项，ε_{it}表示随机误差项。双重差分估计量$DD_{it} = Time_{it} * Incumbent_{it}$，如果 2005 年的改革改进了在位电力企业的经营效益，那么其回归系数应该显著为正；如果 2005 年的改革降低了电力企业的经营效益（由于虚拟变量的设计，体现的是"经济性闲置问题"造成的影响），那么其回归系数应该显著为负。

二、数据描述与整理

（1）技术进步率的测度。此处使用的是 O–P 法（Olley and Pakes，1996）[①]。在对技术进步率（或称全要素生产率）的测度方法中，除了 O–P 方法之外，通常使用方法的还有 L–P 法（Levinsohn and Petrin，2003）以及 ACF 法（Ackerberg et al.，2015），本章之所以选择使用 O–P 方法，主要基于本章测度的同样是自然垄断行业上游设备制造行业的 TFP，与 Olley and Pakes（1996）较为相似。并且通过方差膨胀因子等方法的检测，发现并不存在严重的多重共线性问题，因此无需一定使用 ACF 法来做替代和修正（钱炳，2017）。

数据来源于 1999 年至 2007 年中国国家统计局发布的《中国工业企业调查数据库》。该数据库涵盖了中国大陆地区销售额在 500 万元以上的大中型制造型企业的相关数据。不仅包括企业名称、法人代表、企业所在地、企业登记注册类型等企业基本信息，还有企业各项经营指标信息，如主营业务收入、成本、利润、职工人数、职工工资、工业总产值、工业增加值、固定资产净值等。为进行有效的数据分析，根据谢千里等（2008）的方法删除了工业增加值、固定资产净值、从业人员等数值为 0 的样本。另外，2002 年前后统计局使用了两种产业分类标准，两种行业分类标准在四位数行业上有较大差异，此处借鉴的是郑辛迎（2011）与熊瑞祥（2012）的方法，将 GB1999 四位数行业分类对应到 2002GB 三位数行业分类。

由于中国工业企业数据库并没有企业投资这一指标，此处照宏观资本存量的核算方法，采用永续盘存法来计算企业投资（鲁晓东和连玉君，2012)，即：

$$I_t = K_t - K_{t-1} + D_t \tag{4-19}$$

其中K_t表示固定资产原值，D_t为固定资产折旧。考虑到通货膨胀的影响，此处对工业增加值采用的是企业所在地工业品出厂价格指数进行平减，固定资产净值和固定资产原值采用的是固定资产投资价格指数平减。根据 Olley and Pakes（1996）的思路，残差为需要的全要素生产率的估计值，需要估计以下模型：

$$\ln Y_{it} = \beta_0 + \beta_k lnK_{it} + \beta_L lnL_{it} + \beta_M lnM_{it} + \beta_a age_{it} + \varepsilon_{it} \tag{4-20}$$

其中Y_{it}表示企业的工业增加值，K_{it}为资本投入（此处采用固定资产净值）（谢千里等，2008），L_{it}表示企业职工人数，M_{it}表示企业的中间品投入，age_{it}表示企业的年龄。

① Olley and Pakes（1996）本就是讨论电信行业中设备的技术进步，而前瞻性长期增量定价法（LRIC）相比完全成本分担定价法（FDC）的进步就是加入了对设备技术的技术进步率的考察，参见 Hausman（1997）。

此外，杨汝岱（2015）曾列举了将企业年度的全要素生产率数据加总，可以得到行业年度全要素生产率的几类方法，包括简单平均、工业总产值加权平均、从业人数加权平均与工业增加值加权平均。考虑到此处计算电力设备行业 TFP 的目的在于评价其对下游电力行业市场绩效的影响，所以最终选择将工业增加值作为权重进行加权，将企业层面的全要素生产率合成为行业层面的全要素生产率，得到的具体估计结果如图 4-5 所示。从中可以发现：从 1999 年至 2007 年电力设备制造业的全要素生产率整体呈现上升趋势，从 4.16%上升到 5.65%，简单平均增长率大约为 4.48%，环比平均增长率大约为 4.19%，并且在 2004 年有一个明显的下降趋势。以上结果与杨汝岱（2015）关于中国制造业整体的全要素生产率研究结果基本吻合[①]。

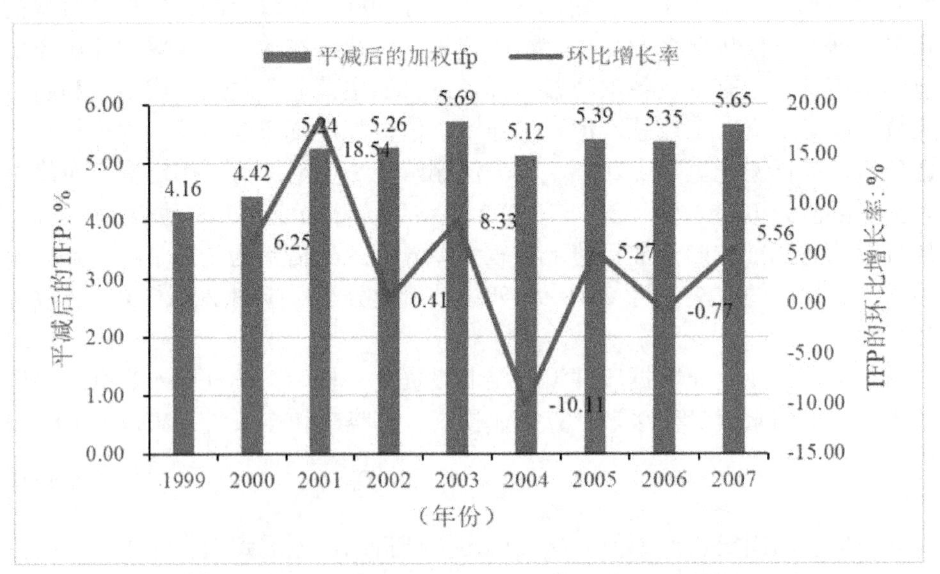

图 4-5 电力设备制造行业的全要素生产率估计值及增长趋势（1999-2007）

（2）消费者剩余与生产者剩余（企业利润）的测度。根据经济学理论，消费者剩余一般是指消费者愿意支付的费用与实际支付的费用差额；而生产者剩余则

① 需要说明的是，在使用 O-P 方法测算企业全要素生产率的过程中，容易发现 2004 年的投资多为负数。依照 Mankiw（2010）对“企业存货的负投资”的定义，作者推测是由于 2002 年至 2003 年中国发生了严重的 SARS 疫情，阻碍了交易的发生，并产生了大量存货库存，当 2004 年疫情结束，生产与消费恢复之后，带来了存货投资的大量、集中消耗。这也是 2004 年全要素生产率明显下滑的原因。此类情形不仅存在于电力设备制造业，同样普遍存在于中国制造业之中，杨汝岱（2015）的图 3 及其分析可以佐证。

是厂商销售收入与总（边际）成本的差额。生产者剩余一般与企业利润概念相同，此处同样以企业利润来衡量生产者剩余，计算的方法是：企业利润=主营业务收入－主营业务成本。企业利润很容易计算得到，而消费者剩余的估算，则要相对繁琐一些。此处借鉴了孙睿君和钟笑寒（2005）利用马歇尔需求函数，来估计消费者剩余的方法。电力供应行业的消费者剩余是消费者愿意支付的电价费用与实际支付的电价费用差额，可以表示为：

$$C^s \equiv \int_0^q [v(x) - p(x)]dx = \int_0^{q_1} D^{-1}\left(q，age，education，income\right) dq - P_1 * q_1 \quad (4\text{-}21)$$

其中$P = D^{-1}\left(q，age，education，income\right)$作为逆需求函数，可以用来表示消费者愿意支付的费用[①]，P_1表示实际电力价格；q 表示人均用电量，q_1表示实际人均消费电量；age表示年龄结构，$education$表示受教育水平。$income$表示人均收入水平。

第一步，需要做的是估计出中国电力行业消费者的逆需求函数。如果电力价格代表的逆需求函数为线性函数，那么有：

$$P_{it} = \beta_0 + \beta_1 q_{it} + \beta_2 age_{it} + \beta_3 education_{it} + \beta_4 income_{it} + \gamma_i + \gamma_t + \varepsilon_{it} \quad (4\text{-}22)$$

如果电力行业消费者逆需求函数为半对数形式，那么有：

$$lnP_{it} = \beta_0 + \beta_1 q_{it} + \beta_2 age_{it} + \beta_3 education_{it} + \beta_4 income_{it} + \gamma_i + \gamma_t + \varepsilon_{it} \quad (4\text{-}23)$$

如果电力行业消费者逆需求函数为半对数形式，那么有：

$$lnP_{it} = \beta_0 + \beta_1 lnq_{it} + \beta_2 lnage_{it} + \beta_3 lneducation_{it} + \beta_4 lnincome_{it} + \gamma_i + \gamma_t + \varepsilon_{it} \quad (4\text{-}24)$$

其中γ_i与γ_t分别表示个体固定效应和时间固定效应，ε_{it}表示随机误差项。此处使用 1999 年至 2008 年《中国工业企业调查数据库》中电力供应企业（行业代码：4420）作为描述中国电力行业特征的样本数据构造一个非平衡面板，同时匹配使用《中国城市年鉴》（2000 年至 2009 年）各地市相关数据作为描述消费者特征的样本数据（由于中国超高压输电技术及其应用出现时间的较晚，所以假设在

① 因为消费者愿意支付的费用是消费者愿意购买的数量的反函数，反映的是心里的预期，所以不能简单地用现实中的某个变量（如价格）来替代，而要将需求函数关系式求解出来，然后代入相关变量估算得到。假定存在一个马歇尔需求函数：$q = D(P，P^i，age，education，income)$，那么必定存在一个逆需求函数：$P = D^{-1}(q，P^i，age，education，income)$。其中$P^i$表示替代品的价格，由于电力商品的特殊性，此处在构造模型时将替代品的价格变量舍弃。

样本期间内不存在远距离输配电行为，即发电企业在当地构成一个个独立分割的市场）。需要说明的是，除了剔除工业增加值、固定资产净值、从业人员等数值为 0 的企业样本外，此处还剔除了匹配不到《城市年鉴》中相关数据（如人居用电量、人均受教育程度等）的企业样本。

电力价格P_{it}使用的是《中国物价年鉴》（2000 年至 2009 年）“36 个大中城市主要服务项目平均价格统计”中的“居民用电 220V（元/百千瓦时）”相关数据①，而不是电力行业全部的分类电价或其（加权）平均值。这主要是受到数据的可获得性的影响，一方面，通过公开数据只能得到各地的居民电价；另一方面，（分割的）供电市场中，居民消费者数据较为容易得到，而生产者数据不易获得。此处人均电力消费量q_{it}使用的是《中国城市年鉴》中“居民人均用电量”，由于其单位是“千瓦时”（即我们习惯的“度”），而电力价格P_{it}的单位为“元/百千瓦时”。为统一起见，将人均电力消费量q_{it}的样本数据“居民人均用电量（千瓦时）”统一除以一百，得到“居民人均用电量（百千瓦时）”的数值。教育$education_{it}$采用了《中国城市年鉴》中“城市每万人专任教师人数”作为代理变量，而年龄age_{it}则采用了《中国城市年鉴》中“城市人口自然增长率”作为代理变量②。另外，为消除通货膨胀因素对居民收入与消费的影响，此处对电力价格与居民收入数据依照 CPI 指数进行了平减。最终得到的回归结果如表 4-2 所示。

通过表 4-2 可以发现：①主要解释变量的系数估计值大部分显著（特别是线性模型均显著），说明它们对被解释变量P_{it}的影响（从统计学意义上）是可信的。②其中人均电力消费、地区年龄结构与人均收入水平对电力价格的影响为正，而人均受教育程度的影响为负。这说明：消费量越大，消费者愿意支付的价格越高；年龄越轻，愿意支付的电价越高（或者年龄越高，愿意支付的电价越低）；收入水

① 值得注意的是中国 2005 年的电力改革，使得 2007 年及其后《中国物价年鉴》不再报告“居民用电价格”指标，转而报告“销售价格”与“输配价格”，于是，此处将 2006 年之后的电力价格以“销售价格”为基础设定。另外，中国的电力价格基本上每个省份指定统一的电价，可以通过表 4-1 所列浙江省统一的电网销售价格以及《中国物价年鉴》36 个大中城市中同一省区的城市（比如沈阳和大连、济南和青岛、福州和厦门等）相同电价证明。据此，此处按照“同省同价”的原则，对每家样本发电企业赋予适当的电力价格P_{it}。

② 通常教育的对应代理变量为“城市每万人在校大学生人数”，但是在样本统计期内（1998-2008 年）许多地级市并不存在高校。比如根据《城市统计年鉴》，1998 年时 654 个样本城市中有 454 个城市没有在校大学生人数数据。在考虑教育部门对中小学师生比例有较为严格的规定的情况下，此处考虑使用“城市每万人专任教师人数”作为代理变量，并且这一指标也常被用作教育地区差距的衡量指标（梁丽婷和董茜，2016）。年龄数据通常会以“某一年龄段占人口的比重”作为代理变量，但是这些数据只方便在省级层面得到。由于数据的不可得，以及考虑人口自然增长率是反映地区人口老龄化差异的重要指标（蔡昉等，2004），此处采用了“城市人口自然增长率”作为代理变量。

平越高，愿意支付的电价越高；教育程度越高，愿意支付的电价越低。③对比三种形式模型的回归结果，发现：半对数模型的“人均收入水平”系数的估计值不显著；全对数模型“人均受教育程度”和“人均收入水平”系数的估计值不显著；而（4-22）式的线性模型的估计系数均显著，拟合优度也较为理想。所以，最终选择以线性模型作为中国电力行业的逆需求函数形式。

表 4-2　对逆弹性需求三种函数形式的回归结果比较

被解释变量 / 解释变量	电力产品价格		
	线性模型（4-22）式	半对数模型（4-23）式	全对数模型（4-24）式
人均电力消费量	0.279*** （5.98）	0.012*** （8.60）	0.016*** （2.91）
地区年龄结构	0.042*** （3.27）	0.001** （2.17）	0.013*** （4.87）
人均受教育程度	-0.020** （-1.96）	-0.001** （-2.25）	-0.020 （-0.57）
人均收入水平	0.0008** （2.48）	8.43e-07 （1.42）	-0.001 （-0.09）
截距项	44.895*** （52.24）	3.785*** （177.61）	3.847*** （22.33）
控制个体固定效应	Y	Y	Y
控制时间固定效应	Y	Y	Y
F 统计量	1148.598	1725.003	1729.571
R^2	0.774	0.790	0.780
观测值	12952	12949	12605

注：*、**、***分别代表 10%、5%与 1%的显著性水平。括号内为 t 统计量。另外，观测值数量的差异，是因为某些数据（人口自然增长率）为负，无法取对数的缘故。

第二步，在选择（4-22）式的函数形式，并估计出（4-22）式中的相关参数（即得到逆需求函数的完整表达式）之后，将其代入（4-21）式，经过简单的变换与整理，便可以得到样本企业对应年度消费者剩余的估计值，具体的函数形式如下：

$$C_{it}^{s}=\frac{\beta_1}{2}*q_{it}^{2}+[\beta_0+\beta_2 age_{it}+\beta_3 education_{it}+\beta_4 income_{it}]*q_{it}-P_{it}*q_{it} \quad (4-25)$$

其中P_{it}为样本电力供应企业的价格，q_{it}为样本电力供应企业对应的人均电力消费量。最终估算得到中国规模以上电力供应企业的消费剩余与生产者剩余（1999年至2008年），其平均趋势如图4-6所示，其中每个年度电力供应行业的平均利润使用“工业增加值”加权，而电力供应行业每年的平均消费者剩余使用“人均用电量”加权。

从中可以发现：①消费者剩余在样本期内始终处于上升的趋势，但是居民收入水平提高带来的收入效应还是电力产品价格（相对）下降带来的替代效应，无法直接得到结论。②生产者剩余（或者说企业利润）在样本期内，虽有波折，但整体呈现上升趋势。同样难以甄别出企业利润上升的真实原因，以及与电力价格改革的关系。③直观上看，2005年中国电力行业价格改革，对电力行业的生产者剩余与消费者剩余的发展趋势并未产生明显的拐点效应。因此，需要运用计量经济学DID（或PSM-DID）的方法，消减趋势影响，实现因果识别的目的。

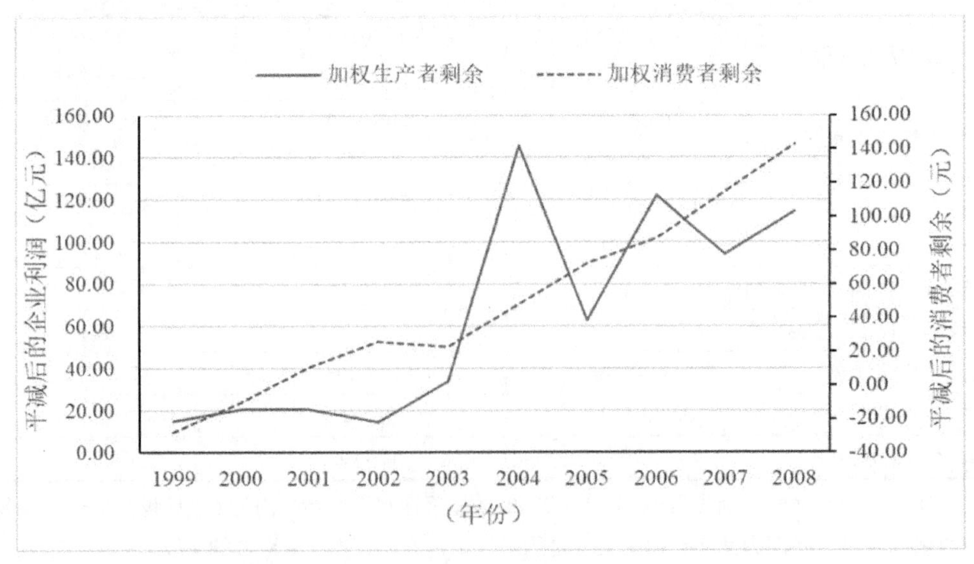

图4-6　电力供应行业生产者剩余与消费者剩余平均趋势（1999-2008）

三、回归结果与分析

在得到技术进步率（全要素生产率的环比增长率）、消费者剩余与生产者剩余的基础上，根据（4-17）式与（4-18）式的双重差分计量模型，表4-3与表4-4分别给出了2005年中国电力行业价格改革带来的市场绩效分析。

表 4-3　关于消费者剩余的双重差分回归结果

模型	DID		
被解释变量	C_{it}^{s}（1）	C_{it}^{s}（2）	C_{it}^{s}（3）
$lnTFP_{t-1}^{instrument}$	399.124*** （20.48）	397.349*** （20.39）	395.191*** （19.32）
DD_{it}	−8.669*** （−3.89）	−8.804*** （−3.95）	−9.700*** （−4.48）
$Time_{it}$	60.623*** （29.40）	60.677*** （29.35）	60.593*** （28.32）
$Incumbent_{it}$	8.381*** （4.99）	8.198*** （4.42）	8.304*** （4.49）
企业规模（$Staff_{it}$）	—	0.001*** （3.63）	−0.0001 （−0.25）
企业年龄（Age_{it}）	—	−0.0003 （−0.01）	−0.002 （−0.07）
企业固定资产投资（$Invest_{it-1}$）	—	—	1.30e−06* （1.79）
截距项	−659.708*** （19.49）	−657.003*** （−19.42）	−652.852*** （−18.40）
R^2	0.207	0.208	0.213
观测值	7588	7585	7140

注：*、**、***分别代表 10%、5%与 1%的显著性水平。括号内为 t 统计量（或 z 值统计量）。

通过表 4-3，可以发现：①上游设备制造行业的技术进步率（$lnTFP_{t-1}^{instrument}$），对自然垄断行业的消费者剩余产生正向的影响，并且在统计学意义上显著。②虚拟变量$Incumbent_{it}$的回归结果，表明在位企业相比新进入企业对消费者剩余的正面影响，并且在统计学意义上显著。表明平均投资成本制定“容量价格”给新进入企业预留了充分“盈利空间”，而压缩了在位企业的成本加成率。③虚拟变量$Time_{it}$系数为正，并且显著，说明改革之后消费者剩余显著提升。④倍差统计量DD_{it}系数为负，并且显著。说明价格改革中，在位企业相比竞争对手对消费者剩余的影响为负。原因很可能是在位企业采取了“策略性”行为，扭曲了市场价格，一如本书第三章所分析的那样。

表 4-4　关于厂商利润的双重差分回归结果

模型	DID		
被解释变量	π_{it}（1）	π_{it}（2）	π_{it}（3）
$lnTFP_{t-1}^{instrument}$	-6.540 （-0.99）	-16.700*** （-2.69）	-9.62* （-1.77）
DD_{it}	-0.262 （-0.38）	-1.090* （-1.62）	-1.54** （-2.44）
$Time_{it}$	0.835* （1.76）	1.296** （2.23）	0.951 （1.32）
$Incumbent_{it}$	1.411*** （2.75）	1.715*** （3.16）	1.743*** （3.05）
企业规模（$Staff_{it}$）	—	0.006*** （3.93）	0.007*** （2.71）
企业年龄（Age_{it}）	—	-0.072*** （-3.67）	-0.077*** （-2.96）
固定投资（$Invest_{it-1}$）	—	—	0.24e-06** （2.45）
截距项	12.400 （1.08）	28.000*** （2.65）	1.540* （1.71）
R^2	0.001	0.377	0.554
观测值	7588	7585	7140

注：*、**、***分别代表 10%、5%与 1%的显著性水平。括号内为 t 统计量。

表 4-4 的回归结果清楚地表明：①直接按照（4-18）式进行回归得到的结果拟合度较低，并且回归得到解释变量的系数大多不显著。这是因为影响企业利润的外生变量还有许多，比如企业的规模与企业的存续时间等。加入这些控制变量（以企业员工$Staff_{it}$代表企业规模、企业存续时间Age_{it}直接用样本年份减去企业成立年份得到）之后，回归的结果得到了显著的改进。②加入控制变量之后，可以发现技术进步率（$lnTFP_{t-1}^{instrument}$）对企业利润的影响为负，并且显著，说明技术进步带来了“经济性闲置”问题，并且损害了企业的福利。③虚拟变量$Time_{it}$与虚拟变量$Incumbent_{it}$系数均为正，并且显著，说明改革之后生产者福利也得到了显著提升，并且在位企业比进入者的盈利更多。表明在位企业的“策略性”行为扭曲了市场价格，改善了自身的福利水平而降低了竞争对手的福利，参见本书第三章的分析。④倍差统计量DD_{it}系数为负，并且显著，说明价格改革对在位企业的投资成本回收产生了不良影响，带来了“经济性闲置”，并最终降低了在位企业利润水平。但是由于在位企业的“策略性行为”，可以将损失转嫁出去，所以相比消费者剩余的倍差

统计量DD_{it}的系数，生产者剩余的倍差统计量DD_{it}系数显著性要低得多。

综上，回归结果验证了理论分析部分的三个问题：①上游设备制造业的技术进步是增加了消费者福利，但是降低了企业利润水平。②可竞争领域引入竞争，改进了消费者福利，同时损害了在位企业的利润。③在位企业利润的受损，极大可能是由技术进步带来的“经济性闲置”引起的。此外，回归结果还验证了：在位企业会利用信息优势和与垄断瓶颈的关联关系，扭曲价格等市场指标，维护自身的利润水平不变，同时削弱了消费者与竞争对手的福利水平改进程度。

四、进一步分析

理论部分发现，竞争性改革会带来价格上升与投资激励下降。价格上升是伴随社会福利改进的副产品，企业固定投资激励的下降是造成社会福利损失的关键因素。为验证该结论，此处将识别竞争性改革对固定资产投资的因果关系，并检验固定投资对消费者福利与厂商福利的影响。

（1）双重差分模型基础上引入控制变量“企业固定资产投资”（$Invest_{it-1}$），回归结果见表 4-3 和表 4-4，从中发现：企业固定资产投资对消费者剩余与企业利润的影响均为正，并且显著。表明固定资产投资处于恰当的水平范围内，不存在过度的投资。此时自然垄断行业的当务之急是增加投资，如果固定资产投资因为竞争性改革而下降，社会总福利必然会受到负面影响。

表 4-5　电力企业固定资产投资的双重差分回归结果

模型	DID	
被解释变量	$Invest_{it}$	$Invest_{it}$
$lnTFP_{t-1}^{instrument}$	0.316** （2.27）	0.144 （0.98）
DD_{it}	−0.248 （−1.14）	−0.392* （−1.95）
$Time_{it}$	0.146 （−0.90）	−0.622 （−0.38）
$Incumbent_{it}$	0.332* （1.68）	0.437** （2.23）
企业规模（$Staff_{it}$）	—	1.08e−05** （2.43）
企业年龄（Age_{it}）	—	−0.148e−04** （−2.43）

续表

模型	DID	
被解释变量	$Invest_{it}$	$Invest_{it}$
截距项	-0.506** （-2.09）	-0.242 （-0.98）
R^2	0.003	0.238
观测值	7585	7585

注：*、**、***分别代表 10%、5%与 1%的显著性水平。括号内为 t 统计量。

（2）为识别竞争性价格改革对企业固定投资的因果关系，进而验证竞争性改革同降低社会总福利的作用机制。此处以企业固定资产投资（$Invest_{it}$）作为被解释变量重新进行 DID 分析，结果见表 4-5。在加入控制变量后，倍差统计量的回归系数为负并且显著，表明竞争性改革带来了企业固定资产投资的下降。结合表 4-3 和表 4-4 第三列回归结果的分析，容易得出“竞争性改革降低固定资产投资，固定资产投资会减少降低生产者剩余与消费者剩余，最终损害社会总福利”的结论。

五、内生性与稳健性检验

为保证样本选择的随机性，通常对 DID 基础上加入倾向得分匹配法（PSM）来控制不随时间变化的时间差异，如钱炳（2017）和陈林（2018）的研究都使用 PSM-DID 分析。参照余明桂等（2016）的方案，通过选择企业规模、资产负债率、资产收益率、企业资本性支出与企业固定资产规模为特征变量，对实验组与对照组进行 Probit 回归，并根据得分进行一一匹配。经过 PSM 处理后的回归结果如表 4-6 所示，与之前的回归结果（表 4-3 和表 4-4）一致。

表 4-6　消费者剩余与企业利润的 PSM-DID 回归结果

模型	PSM-DID	
被解释变量	C_{it}^{s}	π_{it}
DD_{it}	-9.501** （-2.57）	-1.70* （-1.66）
Control	控制	控制
R^2	0.23	0.57
观测值	7033	7033

注：*、**、***分别代表 10%、5%与 1%的显著性水平。括号内为 t 统计量。

为检验研究对象是否适用DID模型，对消费者剩余与企业利润的实验组与控制组进行了同趋势检验，结果如图4-7所示。从中可以发现：价格改革前，无论消费者福利还是企业利润都大致维持相似的变化趋势；价格改革后，实验组与对照组的变化趋势出现了偏离，并随时间逐渐拉大。这表明此处选用DID模型检验竞争性价格改革对社会福利影响符合“同趋势假设”。

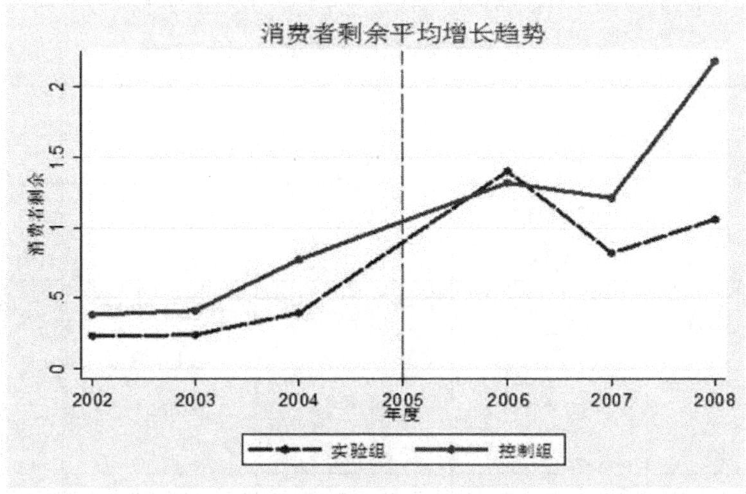

图（a）

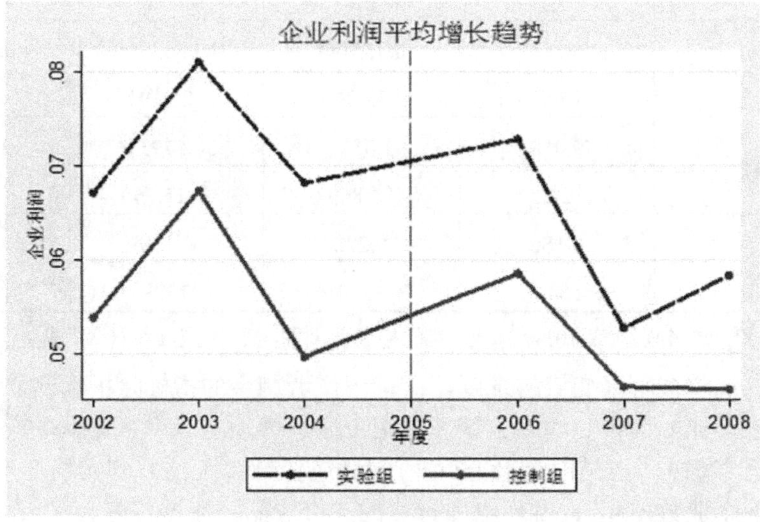

图（b）

图4-7　消费者剩余与企业利润平均增长趋势图

此处为了检验稳健性，首先，调整解释变量的样本数据。在表 4-6 的分析中，实际上加入企业规模与企业年龄两个控制变量，系数符号与显著性水平未发生变化，即是一种稳健性检验。同时考虑上游设备制造业的技术进步，对下游电力行业的影响周期并不确定，所以对技术进步率的滞后期进行了调整，分别选择滞后 0 期与滞后 2 期重新进行 DID 分析，结果如表 4-7 和表 4-8 所示。系数符号与显著性水平同样证明了结果的稳健性。

表 4-7　关于消费者剩余的双重差分回归结果

模型	DID			
被解释变量	C_{it}^{s}	lnC_{it}^{s}	C_{it}^{s}	lnC_{it}^{s}
$lnTFP_{t}^{instrument}$	67.710*** （3.15）	1.043** （2.04）	—	—
$lnTFP_{t-2}^{instrument}$	—	—	202.438*** （17.49）	2.803*** （11.91）
DD_{it}	0.891 （0.41）	0.020 （0.33）	-8.859*** （-4.04）	-0.103* （-1.79）
$Time_{it}$	-0.739 （-0.47）	-0.040 （-0.73）	7.562*** （4.71）	0.069 （1.26）
$Incumbent_{it}$	32.618*** （15.53）	0.735*** （12.26）	49.553*** （26.19）	0.947*** （17.95）
截距项	-79.018** （-2.25）	1.557* （1.86）	-302.793*** （-15.76）	-1.373*** （-3.49）
R^2	0.186	0.228	0.189	0.277
观测值	5345	5274	7588	7517

注：*、**、***分别代表 10%、5%与 1%的显著性水平。括号内为 t 统计量（或 z 值统计量）。

其次，调整被解释变量的维度。衡量生产者剩余的指标除了利润之外，还包括其他标准，比如销售利润率、管理费用占比、劳动生产率、资本生产率等（盛丹和刘灿雷，2016）。但是由于电力行业产品的特殊性，无法找到实物产量数据（即查阅“工业企业数据库”，发现电力行业的“产成品”数据普遍为 0），因此只考虑使用前两个维度指标替换企业利润，重新进行 DID 分析，结果如下表 4-9 所示。系数符号与显著性水平同样证明了结果的稳健性。

表 4-8　关于生产者剩余的双重差分回归结果

模型	DID			
被解释变量	π_{it}^{s}	$ln\pi_{it}^{s}$	π_{it}^{s}	$ln\pi_{it}^{s}$
$lnTFP_{t}^{instrument}$	10.300 （0.87）	4.627*** （3.40）	—	—
$lnTFP_{t-2}^{instrument}$	—	—	-2.230 （-0.63）	1.286** （2.23）
DD_{it}	-1.190 （-1.46）	-0.082 （-0.57）	-1.290* （-1.86）	-0.140 （-1.03）
$Time_{it}$	2.149*** （3.08）	0.068 （0.52）	1.986*** （3.59）	0.124 （0.95）
$Incumbent_{it}$	2.042** （2.30）	0.216 （1.56）	1.742*** （2.94）	0.385*** （3.15）
企业规模（$staff_{it}$）	0.010*** （3.68）	0.0004*** （4.53）	0.006*** （3.92）	0.0003*** （5.15）
企业年龄（age_{it}）	-0.105*** （-3.95）	0.0002 （0.13）	-0.072*** （-3.66）	0.003* （1.94）
截距项	-19.000 （-1.00）	0.402 （0.18）	2.659 （0.48）	5.903*** （6.15）
R^2	0.469	0.098	0.376	0.079
观测值	5342	4740	7585	6645

注：*、**、***分别代表 10%、5%与 1%的显著性水平。括号内为 t 统计量（或 z 值统计量）。

表 4-9　关于生产者剩余的双重差分回归结果

模型	DID			
被解释变量	π_{it}^{s} （销售利润率）	$ln\pi_{it}^{s}$ （销售利润率）	π_{it}^{s} （管理费占比）	$ln\pi_{it}^{s}$ （管理费占比）
$lnTFP_{t-1}^{instrument}$	-0.049 （-0.23）	2.528 （2.92）	-0.107 （-1.47）	-6.337*** （-8.63）
DD_{it}	0.078*** （2.89）	0.177 （0.99）	0.008 （0.48）	0.072 （0.60）
$Time_{it}$	-0.086*** （-2.92）	-0.241 （-1.39）	0.015 （0.93）	0.185* （1.64）

续表

模型	DID			
被解释变量	π_{it}^{s} （销售利润率）	$ln\pi_{it}^{s}$ （销售利润率）	π_{it}^{s} （管理费占比）	$ln\pi_{it}^{s}$ （管理费占比）
$Incumbent_{it}$	-0.008 （-0.40）	0.141 （0.83）	-0.048*** （-3.02）	-0.573*** （-4.97）
企业规模（$staff_{it}$）	3.76e-07 （0.34）	-0.0003*** （-3.31）	6.86e-06*** （-4.13）	0.0001*** （-4.29）
企业年龄（age_{it}）	-0.001*** （-3.94）	-0.027 （-15.72）	0.0004*** （2.68）	0.0001 （-0.03）
截距项	0.147 （0.39）	-7.050 （-4.67）	0.312** （2.45）	8.296*** （6.50）
R^2	0.008	0.081	0.023	0.044
观测值	7428	5211	7428	6506

注：*、**、***分别代表10%、5%与1%的显著性水平。括号内为t统计量（或z值统计量）。

本章小结

Laffont and Tirole（2000）在对欧美“规制革命”的经验总结中认为，“政策选择的效果往往能通过遵守经济理论得到的基本原则而得到改善”，这句话在中国自然垄断行业的改革中同样得到了证明。2005年中国电力行业的价格改革，诸多政策的出发点来自前期经济学家的理论分析与建议（王俊豪，2001；于良春与张伟，2003等）。这次改革最重要的成果就是引入了竞争，在可竞争市场（发电市场）实施了“厂网分离”与“竞价上网”，使得社会成本的软预算约束收紧，从而规避了“A-J效应”。并且，此处电力行业价格改革业已被证明部分地改善了市场绩效（钱炳，2017）。

但是，自然垄断行业的规制作为世界性难题，难以“毕其功于一役”，2005年中国电力价格改革之后，仍然存在着诸多问题。一个突出的表现就是，价格改革之后，依然要依靠中央政府的行政命令来降低市场价格。通过本章的理论分析与实证检验，可以发现：原因在于开放竞争与技术进步同时存在的条件下，在位企业的前期资本投入很容易形成“经济性闲置”。垄断厂商由于前期资本难以回收，而降低“事前”投资与维护技术设备的积极性，并且容易诱发垄断企业“策略性行为”，扭曲市场价格与资源配置。因此，未来改革的方向，一方面，在于政府定价中考虑技术进步的影响；另一方面，在于充分利用信息、设计激励相容，实现激励规制。

由于信息不对称问题的存在，使得关键变量不可取（或不可信），所以本章没有给出激励性规制策略改进网络型自然垄断行业市场绩效的实证检验。但是这并非不可验证，在数据充分的条件下，可以借鉴宏观经济学的 DSGE 模型，将激励性定价的效果以仿真的方式获得，并作为“冲击”引入原 DSGE 模型，最后进行福利对比来验证结论。另外，现实中自然垄断行业的固定资产投资，除了提升产量的投资之外，还有大量用于提高服务质量的投资。后一种投资不会直接影响企业的产出水平，但却会增加定价成本。Vareda（2010）等发现此类固定资产投资的异质性问题，会对政府定价与激励规制设计产生较大的影响。加入对异质性问题的识别和考察，这是研究自然垄断行业的一个重要方向。

第五章　网络型自然垄断行业普遍服务义务与激励规制

前文不止一次地谈到政府分类定价中的"歧视性行为"。基于"普遍服务义务"的原则，垄断企业既不能在孤岛或农村等高成本地区收取高价（也不能停止服务），同时还要向低收入人群与弱势群体提供低于成本的价格，以保障其基本生活需求。由此带来的企业亏损，必须依靠提高其他（不受补贴的）产品价格来补偿，由此形成了多产品垄断厂商的"交叉补贴"问题。围绕普遍服务义务相关的信息不对称与激励问题，本章首先从消费者与社会计划者的最优策略出发，考察了直接税与间接税的最优方案。其次，本章利用模糊断点回归的方法对 CHIPS 数据中的家庭居住性消费进行检验，证明了政策受到信息问题的影响会产生不同的效果。委托代理问题的化解最终还是需要依靠激励规制。

第一节　引　　言

交叉补贴行为会扭曲市场资源的有效配置（参见本书第二章的分析）[①]，并且在"规制改革"的背景下，提供补贴资金来源的领域日益受到限制。比如"开放可竞争市场"后，进入者做出的"撇脂"行为，即进入者只会进入高价格区域（补贴资金的来源区域），并与在位者开展竞争，而不会进入低价格区域（"普遍服务"下政策性亏损的来源区域）。

一、提出问题

开放市场后，竞争对手的"撇脂"行为明显会减少补贴资金的来源，使得原有的"交叉补贴"机制难以为继。于是，规制部门设计出了新的补贴方案，如消费者在购买公共产品时，需要额外缴纳"消费税"，以此来补贴提供"普遍服务"的在位厂商。现实生活中"水资源税（费）""电力附加费"等就属于此种类型。

① "扭曲"一词经常在学术讨论与文献中出现，但却往往被误解。其准确的含义应该是"实际价格对从社会福利函数推导出的 Ramsey 最优价格的偏离"，或者"勒纳指数与不受规制的垄断价格之差"（Laffont and Tirole，2000）。

（1）自然垄断行业的“普遍服务义务”，是化解新时期主要社会矛盾，推动中国经济稳步迈向高质量发展阶段的客观要求。改革开放四十年来，中国的经济社会发展取得了巨大的进步。曾经长期困扰中国人民的“供给不足”问题基本得到了解决，中国社会的主要矛盾已经由“人民日益增长的物质文化需要同落后的社会生产之间的矛盾”（见中国共产党第十一届六中全会《关于建国以来党的若干历史问题的决议》）转变为“人民日益增长的美好生活需要和不平衡不充分的发展之间的矛盾”（见中国共产党第十九次全国代表大会《决胜全面建成小康社会，夺取新时代中国特色社会主义伟大胜利》主题报告）。“不平衡”主要体现在：实体经济与虚拟经济不平衡、区域发展不平衡、城乡发展不平衡、收入分配不平衡、经济与社会发展不平衡以及经济与生态发展不平衡（李伟，2018）。就自然垄断行业而言，其主要产品（水电燃料等），在城乡之间、在东中西的区域之间、在不同收入的群体之间存在巨大的差距。各国政府应对“不平衡”问题的再分配和区域发展规划的动机，在经济学理论中常与“普遍服务义务”相联系（Laffont and Tirole，2000）。

中国特色社会主义进入新时期，自然垄断行业解决“普遍服务义务”问题依然任重而道远。自来水、电力、通信、公共交通、天然气等产品和服务，虽然都是由各自行业内的垄断企业提供，但是其基础设施建设往往大量依赖于政府投资（特别是地方政府融资平台）。由于中国经济呈现明显的东中西区域差异以及城乡二元化差异，地方财政差距（城乡财政差距）明显，必然会影响到自然垄断行业产品的供给。同时，自然垄断行业的产品具有明显的规模报酬递增（边际成本递减）的特征，东中西部与城乡之间聚集的消费人口差距明显，同样会影响企业的投资与经验决策。随着中国区域平衡发展政策的落实，自然垄断行业产品供应在区域与城乡间的不平衡问题得到了极大的缓解，即使偏远的孤岛、高原和乡村也基本实现了“村村通”“户户通”[①]。与此同时，由于现阶段不同收入群体间的差距并未出现缩小的趋势，困难群体的基本生活保障支出与消费成为摆在中国各级政府部门面前的突出难题。

（2）现阶段，中国自然垄断行业的“普遍服务义务”，矛盾集中存在于“不同收入群体”之间的消费不平衡问题。虽然历经多年改革，居民的收入差距扩大问题始终困扰着中国各级政府与广大人民群众。不同收入群体由于各自家庭收入的差异，在购买水电燃料等产品时，消费量存在较大差异。自然垄断行业产品（水电燃料等）往往是居民赖以生存的基本生活资料，由于收入而被迫降低消费水平（甚至低于基本生活标准），不仅破坏社会稳定、有损“道路自信”，而且会对经

① “村村通”是中国政府监督实施的一个系统工程，其包涵有:公路、电力、生活和饮用水、电话网、有线电视网、互联网等。

济发展产生较大的负外部性影响（因为会影响到劳动力的生产与再生产）。在经济学理论和各国规制实践中，对于收入差距与“普遍服务义务”的矛盾，解决的办法一般分为两种。一个是直接税方案，即通过征收收入税（所得税）与转移支付（社会保障金）的形式，实现收入再分配；另一个是间接税方案，主要做法是通过消费税（费）的形式，操纵产品与服务的相对价格，实现收入再分配（类似于斯拉茨基方程中的希克斯效应，但却多出了消费者偏好异质性以及“补偿价格”机制）。

Atkinson and Stiglitz（1976）曾证明间接税相比直接税更能保证市场绩效。因为规制部门和税务部门不能代替消费者来决定消费组合。特别是当消费者对产品有着类似的相对偏好，扭曲相对价格不具备任何合理性。但是，如果收入的差距会带来消费者的相对偏好的差异，政府对主要由富人享用的产品和服务征税，补贴主要由穷人消费的产品将具有价值。

（3）公用事业产品的政府定价与税收结构连系紧密。政府定价不仅包括厂商索取的价格，往往还包括消费税等间接税。间接税在中国最主要的体现是消费税（增值税）[①]，《中华人民共和国增值税暂行条例》规定“自来水、暖气、冷气、热水、煤气、石油液化气、天然气、沼气、居民用煤炭制品增值税率为13%”。间接税的重要特征就是可以将税负转嫁给他人，事实也是如此，中国的居民与其他消费者在购买公用事业产品时，实际上为国家缴纳了厂商增值额（即成本加成额）13%的增值税。由于中国所有公用事业产品实行统一税率，尤其是相同的产品不会因为消费者的类型（收入或地区）而在增值税上有歧视，所以增值税的征收过程并不发生激励作用。中国的很多公用事业也征收直接税（或类似直接税的费用）。比如“费改税”后的水资源税、电力建设基金等电力附加费等。在中国，这些针对公用事业的直接税的征收，往往带有歧视性，除此之外，“普遍服务义务”更多地体现在征收之后，转移支付的发放上。

（4）相关政策与措施的出台，虽然整体上符合经济学一般理论，但具体实施细节却往往是“大拇指”法则的产物。虽然随着改革的深入，中国政府逐步认识到了自然垄断行业的“普遍服务义务”，并在直接税与间接税两个方面，出台了相应的政策。1999年政府出台了《关于做好国有企业下岗职工基本生活保障和城市居民最低生活保障制度衔接工作的通知》以及《中华人民共和国城市居民最低生活保障条例》[②]，不仅标志着中国基本生活保障制度的初步建立，而且在其中充分

① 间接税是指纳税人能将税负转嫁给他人负担的税收。如营业税、消费税、增值税、关税等。

② 随着改革的不断推进，最低生活保障制度已经覆盖了中国的广大农村地区。截至2007年6月底，全国31个省区都已经建立了农村最低生活保障制度。

地考虑了自然垄断行业的“普遍服务义务”，要求“维持城市居民基本生活所必需的衣、食、住、水电、燃料和未成年人的义务教育费用”。

在自然垄断行业的分类定价与阶梯定价中，更多地体现了间接税负与交叉补贴效应。比如《销售电价管理暂行办法》规定“如果居民生活和农业生产电价低于平均电价，其差价由工商业及其他用户分摊”，又比如 2013 年《国家发展改革委、住房城乡建设部关于加快建立完善城镇居民用水阶梯价格制度的指导意见》要求“各地在建立居民阶梯水价制度工作时，要充分考虑低收入家庭经济承受能力，对低收入居民家庭可以设定一定数量的减免优惠水量或增加补贴等方式，确保其基本生活水平不因实施阶梯水价制度而降低”。并且许多省份的《供水条例》规定了对困难群众用水给予一定的优惠和补贴，有些地方实施的是直接现金补贴，而有些地方执行的是提供“免费水量”。在中国，自然垄断行业规制中的间接税方案（比如阶梯定价与分类定价）虽然基于“普遍服务义务”，同时也考虑了消费者之间的收入差距，但并未在现阶段形成正式、统一的制度安排。在具体的规制实践中，全凭垄断企业的自觉与规制部门的主观判断。

现代经济理论的发展，使得人们已经认识到信息不对称与激励问题是解决各类“委托—代理”问题的关键。理性的利益主体（厂商与消费者）往往都会利用自己的信息优势，谋取“租金”，使得稀缺的资源不能精确有效地分配给真正需要的群体，以“扭曲市场绩效”为代价的“普遍服务”变得“得不偿失”。现行自然垄断行业产品的税负标准与转移支付安排的依据来自哪里？是否体现经济学一般原理，能否改进消费者剩余和社会福利？中国特色社会主义进入新时期，在自然垄断行业中解决“不平衡不充分”的矛盾，任重而道远。

二、文献综述

自然垄断行业的“普遍服务义务”是深化国有企业改革的重要内容，是构建和谐社会的具体体现，解决新时期社会主要矛盾的关键。随着国有企业改革，特别是随着自然垄断行业改革的推进，中国学者已经开始认识到“普遍服务义务”与政策选择的重要性。王俊豪和高伟娜（2008）将“普遍服务义务”定义为：任何人、任何时点都能享受到服务，用户之间不存在价格与质量歧视以及消费者能够承受的价格。他们同时提出在可竞争改革和国企产权改革后，由于交叉补贴的“税基”在消失，需要新干预手段，比如借鉴美国和法国的做法，征收“普遍服务基金”。实际上是以直接税（普遍服务基金）补充间接税（交叉补贴）的方案的一个案例。

自然垄断行业的产品具有准公务物品性质，并且具有正的外部性，所以自然垄断行业往往被赋予“公益性”的目标，并由此引申出企业内部的交叉补贴、政府直接投资与各类优惠政策（王俊豪，2009）。但是，王俊豪（2009）的研究却没对消费者收入与消费中的信息问题（比如非困难群众的攀比）展开讨论。收入差距不仅会带来消费组合的不同，并且会对消费者的可承受价格（可承受的花费除以保障基本生活的消费量）造成影响，从而破坏“普遍服务”。杨兰品和郑飞（2011）在回顾中国自然垄断行业内部员工偏高收入的成因、影响与对策的过程中，认识到收入分配差距对社会的深远影响。但是，他们的研究集中在行业内职工的收入的视角，仅仅关注到了收入差距带来的“消费外部性”（消费示范效应等），却忽略了许多影响程度更深的问题，比如通过对收入的征税来实现再分配。此外，杨永忠（2006）认为由于收入差距使得收入人群的需求曲线向左下方移动，政府定价无法避免低收入群体的福利损失，但是忽视了消费者的私人信息以及由此带来的“混同”问题。高伟娜（2011）从静态博弈视角分析了消费者、垄断厂商与社会计划者围绕自然垄断行业投资中的“普遍服务义务”（即对偏远地区基础设施的投资与维护）的局面、支付与调整策略，但是缺乏对参与人（特别是消费者）多期的策略与支付的动态分析。

以上（早期）研究除了各自不同的贡献与不足外，还存在着一个共同的问题，就是在学术分析中缺乏理论支撑和规范的研究框架，在指导实践中缺乏系统性和可操作性。后续有些学者开始尝试在中国自然垄断行业的“普遍服务义务”研究中引入规范和实证的研究方法。比如王俊和昌忠泽（2007）通过 HDI 指数的测算与回归分析，尝试分析超越（产业组织理论）“普遍服务义务”更为宽泛的“社会服务义务”。但是，其计量模型的被解释变量（HDI 指数）作为复杂的“一揽子”指标（而非从经济理论中推导出的反映经济特征的指标），与主要解释变量之间的函数关系并不统一（甚至可能存在符号的矛盾）。不但不符合科学研究基本思路（与“奥卡姆剃刀定律”相左）、缺乏经济理论支撑，而且很容易推断其计量模型可能会违背经典假定（异方差、自相关、多重共线性、随机解释变量）。

唐要家和李增喜（2016）从消费者福利与价格可承受能力两个方面，估计了阶梯水价的不同方案对各类收入家庭（他们将其划分为 8 类）的福利影响，发现只有区别明显的阶梯水价（或更加偏向困难用户的阶梯水价调整）才能满足“普遍服务义务”的要求。但其分析方法犯了“卢卡斯批判”所否定的“以简约式的计量模型代替理性经济人的行为决策”的错误（Lucas，1976），由于“经济行动主体的理性预期”，其估计出的弹性系数一般不能用作政策模拟与选择。一个侧面的证据就是，国际学术界对阶梯电价或水价问题的实证分析，更多采用的是居民家庭的（微观）数据与断点回归方法（参见 Nataraj and Hanemann，2011；Mansur and Olmstead，2012）。

以上诸多国内学者对自然垄断行业“普遍服务义务”认识的不足，主要源自对规制经济理论认识不深，研究中缺乏严密的逻辑与演绎。事实上，经济学理论（特别是规制经济学）对自然垄断行业“普遍服务”的认识，早已突破对概念的思辨与对实践的归纳这两个层次。早期对自然垄断行业“普遍服务义务”的研究，集中于 A-S 定理的讨论中。Atkinson and Stiglitz（1976）提出再分配的最佳途径是直接对收入征税，间接税往往是低效率的。而 Farrell（1996）与 Hausman（1998）认为直接税所代表的再分配与区域发展规划背后往往隐藏着利益集团等复杂的情况，因此赞同实施间接税的方案。由于信息不对称，自然垄断行业“普遍服务”补贴（直接转移支付补贴或间接税率补贴）的研究大量使用委托-代理模型计算普遍服务补贴。实践中常见的有 Hatfield 模型、标尺成本模型（BCM1 与 BCM2）、成本代理模型等（Laffont and Tirole，2000）。此外，还有学者提出采取“特许权拍卖”的方法来确定普遍服务的补贴。比如 Auriol and Laffont（1992）、Mcguire and Riordan（1995）和 Stole（1994）有关分散授予特许权的拍卖和对偶源的正态模型。Dana and Spier（1994）关于内生性市场结构中的拍卖设计。虽然中国自然垄断行业进行“普遍服务义务”拍卖的条件尚不成熟，但是建立在信息不对称与“委托-代理”模型基础上的激励规制方法，对自然垄断行业“普遍服务”补贴的设计具有现实的指导意义。

综上，随着中国改革事业的推进，自然垄断行业的“普遍服务义务”问题日益引起社会关注，无论各级政府还是广大人民群众都迫切要求学术界能够给出操作性较强的指导。但是由于缺乏对现代经济理论的认识，许多的研究停留在概念的思辨与实践的归纳。本章尝试借鉴现代规制理论与最新的实证研究方法，对中国自然垄断行业“普遍服务义务”相关问题展开研究，创新之处在于：①在信息不对称条件下，运用最优税制理论研究网络型自然垄断行业的“普遍服务义务”问题，在间接税与直接税方案的设计中充分考察了“税收中性”；②在信息不对称条件下，使用委托-代理模型，在具体的方案设计中引入了“激励相容”；③利用模糊断点回归方法和微观（家庭消费）数据，检验了政策断点是否起到了“分离”作用。

第二节　理论模型推演

无论中国还是世界其他国家，网络型自然垄断行业长期存在着基于“普遍服务义务”的各种补贴政策。常见的有以工商企业用户补贴居民用户（间接税方案），以及为低收入者提供资金支持（直接税方案）。如何保证企业有激励去补贴低收入者（或高成本的偏远区域），特别是在信息不对称的条件下，需要激励规制理论来解决其中的“委托—代理”问题。

一、基本模型

在正式分析各种政策方案的经济学原理之前，需要先对参与主体及其最优决策做简单的梳理。需要说明的是，网络型自然垄断行业的企业承担的企业所得税与增值税，往往对消费者的消费组合影响不大。所以此处参考 Laffont and Tirole（2000）的分析框架与处理办法，省略了对垄断厂商最优决策的分析。

（一）消费者的最优决策

按照 Atkinson and Stiglitz（1976）的思路，假设存在 n 种商品，其价格分别为p_1，p_2，…，p_n,代表性的消费者对n种商品的消费量分别为q_1，q_2，…，q_n。为简化起见，假设消费者不存在投资与储蓄行为，同时也不考虑家庭与社会的抚养负担。消费者同时也是劳动者，代表性消费者（劳动者）的劳动（闲暇）为l，其收入为$I = wl$。但是消费者（劳动者）在取得收入的能力方面存在差异，体现在最终的收入上，就是每个人的工资水平存在差异，假定工资率水平处在$[\underline{w}, \overline{w}]$的区间范围内，并且其概率密度函数为$g(w)$。于是，消费者的决策行为，应该满足预算约束水平下的效用最大化，其中效用函数为：

$$\max_{(q_1, q_2, \cdots, q_n, l)} U(q_1, q_2, \cdots, q_n, l) \tag{5-1}$$

预算约束为：

$$\sum_i p_i q_i \leqslant wl \tag{5-2}$$

构造拉格朗日函数：

$$\mathcal{L} = U\left(q_1, q_2, \cdots, q_n, l\right) - \lambda\left[\sum_i p_i q_i - wl\right] \tag{5-3}$$

可以得到库恩—塔克条件，如下所示：

$$\frac{\partial \mathcal{L}}{\partial q_i} = \frac{\partial U}{\partial q_i} - \lambda p_i \equiv 0 \Leftrightarrow \frac{\partial U}{\partial q_i} = \lambda p_i \tag{5-4}$$

$$\frac{\partial \mathcal{L}}{\partial l} = \frac{\partial U}{\partial l} + \lambda w \equiv 0 \Leftrightarrow \frac{\partial U}{\partial l} = -\lambda w \tag{5-5}$$

$$\frac{\partial \mathcal{L}}{\partial \lambda} = \sum_i p_i q_i - wl \geqslant 0,\ \lambda\left[\sum_i p_i q_i - wl\right] \equiv 0,\ \lambda \geqslant 0 \tag{5-6}$$

其中λ表示预算约束的影子价格，当预算约束为紧的时候（$\sum_i p_i q_i = wl$），

$\lambda > 0$。当U函数与I函数存在具体函数形式时，可以得到均衡条件下的p_i、q_i与λ的具体取值。而在一般条件下，根据（5-4）式与（5-5）式，可以得到均衡条件：$\frac{\partial U}{\partial q_i} = \lambda p_i$与$\frac{\partial U}{\partial l} = -\lambda w$。即消费者消费产品获得效用等于产品价格乘以预算约束的影子价格；而消费者劳动时间投入的负效用等于工资率与影子价格的乘积。

（二）社会计划者的最优决策

如果社会计划者是"功利型"的，其目标应该是约束条件下的社会总福利最大化。假设$\varphi(U)$表示消费者效用水平为U时的边际社会总福利水平，于是，社会总福利函数可以表示为：

$$\int_{\underline{w}}^{\overline{w}} \varphi(U)\, g(w) dw \tag{5-7}$$

预算约束条件为：

$$\int_{\underline{w}}^{\overline{w}} [\textstyle\sum_i (p_i - c_i) q_i]\, g(w) dw \geqslant K \tag{5-8}$$

其中K是生产的固定成本，c_i是生产产品的边际成本（为简化起见，假设c_i是固定的）。（5-8）式的含义是厂商的"参与约束"应该满足销售收入（成本加成与销售量的乘积），能够保证固定投资成本的回收。

（三）加入"普遍服务义务"后的社会最优决策

假设在n种商品中，有某种商品（k）是居民消费者生活所必须的，并且其最低生活保障的消费量为q_k，对应的价格为p_k。于是，对于承担"普遍服务义务"的政府与自然垄断企业而言，应该保证：

$$p_k q_k \leqslant \rho^* wl \tag{5-9}$$

其中ρ表示居民对某类产品的消费占居民收入的比例，比如世界银行规定"城市自来水的消费应该不超过人均居民收入的3%"（唐要家和李增喜，2016），那么对于城市自来水行业而言，$\overline{\rho} = 0.03$。此外，为保障居民基本生活，对居民基本公共产品的消费数量往往有较为严格的规定，比如《城市居民生活用水量标准》（GB/T 50331-2002）规定六大区域的城市居民生活用水量上限与下限（在中国城市自来行业中，上下限通常是作用阶梯水价水量的重要参考），具体内容参见下表5-1。按照"国家标准"，比如湖北省的城市居民用水量应保证每人每天120升，那么对于湖北省城市居民，$\underline{q_k} \geqslant 120L/(人*d)$。

表 5-1　城市居民生活用水量标准

区域分区	日用水数量（L/人*d）	适用范围
一	80－135	黑龙江、吉林、辽宁、内蒙古
二	85－140	北京、天津、河北、山东、河南、山西、陕西、宁夏、甘肃
三	120－180	上海、江苏、浙江、福建、江西、湖北、湖南、安徽
四	150－220	广西、广东、海南
五	100－140	重庆、四川、贵州、云南
六	75－125	新疆、西藏、青海

资料来源：参考自《城市具名生活用水量标准》(GB/T 50331-2002)中的表 3.0.1。

对于社会计划者而言，可以从两个方面进行调整，以满足“普遍服务义务”。政府可采取的一个方案是间接税，直接对各类消费品的价格进行调节。在不改变消费者收入水平的条件下，对基本消费品k的价格与其他$n-k$类消费产品价格通过税收进行调整。即降低k类产品的销售价格，使得价格偏离企业最优决策的定价水平，带来企业盈利的下降。损失部分通过提高其他产品的消费税，然后转移给k类产品的生产企业。很明显，这扭曲了市场上许多产品的价格，使其偏离 Ramsey 最优定价标准。从功利的角度看，必然是以损失社会总体福利水平为代价。

社会计划者可采取的另一个方案是直接税与转移支付，即对居民的收入进行调节。规制部门与税务部门既观察不到w，也观察不到l①，但是可以较为完美地观察到消费者的收入信息$I=wl$。税务部门选择一个新的所得税方案$wl-D(wl)$，得到消费者税后的收入函数$D(wl)$。使得在市场销售价格维持不变的条件下，满足 $p_k \underline{q_k} \leqslant \overline{\rho}^* D(wl)$。此时，消费者最优决策的均衡条件变化为$\frac{\partial U}{\partial q_i}=\lambda p_i$与$\frac{\partial U}{\partial l}=-\lambda wD'(wl)$。即开征直接税后，消费者消费产品获得效用仍然等于产品价格乘以预算约束的影子价格；但消费者劳动时间投入的负效用等于工资率与影子价格的乘积再乘以税后边际收入。

① 最优所得税率与劳动供给弹性负相关，当劳动供给弹性小，即对工资率的变动表现为不敏感时，较高的税率不会干扰劳动供给，从而对经济效率产生大的影响，反之，若劳动供给弹性很大，对工资所得课以较高的税率则会导致实际工资率的下降，进而引起更大的劳动供给的减少（Stern，1976）。

二、间接税方案与激励规制

如果政府决策最终选择使用间接税(消费税)的方式来实现“普遍服务义务”，那么说明政府不是完全功利型的政府，或者说政府更加看重消费者福利。按照 Armstrong and Sappington(2007)的观点，社会计划者期望的社会福利函数，即(5-7)式会因此而变化为：

$$\int_{\underline{w}}^{\overline{w}} \omega(U)\, g(w) dw \tag{5-10}$$

(5-10)式与(5-7)式的主要区别在于边际社会总福利水平$\omega(U)$与$\varphi(U)$的不同。实际上，它们体现的是(社会计划者心目中的)社会福利函数中消费者福利与生产者福利的权重不同，可以用函数表示如下：

$$\varphi(U) = \varphi * U + (1-\varphi) \textstyle\sum_i \pi_i(U) \tag{5-11}$$

$$\omega(U) = \omega * U + (1-\omega) \textstyle\sum_i \pi_i(U) \tag{5-12}$$

其中权重φ与ω的取值空间为(0，1)，表示社会计划者对消费者剩余的重视程度，并且存在$\omega > \varphi$。

对自然垄断行业(公用事业)而言，其产品往往具有准公共产品性质(王俊和昌忠泽，2007)。对于此类准公共产品(诸如自来水、电力、燃气、热力、通信等)而言，一般很难存在外部的替代品。但是对于多产品的垄断厂商而言，其产品之间却存在着或强或弱的替代关系。比如由于城市自来水行业中三类水价差异巨大，居民消费者可以选择在家中洗浴、洗车和净化水源，以低廉的居民用水替代高昂的特征行业用水，同理还有部分企业以较为廉价的非居民(工业用水)替代特种行业用水(比如宾馆的洗浴项目，修车厂的洗车服务以及某些高校与研究机构经营的纯净水业务)。在完全信息条件下，自然垄断企业能够识别出不同用户的类别与反映真实需求状况的弹性，制定歧视性的分类定价(参见本书第二章内容)。同样规制部门与税务部门也能够区分出不同用户的收入水平与需求状况，设计出最优的“消费税”税率。但是当信息存在不对称时，对困难群体的补贴(低价行为)，势必会引发其他人群“冒充”困难群体，获得“租金”的策略性行为。这个问题与 Stiglitz(1977)讨论的保险市场中信息与定价问题十分相似。

按照 Stiglitz(1977)的思路，所有的消费者对某类公共产品具有相同的偏好，并且多产品的自然垄断企业提供不同类型产品的边际成本基本无差异，但是消费税不同。为简化起见，假设垄断厂商不必负担固定成本的回收，那么补贴产品的最优定价$p_1 = c$，一般商品的定价为$p_2 = (1+\tau) * c$，$\tau > 0$表示政府设计的“消费税”的税率。假设存在两类用户：需要给予补贴的真实贫困者，与一般的消费者。事前，不知道消费者类型的情况下，他的需求可能是“低需求”（基本需求）的，对应的公共产品价格为p_1，其概率为α；也可能是“高需求”的，对应的公共产品价格为p_2，其概率为$1-\alpha$①。“低需求”消费所产生的总剩余为v_1，当存在“高需求”消费时，总剩余为v_2，并且存在：

$$v_2 - p_2 > v_1 - p_1 \tag{5-13}$$

这表明：具有两类消费与社会计划者的规制方案（政府定价与消费税的组合）具有社会价值，同时也符合“合意性”原则。

曾经，公共产品的消费与支付之间存在一个滞后期，即在一段时间结束时，如果消费者没有支付相应的费用，公共产品的供应将被中断（Laffont and Tirole，2000）。然而随着技术的进步，现今的公共产品服务更多地以“预存—消费”的模式存在，即消费者必须先行支付费用，才能在之后的时间内享受购买到的公共产品。在社会计划者（政府的规制部门与税务部门）制定好相应的满足“普遍服务义务”的政府定价与“消费税”税率之后，贫困的人群能够支付得起p_1，但是有y的概率无法支付得起p_2。一旦消费者透支了收入，将会在下一期遭受$V(p_2)$的损失。图5-1对此流程做了形象的描述。

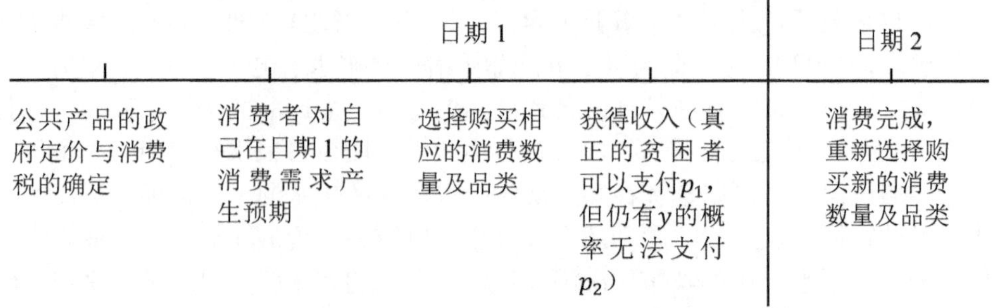

图 5-1　社会计划者设计消费税率与消费者选择合同菜单

资料来源：参考自 Laffont and Tirole（2000）中的图 6.1，作者根据需要做部分修改。

在面对图 5-1 所示的契约菜单与消费者选择局面时，如果存在：

$$v_2 - (1-y)p_2 - yV < v_1 - p_1 \tag{5-14}$$

即使真正的贫困者同样具有“高需求”，也会被限制消费。但（5-14）式的分析结果已经表明一般消费者往往不会如此选择。于是，真正贫困者的消费者剩余

① 比如居民对自来水的需求，基本的需求包括饮水、做饭、洗浴、冲厕等室内需求；而扩展的需求则包括洗车、园林、大型游泳池等室外需求。国外居民家中的自来水往往在室内和室外分别安装两块水表，并且室内水价与室外水价存在明显的差异，以此来体现自来水供应中的再分配原则（Mansur and Olmstead，2012）。

应该为：

$$v_1 - p_1 \tag{5-15}$$

同时一般消费者的剩余应该为

$$\alpha(v_1 - p_1) + (1 - \alpha)(v_2 - p_2) \tag{5-16}$$

（5-15）式与（5-16）式背后的含义与Stiglitz（1977）的结论类似，表明一般用户被赋予自由选择购买额外项目的权利。但是与之不同的是，本章讨论的垄断厂商不具备决策的权力，合同菜单的设计是社会计划者基于“普遍服务义务”的原则设计出的再分配方案。因此，一般消费者事实上为选择权付费（税），规制部门与税务部门再将此部分收益（或税收）再分配给真正的贫困者。

假设社会计划者由于种种原因，不能够选择提供具有“灵活性”的合同菜单，而只能提供一份菜单合同。那么相应地，规制方案（“消费税”方案）也应做出相应的调整。通常的做法是采取一个限制性的合同（比如阶梯水价与阶梯电价），首先，令$p_1 < c$，将消费限制在“低需求”层次，真正的贫困用户将会得到补贴的好处；其次，提供一个$\tilde{p}_1 > p_1$，提供满足“高消费”需求的选择，只要$\tilde{p}_1 = (1 + \tau') * p_1$，$\tau' \gg 0$，通过征收消费税并转移支付，就能保证预算平衡。与本书第二章的分析不同，此处假设分类定价完全由规制部门和税务部门完成，也就是垄断企业只能收获价格p_1，而$\tilde{p}_1 - p_1$的部分由政府收取，随后转移支付给垄断企业。类似于现实生活中超过额定水量的水价部分由“节水办”而非城市自来水公司来负责征收、管理和支付。此时交叉补贴是否可行，取决于不等式：

$$v_1 - p_1 \leqslant v_1 - \tilde{p}_1 + (1 - \alpha)(v_2 - v_1) \tag{5-17}$$

以及不等式：

$$p_1 < c < \tilde{p}_1 \tag{5-18}$$

当社会计划者掌握了消费者的部分信息，可以通过τ'（或p_1与$\tilde{p}_1$）的设计来实现再分配的目的。

综上，可以发现：①在公用事业产品的供应过程中，真正的贫困者边际无效性程度较低，所以向他们收取较低的价格，不会引起其他用户的攀比。②基于“普遍服务义务”的再分配，还有一种方案是向一般用户提供额外项目的选择权，同时惩罚其不接受选择的行为，同样会达到再分配目标并且效果差异不大。③但是如果消费者的需求是随机的（v_2、v_1与α随机），则明显第一种方案更具经济性。

三、直接税方案与激励规制

如果政府决策最终选择使用直接税（所得税）的方式，来实现“普遍服务义务”。那么对应地，社会福利最大化的预算约束条件（即（5-8）式）变化为：

$$\int_{\underline{w}}^{\overline{w}}\left[\sum_i (p_i - c_i)q_i + wl - D(wl)\right]g(w)dw \geqslant K \tag{5-19}$$

在满足经典假设（理性经济人、不存在外部性与完美信息等）的条件下，社会福利最大化的一般均衡条件为$p_k = c_k$。因此，在（5-10）式所代表的约束条件下，社会福利最大化产生了“经典”的结果。即社会最优规划应该是按照边际成本定价，并补偿固定成本，通过一次性转移支付实现社会再分配功能（Debreu，1959）。

在信息不对称条件下，由于经典假设被打破，需要附加一个“激励相容”约束。所得税税率的确定一般都是根据工资率来确定，即使在 Mirrlees（1971）关于最优所得税的研究中①，同样是以“工资率w”作为征收所得税和发放“救济性收入”的依据。令$U(w)$表示作为w的函数的规划即（5-1）式的最大值［注意消费者的预算约束从wl变化为$D(wI)$］。根据包络定理可得②：

$$\dot{U}(w) = \lambda l D'(wl) = -\frac{l}{w}\frac{\partial U}{\partial l} \tag{5-20}$$

（5-20）式表示的是一阶“激励相容”约束，描述了在信息不对称条件下，消费者的租金$U(w)$会引发工资率w的如实显示（Mirrlees，1971）。

规制部门与税务部门需要在“参与约束”（5-2）式与（5-10）式以及“激励相容约束”（5-20）式的条件下，最大化（5-7）式所代表的社会福利函数。在这个问题中，控制变量是U。由于可以利用（5-2）式约去q_k，得到：

$$c_k q_k = D(wl) - \sum_{i\neq k} p_i q_i \tag{5-21}$$

于是，只余下n组控制变量q_1，$q_2 \cdots q_{k-1}$，q_{k+1}，$\cdots q_n$，l。

消费的有效性要求价格等于边际成本。但是，在不完全信息条件下，为了更好地获得租金并实现在分配功能，人们不得不忍受价格对边际成本的偏离。然而，如果控制变量q_1，$q_2 \cdots q_{k-1}$，q_{k+1}，$\cdots q_n$不影响信息租金，即不影响（5-20）式右边的$\frac{\partial U}{\partial l}$，则扭曲消费参数将是无效率的。

Atkinson and Stiglitz（1976）认为扭曲消费参数具有效性，必要的条件是：

$$\frac{\mathrm{d}U_l}{\mathrm{d}q_k} * \frac{\mathrm{d}q_k}{\mathrm{d}q_i} + \frac{\mathrm{d}U_l}{\mathrm{d}q_i} = 0,\ i = 1,\ 2,\ \cdots k-1,\ k+1,\ \cdots,\ n \tag{5-22}$$

① Mirrlees（1971）的研究提出最优税收函数不可能是累进性的，关注低收入者的社会福利函数最大化，未必需要通过对高收入者课重税才能实现。事实上，让高收入者承担过重的税负，其结果可能反而使低收入者的福利水平下降。

② 包络定理的一个重要推论是“某参数对目标函数最大值函数的影响，等于拉格朗日函数直接对该参数求偏导数，并在最优解处取值”，其重要的应用就是本章所研究的“消费者选择问题”。

其中$U_l=\frac{\partial U}{\partial l}$。进一步地，将（5-21）式的等式左右两边同除以$c_k$，可以得到$q_k$的表达式，然后将$q_k$代入（5-22）式中，可将（5-22）式转换为：

$$\frac{\mathrm{d}U_l}{\mathrm{d}q_i}-\frac{\mathrm{d}U_l}{\mathrm{d}q_k}*\frac{p_i}{c_k}=0,\ i\neq k \tag{5-23}$$

此时，将（5-4）式所代表的均衡条件代入（5-23）式中，可以转换为：

$$\frac{\mathrm{d}U_l}{\mathrm{d}q_i}-\frac{\mathrm{d}U_l}{\mathrm{d}q_k}*\frac{U_i}{U_k}=0,\ i\neq k \tag{5-24}$$

其中$U_i=\frac{\partial U}{\partial q_i}$，$U_k=\frac{\partial U}{\partial q_k}$。需要注意的是：因为$p_k=c_k$，所以$U_k=\frac{\partial U}{\partial q_k}=\lambda p_k=\lambda c_k$。

由于（5-24）式等价于：

$$\frac{d}{dl}\left(\frac{U_i}{U_k}\right)=0,\ i\neq k \tag{5-25}$$

由于（5-25）式不满足斯宾塞—莫里斯条件（也称“单交叉条件”）[①]。并且根据里昂惕夫定理（Leontief，1947），可知（16）式的含义是：存在一个总值函数$\Lambda(q_1,q_2,\cdots,q_n)$，使得：

$$U\left(q_1,q_2,\cdots,q_n,l\right)=\widetilde{U}[\Lambda\left(q_1,q_2,\cdots,q_n\right),l] \tag{5-26}$$

也就是说，劳动与产品消费之间存在弱可分性。此时，任何两种产品之间的边际替代率与它们的劳动投入无关。

要保证 A-S 定理的结论成立，通常需要有五个假设条件同时得到满足[②]。现实中，这五个假设条件往往不会同时严格成立。比如放松假设条件 4，考虑不同消费者对商品拥有不同的偏好（实际上是体现收入与品类或质量的替代关系的偏好参数），则容易发现：对主要由富裕人群消费的产品和服务征税，而对主要由困

① 在信息条件不对称下，福利函数（或效用函数）的单交叉条件，指的是潜在行动者观察到一类情形会选择行动，而观察到另一类情形则会选择等待的“分离均衡”局面。此处则指的是观察到一类劳动投入组合，选择一类消费组合，观察到另一类劳动投入组合，选择另外的消费组合。消费组合与劳动投入组合相关。

② 这五个假设条件分别是：①消费者在获得收入方面存在能力差异，但是税务部门无法有效甄别。②税务部门能够核实消费者的实际收入。③所得税方案的设计不受限制与“利益集团”因素的影响。④消费者的偏好在其劳动投入一侧与产品服务一侧可分离，即消费者对两种产品的相对偏好与他们投入的劳动量无关。⑤不存在消费的外部性。

难人群消费的产品和服务进行补贴是有价值的。因此，Atkinson and Stiglitz（1976）所反对的间接税方案在某些条件下会变得有效，这也是为何在规制实践中，间接税方案大量依然存在的重要原因。

此外，需要说明的是，直接税方案不仅包含征收，也包括转移支付的发放。其区别在于社会计划者观察到消费者的收入信息$I = wl$，选择一个新的所得税方案［$wl - D(\mathrm{wl})$］，消费者税后的收入函数$D(wl)$。对于富裕居民来说$D(I) < wl$，而对被救济对象的贫困居民而言，$D(wl) > wl$。在满足 A-S 定理的五个假设条件下，上述推论结果不会发生变化。也就是说，满足（5-20）式代表的“激励相容”约束的转移支付发放与直接税的征收一样，对价格的扭曲最小。

综上，可以发现：①强制自然垄断企业承担“普遍服务义务”，有多重选择方案，最高效率的方案应该对 Ramsey 最优定价基准扭曲最小。②由于信息不对称，直接税方案中社会计划者需要设计“激励相容”机制，使得居民（消费者）真实报告其获得财富的能力（比如工资率w）。理想状态下此方案的成本只包括“公共基金的影子价格”，并且不会改变产品间的相对价格。③如果所有消费者（无论贫富）对产品拥有相同的偏好[①]，则扭曲相对价格就没有任何的合理性。也就是说，实现收入再分配的最佳方案是直接征收所得税，而间接操纵产品相对价格的再分配方案是低效率的。

现实中，直接税与间接税的方案都普遍存在于各国的自然垄断行业之中，只是直接税方案往往只能观察到所得税的补贴的效果（即中央政府与地方政府对自然垄断的公用事业的投资、补助与优惠等），但直接税（包括个人所得税、企业所得税、房产税、城镇土地使用税、土地增值税等）的设计与征收非常复杂，除了调节收入差距之外，还囊括了更多的其他内容（保障衣食住行，水电燃料与义务教育）。相对而言，间接税则要直观得多，往往取之于何处，就用之于何处。但是，无论直接税还是间接税，在税率的制定过程中，为了实现“分离均衡”，避免非困难人群的攀比，政府的相关部门往往需要采取激励规制的思想，设计出恰当的税率。

本章后续部分准备利用实证方法来检验：在中国的自然垄断行业改革与实践过程中，普遍服务义务的原则是否得到贯彻？广泛采用的是哪种方案？既有的改革方案是否影响了消费者的需求，是否能够增进困难群体的福利水平，是否会对一般人群的消费产生显著影响？如果实践与理论存在差距，原因是什么？

① 经济学家已经证明，消费者对产品的偏好程度基本无异，“偏好参数”实际上是收入与品类（或质量）之间的边际替代率的“倒数”，而不是固定的基于心理预期的偏好参数（Tirole，1988）。

第三节 基于模糊断点回归的实证研究

通过前文的分析，可以清楚地知道：基于"普遍服务义务"，而在自然垄断行业中采取的直接税或间接税的设计，目的是帮助真正困难的人群改善其福利水平。并且由于资源的稀缺性与税收"扭曲"以牺牲社会总福利水平为代价，因此对困难人群的补助机制设计，应该尽量避免其他人群的攀比，实现"分离均衡"。此处使用模糊断点法检验中国自然垄断行业中"普遍服务义务"的执行情况。

一、基本模型

经济学理论一般认为消费者的福利是消费者愿意支付的费用与实际支付的费用的差额，即消费者剩余。一般可以借用马歇尔需求函数进行估计（比如本书第四章的实证部分），然而受到样本数据的限制（本章所使用的CHIPS数据库中，仅有1988年给出了被调查家庭的详细自来水和电力价格和使用量，其他年份仅有消费支出的信息而未报告价格与消费量的具体值），本章不得不如其他学者那样（焦娜，2016；赵昕东和王昊，2018），采取将消费支出作为消费者剩余替代指标的方法[①]。对于大多数自然垄断行业的产品（比如自来水、电力、燃气、暖气等）而言，由于其价格由政府制定且较为稳定（相当于控制了实际价格），所以在控制了消费者收入、年龄、性别、学历等个体特征情况下（相当于控制了消费者期望的价格），自然消费支出越多，消费者剩余也越大，因此替代指标在一定程度上符合经济学原理。

在中国自然垄断行业"普遍服务义务"实践中，在直接税方面，突出地表现为给予困难人群基本生活保障，比如转移支付"最低生活保障金"等；而在间接税方面，主要体现在不同种类产品之间实施设计分类税率。这与国际上通行的方案相左，如本书第二章的分析，世界上其他主要国家在公用事业的多产品分类定价方面采取的是基于"逆弹性法则"的Ramsey-Boiteux最优定价。他们的"普遍服务义务"更多地体现在"阶梯定价"的第一阶梯方面，往往第一阶梯价格很低，并且数量很低，仅仅保证生存基本需要（参见 Nataraj and Hanemann，2011；Wichman and Casey，2014 等）。而中国现行的"阶梯水价"与"阶梯电价"体现

① 此处之所以不使用1988年数据作为主要样本，一方面，由于时间久远，消费函数本身会发生较大的变化；另一方面，则是因为社会福利制度（比如"失业保险"和"最低社会保障"制度）真正建立和完善的时间较晚。

的往往是"节能减排"，其"第一阶梯覆盖 80%的居民用户，第二阶梯覆盖 95%的居民用户"，实质上体现的是"庇古税"，而非"普遍服务义务"。虽然有些地方的自来水公司向困难居民提供补贴，但是并未形成制度，并且设计与实施过程并不合理。鉴于以上情况，本部分仅仅检验中国现行的直接税（转移支付）对困难居民的生活产生了什么样的影响。

假设存在两类用户：轻度贫困者和真正贫困者。他们之间的唯一差别在于前者具有一些隐性的收入来源，如第二职业和家庭的支持。较之前者，社会计划者更愿意帮助后者，但是缺乏对收入进行直接再分配（比如发放最低收入保障金等）所需要的信息。于是，反映在现实中，中国自 1999 年起，先后在城镇和农村建立的最低生活保障制度，但是并非所有收入低于最低收入线的家庭都能够申领到"最低生活保障金"。

在中国，"最低生活保障金"的申领，受到多种因素的影响，并非随机，并且因为统计的困难而容易遗漏一些重要的变量。所以，一般的因果识别方法（比如 OLS 等）会存在严重的内生性问题（范旭春，2015）。为克服内生性问题，借鉴工具变量的思想，人们设计出断点回归的方法，在断点的两侧，样本具有近似性，由此构成随机试验。1999 年，中国第一次公布了各省区市的最低生活保障线，随后由民政部按季度在其网站向全社会发布数据。由于中国"最低生活保障金"的申领－审核制度（以家庭为单位而非个人），不能保证所有家庭在收入低于最低生活保障线条件下得到这笔补助金。在最低生活保障线这个断点处会发生一个外生的"跳跃"，而并非一定是 0/1 的变化。因此，本部分使用"最低生活保障线"作为直接税与"转移支付"的工具变量，来检验中国现行直接税与自然垄断行业产品消费之间的因果关系。

断点回归方法一般分为精确断点回归（Sharp Regression Discontinuity，SRD）和模糊断点回归（Fuzzy Regression Discontinuity，FRD），前者由驱动变量完全决定了处理与否，而后者仅仅增加了处理发生的可能性，并不能完全决定处理与否。根据前文分析，此处选择使用模糊断点回归（FRD）的方法。

第一步，设置虚拟变量

$$D_i=\begin{cases}1 & \text{家庭人均收入小于等于保障线}\\0 & \text{家庭人均收入高于保障线}\end{cases} \tag{5-27}$$

如果家庭人均收入（扣除转移支付收入）小于等于民政部发布的最低生活保障线，那么虚拟变量D_i取值为 1，反之，取值为 0。同时，设置处理组变量：

$$transfer_i = \begin{cases} 1 & 接受转移支付收入 \\ 0 & 没有接受转移支付收入 \end{cases} \quad (5\text{-}28)$$

如果家庭接受转移支付，则虚拟变量取值为 1，否则取值为 0。为了考察家庭人均收入与获得政府转移支付（“最低社会保障金”）之间的关系，还需要加入收入差距的多项式函数$f(income_i - security)$，其中$income_i$表示家庭人均收入（扣除转移支付收入），$security$示最低生活保障标准。其中家庭人均收入$income_i$构成了驱动变量（running variable），而$f(income_i - security)$定义了家庭人均收入与最低生活保障线的距离。于是有：

$$transfer_i = \alpha + \alpha_1 * D_i + f(income_i - security) + \gamma_i X_i + \varepsilon_i \quad (5\text{-}29)$$

其中X_i表示家庭的其他特征，作为控制变量，ε_i表示随机误差项。

第二步，在（5-29）式的基础上，分析直接税（转移支付）与家庭特定项目消费支出之间的因果关系。其中以$consume_i$代表家庭人均居住消费（水电燃料）支出，并作为被解释变量。解释变量则分别选取了虚拟变量$transfer_i$，以及$f(income_i - security)$构成的多项式函数。计量模式如下：

$$consume_i = \beta + \beta_1 * transfer_i + f(income_i - security) + \delta_i X_i + \mu_i \quad (5\text{-}30)$$

其中X_i表示家庭的其他特征，控制了家庭的其他人口学与社会学特征，μ_i表示随机误差项。β_1能够解释家庭人均收入断点附近的转移支付（“最低生活保障金”）的局部平均处理效应（Local average treatment effects，LATE）。（5-29）式与（5-30）式共同构成了完整的 FRD 模型，并可以通过两阶段最小二乘法（2TLS）进行估计。

根据 Lee and Lemieux（2010）的建议，可以给出$f(income_i - security)$的具体形式，于是（5-29）式与（5-30）式的计量模型变化为：

$$transfer_i = \alpha + \alpha_1 * D_i + \alpha_2 * D_i * (income_i - security) + \alpha_3 * (1 - D_i) * (income_i - security) + \gamma_i X_i + \varepsilon_i \quad (5\text{-}31)$$

$$consume_i = \beta + \beta_1 * transfer_i + \beta_2 * D_i * (income_i - security) + \beta_3 * (1 - D_i) * (income_i - security) + \delta_i X_i + \mu_i \quad (5\text{-}32)$$

二、数据来源与处理

此处研究使用了北京师范大学中国收入分配研究院发布的 CHIPS 数据，其全部样本数据包含 1988 年、1995 年、1999 年、2002 年、2007 年、2008 年和 2013 年共计 7 年的城镇和农村居民的抽样调查数据。考虑到中国社会保障体系的建立和完善时间较晚（即1999年末开始建立，所以1988年、1995年和1999年的“社会救济收入”通常不包括最低生活保障金），以及农村居民在供水和燃料等方面并不大量使用公共服务行业的产品。本章最终选择使用2002和2007年的城镇居民调查数据作为研究的样本数据（2008年和2013年CHIPS的统计数据缺失了重要的样本数据，如“社会救济收入”和“水电燃料支出”等，并且找不到合适的代理变量，所以此处不得不舍弃）。需要注意的是，2007年度数据并未给出明确水电燃料支出，而是给出了居住支出（包含房租支出与水电燃料支出两部分），为统一口径，扣除该年度“非自有住房”的家庭样本，确保居住支出与水电燃料支出大致相等。

2002年的被解释变量使用了居住支出中“水电和燃料支出”，但是2007年及其以后（2008年和2013年）的CHIPS样本数据中仅有居住支出（居住支出一般含两项“水电和燃料支出”以及“房租支出”）。为了得到2007年的家庭水电燃料支出数据，不得不牺牲样本容量，根据“自有住房”相关样本信息，将租房家庭的数据从总体样本数据中扣除。

在解释变量中，虚拟变量“城镇户口”以本地城镇户口为1，其他户口为0（无论是外地的农业人口与非农业人口，还是本地农业人口，都属于城镇的迁移人口，具有某些区别于本地城镇户口共性）。“抚养比”使用的是“未取得稳定收入的家庭成员人数/具有稳定收入的成员人数”，其中“具有稳定收入的家庭成员”数量，根据CHIPS数据家庭成员的就业状态，选取符合“就业”“退休再就业”“退休”“孕产假”和“病假”特征的人口进行加总。“是否少数民族”则只要家庭成员中有少数民族成员就记为1，否则记为0。“家庭成员平均健康状况”按照CHIPS数据样本中的个人健康自评得分，进行简单平均得到。社会保障线“$security_t$”使用的是民政部救灾司公布的各地最低生活保障标准，并由月份数据合成为年份数据。最终得到（全部样本）主要变量的描述性统计结果，汇总如表5-2所示。

表5-2　主要变量的全部样本描述性统计（均值/标准差）

变量 \ 年份	2002年 （12个省份）	2007年 （9个省份）
家庭人均水电燃料支出	350.814 （242.103）	748.173 （649.319）
家庭人均社会救济收入/年	9.884 （95.496）	65.666 （456.848）
家庭人均收入/年（扣除救济）	8179.073 （5479.119）	19497.45 （17587.26）
家庭人口规模	3.019 （0.789）	2.951 （0.908）

续表

变量 \ 年份	2002年（12个省份）	2007年（9个省份）
是否城镇户口（城镇户口为1）	0.987（0.115）	0.948（0.222）
抚养比（未就业人口/就业人口）	0.601（0.654）	0.543（0.675）
是否少数民族（少数民族为1）	0.06（0.237）	0.018（0.132）
家庭成员平均健康状况	2.151（0.274）	2.218（0.666）
样本数量	6835	4768

根据表5-2可知：从2002年到2007年，中国城镇（CHIPS样本）家庭的人均收入（扣除社会救济）增长了大约1.4倍（扣除物价因素大约1.0倍），表明此期间内中国的经济发展和人民收入取得了较大幅度的提高。同时，样本家庭的人均社会救济收入也有较大程度提高（高达7倍），表明样本期间内，中国社会保障程度有所加强。同时，样本家庭的人均水电燃料消费支出闲置增加（增幅大致为2倍，明显高于物价上涨幅度），表明样本期间内，中国城镇居民的生活质量明显提高。此外，样本家庭的平均人口规模保持稳定，大致保持在三口之家的规模；样本家庭的平均抚养比有所下降，可以部分地归因于就业情况的好转。

根据模糊断点回归方法的一般思路，第一阶段需要检验断点两侧，工具变量（IV）与被解释变量之间的相关关系。图5-2分别展示了2002年与2007年CHIPS样本家庭的人均收入与转移支付收入获取概率间的关系。其中横坐标代表扣除“救济性收入”后的家庭人均收入，纵坐标表示获取“救济性收入”的平均概率。由于各省市区之间的社会保障水平存在差异，此处采用了“样本省份的平均值”作为断点指标（2002年为1902元/人，2007年为3144元/人）。此外，由于样本家庭人均收入的跨度较大，而本章考虑的仅仅是困难群众的收入与支出的情况，为简化起见，应该剔除富裕家庭的样本数据[①]。所以在图5-2中，在横坐标的右侧，散点只统计到收入水平相当于平均社会保障线2倍的样本为止。为了更加清楚地看到变化趋势，对图5-2中的样本数据进行了分段处理。根据年度内社会保障线收入水平的二十分位数，将样本家庭的人均收入（扣除“救济性收入”）划分为若干区间（左边20个散点，右边20个散点）[②]，每个散点表示收入区间内的家庭获得

① 根据实践经验可知：高过社会保障线很远的家庭，其获得“救济性收入”的概率一般为零。

② 需要注意的是，由于某些区间内找不到样本数据，所以会使得散点的个数少于区间的数量。比如图5-2（b）中断点左侧的散点只有16个。

“救济性收入”的平均概率（即获得“救济性收入”的家庭样本数量/区间内样本总数）。

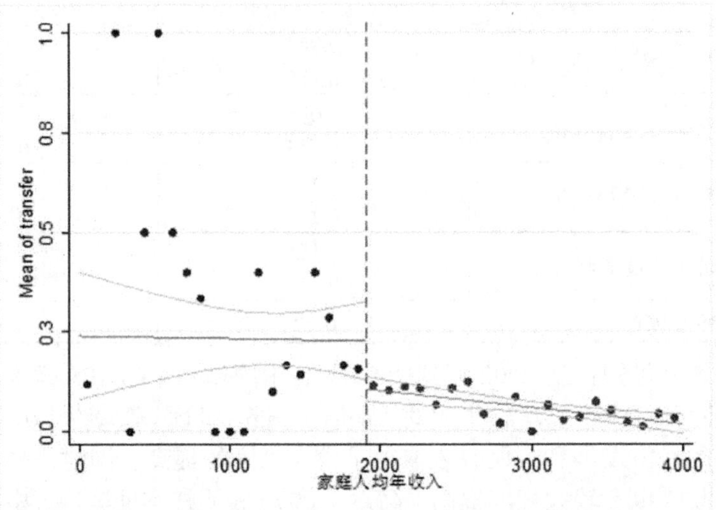

图（a） 2002 年

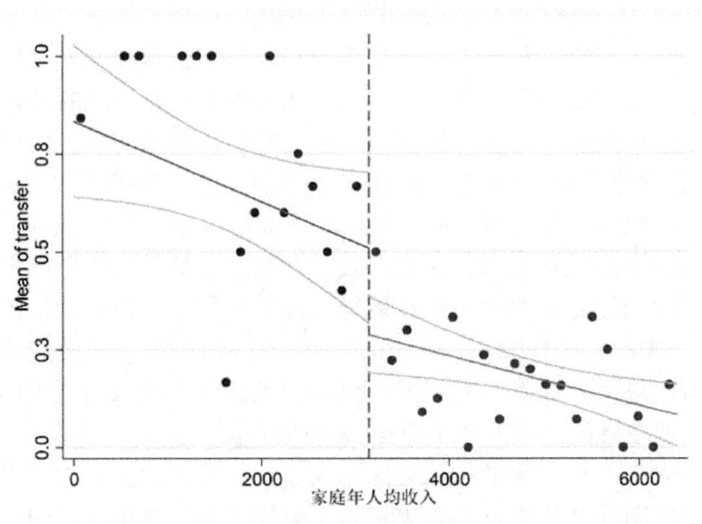

图（b） 2007 年

图 5-2 家庭人均收入与转移支付的断点回归关系

图 5-2 中位于断点两侧三条线段中间的实线部分表示家庭人均收入与转移支付获得概率的局部线性拟合关系。很明显，家庭收入低于最低收入保障线（断点

左侧），则家庭获得最低生活保障金等转移支付的概率会有较大的跳跃，本章后续部分利用模糊断点回归进行第一阶段分析满足实施条件。本章后续部分将利用救济性收入在家庭收入中的非连续特征来识别救济性收入（比如最低生活保障金）对低收入家庭水电燃料（网络型自然垄断行业的产品）消费的影响。图 5-2 展示的 2002 年与 2007 年的相关关系与变化趋势既有共同特征，也有显著差异。比如 2002 年时，在最低生活保障线两端的家庭获得救济性收入概率基本都保持水平，而 2007 年时，两端的低收入家庭获得救济性收入的概率都呈现递减的趋势。为了更清楚地展示低收入家庭（包含了理论部分所涉及贫困家庭与非贫困家庭）的消费与收入以及其他经济社会特征的关系，表 5-3 给出了这部分样本家庭的描述性统计结果。

表 5-3　主要变量的部分样本描述性统计（均值/标准差）

变量＼年份	2002 年 （12 个省份）	2007 年 （9 个省份）
家庭人均水电燃料支出	232.559 （141.121）	333.568 （305.193）
家庭人均社会救济收入/年	30.91 （151.159）	488.789 （1375.853）
家庭人均收入/年（扣除救济）	2889.278 （859.984）	4329.944 （1640.524）
家庭人口规模	3.318 （0.838）	3.232 （1.061）
是否城镇户口（城镇户口为 1）	0.971 （0.167）	0.943 （0.233）
抚养比（未就业人口/就业人口）	1.17 （0.871）	1.187 （0.871）
是否少数民族（少数民族为 1）	0.057 （0.231）	0.033 （0.178）
样本数量	1253	366

根据表 5-3，可以发现 2002 年至 2007 年期间：①中国城镇低收入家庭的人均水电燃料支出的增幅要远远小于其他居民。表 5-3 显示 CHIPS 样本中城镇低收入家庭人均水电燃料支出的平均值（未扣除物价因素）由 2002 年的 232.559 元增加至 2007 年的 333.568 元，增幅约为 43.4%；而表 5-2 显示 CHIPS 全样本的城镇

家庭的人均水电燃料支出（未扣除物价因素）的平均值由 2002 年的 350.814 元增加至 2007 年的 748.173，增幅约为 113.3%。②城镇低收入家庭收入增幅小于其他家庭，但是救济性收入增幅较大。表 5-3 所示的城镇低收入家庭人均年收入（不含社会救济）由 2002 年的 2889.278 元增加至 2007 年的 4329.944 元，增幅约为 49.8%；表 5-2 所示的全样本城镇家庭人均年收入（不含社会救济）由 2002 年的 8179.073 元增加至 2007 年的 19497.45 元，增幅约为 138.4%。③中国城镇低收入家庭的比例具有明显缩小趋势。在 CHIPS 的样本中，2002 年中国城镇低收入家庭为 1253 户，占总样本数 6835 户的比例为 18.3%，而到了 2007 年，中国城镇低收入家庭样本数为 366 户，占总样本数 4768 户的 7.7%。

三、回归结果与讨论

根据前文在基本计量模型的分析，此处对（5-31）式和（5-32）式组合构成的模糊断点模型进行两阶段的回归，其结果如表 5-4 所示。其中最优带宽的选择使用的是 Calonico et al.（2014）所倡导的稳健误差修正法 CCT，计量工具（Stata）给出的 2002 年与 2007 年的最优带宽分别为$h_{CCT}^{2002} = 266.623$以及$h_{CCT}^{2007} = 1605.021$。

第一阶段，以“是否领取救济性收入”（家庭领取救济性收入取值为 1，没有领取救济性收入取值为 0）作为“虚拟被解释变量”。解释变量包括家庭人均收入断点虚拟变量（家庭人均收入小于等于保障线=1，否则=0）、实际人均收入与断点（社会保障线）的距离$income_{it} - security_t$、家庭人均收入断点差的一次多项式 $\beta_2 * D_i * (income_i - security) + \beta_3 * (1 - D_i) * \left(inco\,\square\square_i - security\right)$ 以及相关家庭的社会与经济特征X_i。

回归结果显示：控制了省份规定效应后，2002 年与 2007 年的家庭人均收入断点虚拟变量都是满足 1%的显著性水平。这表明低于最低生活保障线是领取救济性收入的重要条件，对于距离最低生活保障线标准在最优带宽内的低收入家庭而言，家庭人均收入低于社会保障线领取救济性收入的概率要高，2002 年大约高出 9%，2007 年大约高出 32%。需要说明的是，虽然交乘项$D_i * (income_i - security)$同样显著，说明对于低于最低生活保障标准的家庭，家庭收入越少，那么领取救济性收入的概率越高，2002 年家庭收入每低于 1 元则概率多出 0.01%，而 2007 年为 0.02%。

第二阶段，以家庭收入小于等于社会最低生活保障线作为工具变量，控制了救济性收入的内生性，考察家庭人均水电燃料支出与救济性收入（比如“最低生活保障金”）状态之间的因果关系。

回归结果显示：无论是 2002 年还是 2007 年，是否领取救济性收入对中国城镇低收入家庭的水电燃料消费影响并不显著。但是，2002 年的回归结果中，实际人均收入与断点（社会保障线）的距离$income_{it}-security_t$的系数满足 5%的显著性水平，表明 2002 年中国城镇低收入家庭人均收入每增加 1 元人民币，其水电燃料消费会增加 0.037 元人民币。根据“永久收入假说”(Permanent income hypothesis)（Friedman and Becker，1957）[①]，可以认为“最低生活保障金”等救济性收入，对于低收入家庭而言往往是短期临时性收入，并不会显著改变消费支出与消费结构，而扣除“救济性收入”后的人均家庭收入作为“永久性收入”，对消费的影响是显著的。此外，2007 的回归结果中，实际人均收入与断点（社会保障线）的距离$income_{it}-security_t$的系数满足 5%的显著性水平，表明 2007 年中国城镇低收入家庭人均收入每增加 1 元人民币，其水电燃料消费会增加 0.059 元人民币。进一步验证了消费与永久性收入的稳健性。

表 5-4　家庭人均水电燃料支出的 FRD 回归结果

变量＼年份	2002 年	2002 年	2007 年	2007 年
第一阶段：家庭人均收入对领取“最低生活保障金”的影响				
人均收入小于等于保障线（$D=1$）	0.0874* （1.81）	0.093*** （3.07）	0.2748** （2.45）	0.3193*** （3.45）
$income_{it}-security_t$	−0.00004*** （−3.51）	−0.00004*** （−4.43）	−0.00005** （−2.55）	−0.00005** （−2.22）
$D*(income_{it}-security_t)$	0.0001*** （3.44）	0.0001*** （4.40）	0.0002*** （3.36）	0.0002*** （3.83）
第二阶段：“最低生活保障金”（IV =家庭人均收入小于等于社会保障线）对家庭人均水电燃料支出的影响（$h_{CCT}^{2002}=266.623$，$h_{CCT}^{2007}=1605.021$）				
转移支付收入（IV = 家庭人均收入小于等于社会保障线）	306.934 （0.78）	178.098 （0.72）	144.559 （0.60）	105.859 （0.41）
$income_{it}-security_t$	0.037** （2.04）	0.031** （2.28）	0.078*** （2.65）	0.059** （2.11）

① 它的基本观点是：消费者的收入主要不是由他的现期收入决定，而是由他的永久收入决定。所谓永久收入是指消费者可以预计到的长期收入。永久收入大致可以根据观察到的若干年收入的数值之加权平均数计得，距现在的时间越近，权数越大；反之，则越小。根据这种理论，政府想通过增减税收来影响总需求的政策是不能奏效的，因为人们因减税而增加的收入并不会立即用来增加消费。

续表

年份 变量	2002 年	2002 年	2007 年	2007 年
$D*(income_{it}$ $-security_t)$	-0.059* (-1.80)	-0.057** (-2.07)	-0.081 (-1.48)	-0.064 (-1.10)
人均救济收入/年	-0.365 (-0.70)	-0.211 (-0.66)	0.009 (0.20)	0.007 (0.17)
家庭人口规模	-22.335*** (-3.71)	-23.102*** (-4.63)	-19.777 (-1.26)	-24.535 (-1.47)
是否本地城镇户口	19.107 (0.39)	37.817 (1.51)	-212.031** (-2.17)	-208.685*** (-2.79)
抚养比(未就业人口 /就业人口)	-4.246 (-0.66)	-5.363 (-1.02)	-25.318 (-0.87)	-25.609 (-0.84)
是否少数民族	-37.909 (-1.60)	-17.287 (-0.84)	-165.694*** (-3.00)	-95.215 (-1.05)
控制省份固定效应	N	Y	N	Y
样本数量	1212	1212	326	326

注：*、**、***分别代表 10%、5%与 1%的显著性水平。括号内为 t 统计量（或 z 值统计量）。

解释变量中，距离变量与虚拟变量的交乘项$D_i*(income_i-security)$在 2002 年满足 5%的显著水平，表明 2002 年中国城镇领取“救济性收入”的家庭，贫困家庭人均收入每增加 1 元人民币，其水电燃料消费会增加 0.057 元人民币；非贫困家庭人均收入每增加 1 元人民币，其水电燃料消费会减少 0.057 元人民币①。这个结果说明，宝贵的公共基金转移支付给真正困难的家庭，能够增加其水电燃料消费的支出；而转移支付给非贫困家庭，会改变其消费结构。如果转移支付的目的在于增加困难群众“水电燃料支出”（参见本章提出问题部分），则 2002 年的政策实施效果达到了“预期目的”。但是 2007 年的回归结果在这个地方却不显著，说明由 CHIPS 家庭样本反映出 2007 年的最低生活保障金等“救济性收入”，对低收入家庭（困难与非困难）的“水电燃料支出”未产生显著影响，政策实施效果不显著，后续需要进行调整。

① 注意：对于$D_i=1$的家庭，如果其位于断点右侧（非贫困人群），$income_i-security$为正，如果其位于断点右侧，$income_i-security$为负。表明对于真正困难群众，救济性收入增加（挤入）了水电燃料消费，而非贫困家庭则救济性收入减少（挤出）了水电燃料的消费。

四、有效性与稳健性检验

本章实证分析使用了模糊断点回归的方法，由于此方法本就是为消除内生性影响的工具变量法的变形，故一般只需要检验有效性与稳健性。有效性用来检验断点处接受处理效应的概率是否存在截断，稳健性用来检验其他非政策断点是否存在显著结果（伪回归）。

（一）工具变量操纵性检验

对于模糊断点回归方法，一般需要检验决定处置的关键变量的条件密度是否存在不连续的情况，如果条件密度发生了跳跃，那么说明存在个体操作关键变量的可能，从而使断点回归方法失效。Mccrary（2008）提出两步法，通过对驱动变量的密度检验来确定截断点连续性的特征。首先，将（等距离的）样本年龄分布的频率计算出来，然后将该频率作为局部线性回归的被解释变量。系数越不显著，将越无法拒绝无断点的原假设，则驱动变量是连续的。

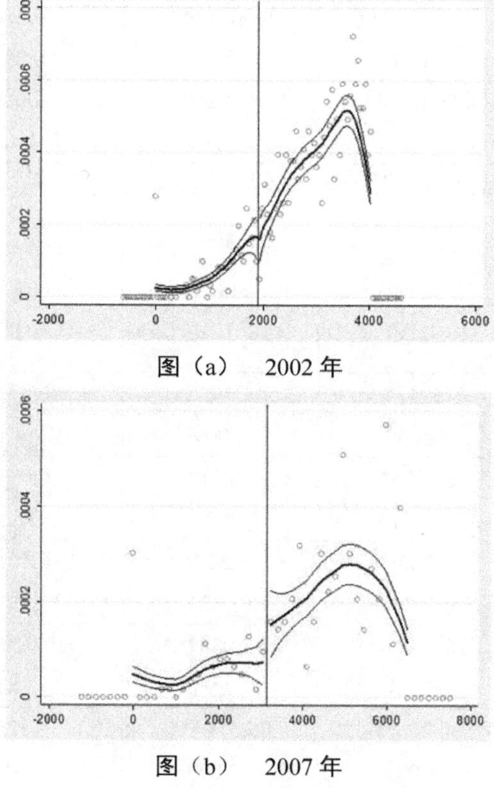

图（a）　2002 年

图（b）　2007 年

图 5-3　驱动变量的连续性检验

由图 5-3（a）可知，2002 年部分样本数据在断点两侧密度函数估计值的置信区间存在很大一部分的重叠。所以可以判断在 2002 年样本数据的断点两侧，密度函数不存在显著差异，从而肯定了无约束条件下 2002 年中国城镇家庭人均收入是连续的。同理，图 5-3（b）利用 2007 年部分样本数据做了驱动变量的连续性分析图。然而，根据图 5-3（b）不容易直观判断驱动变量的连续性，此处将按照 Mccrary（2008）两步法，进一步检测被解释变量的系数的显著性。

表 5-5　反事实分析回归结果（2002 年社会保障线∓10%，20%）

变量 \ 年份	2002 年 $security_t*(1-10\%)$	2002 年 $security_t*(1-20\%$	2002 年 $security_t*(1+10\%)$	2002 年 $security_t*(1+20\%$
第一阶段：家庭人均收入对领取“最低生活保障金”的影响				
人均收入小于等于保障线（$D=1$）	−0.127** （−2.33）	0.090* （1.80）	0.036** （2.31）	0.066*** （2.70）
$income_{it}-security_t$	−0.00013*** （−4.29）	0.0001*** （−3.49）	2.29e−06 （0.24）	−0.00002** （−2.56）
$D*(income_{it}-security_t)$	0.00015*** （3.21）	0.0002*** （4.39）	−0.00003 （−1.48）	0.00004 （1.57）
第二阶段：“最低生活保障金”（IV =家庭人均收入≤社会保障线）对家庭人均水电燃料支出的影响				
转移支付收入（IV =家庭人均收入小于等于社会保障线）	289.660 （1.11）	−243.348 （−1.04）	−376.293 （−0.97）	20.247 （0.09）
$income_{it}-security_t$	0.047* （1.65）	0.002 （0.009）	0.022 （1.47）	0.028*** （3.27）
$D*(income_{it}-security_t)$	−0.125* （−1.91）	−0.012 （−0.25）	−0.034* （−1.95）	−0.038*** （−2.69）
人均救济收入/年	−0.359 （0.323）	0.324 （1.12）	0.507 （1.01）	−0.003 （−0.001）
家庭人口规模	−18.147**** （−2.68）	−17.034*** （−2.93）	−20.929*** （−3.83）	−23.776*** （−5.60）
是否本地城镇户口	68.200** （2.03）	85.519*** （2.87）	55.328* （1.91）	31.947 （1.53）

续表

变量＼年份	2002 年 $security_t * (1-10\%)$	2002 年 $security_t * (1-20\%$	2002 年 $security_t * (1+10\%)$	2002 年 $security_t * (1+20\%$
抚养比（未就业人口/就业人口）	-5.552 （-0.84）	-2.469 （-0.44）	-1.418 （-0.24）	-2.377 （-0.53）
是否少数民族	-12.312 （-0.46）	4.102 （0.19）	10.606 （0.43）	-9.174 （-0.56）
控制省份固定效应	Y	Y	Y	Y
样本数量	588	796	1334	1620

注：*、**、***分别代表 10%、5%与 1%的显著性水平。括号内为 t 统计量（或 z 值统计量）。

利用计量软件（Stata），首先计算出 2002 年的被解释变量的系数等于-0.092，标准误为 0.289，t 值约等于-0.32，明显不显著。故可以接受密度函数在断点处（家庭人均收入 1902 元）连续的假设。进一步验证了驱动变量的连续性。其次计算出 2007 年的被解释变量的系数等于 0.475，标准误为 0.467，t 值约等于 1.02，同样不显著。故可以接受密度函数在断点处（家庭人均收入 3144 元）连续的假设。此结果证实了 2007 年样本数据中中国城镇家庭人均收入的连续性。综合以上结果，可以判定本章实证部分使用模糊断点回归方法具有可行性。

（二）安慰剂检验

为了保证结论的稳健性，此处使用了基于反事实分析的“安慰剂检验”，将 2002 年与 2007 年的社会平均最低保障线上下浮动 10%与 20%后重新进行回归。结果分别如表 5-5 与表 5-6 所示。

表 5-6　反事实分析回归结果（2007 年社会保障线∓10%，20%）

变量＼年份	2007 年 $security_t * (1-10\%)$	2007 年 $security_t * (1-20\%$	2007 年 $security_t * (1+10\%)$	2007 年 $security_t * (1+20\%$
第一阶段：家庭人均收入对领取“最低生活保障金”的影响				
人均收入小于等于保障线（$D=1$）	0.146 （1.04）	0.088 （0.69）	0.243*** （2.70）	0.187*** （3.02）
$income_{it} - security_t$	0.0001** （-2.32）	-0.0001*** （-2.72）	0.00002 （-1.01）	-9.40e-06 （-0.68）

续表

变量 \ 年份	2007 年 $security_t*(1-10\%)$	2007 年 $security_t*(1-20\%$	2007 年 $security_t*(1+10\%)$	2007 年 $security_t*(1+20\%$
$D*(income_{it}-security_t)$	0.0003*** （3.14）	0.0002*** （2.69）	0.0001** （2.31）	0.00007* （1.80）
第二阶段：“最低生活保障金”（IV =家庭人均收入≤社会保障线）对家庭人均水电燃料支出的影响				
转移支付收入（IV =家庭人均收入小于等于社会保障线）	548.123 （0.44）	1048.382 （0.56）	2.194 （0.00）	-355.398 （-0.53）
$income_{it}-security_t$	0.076 （0.49）	0.130 （0.64）	0.053 （1.51）	0.030 （0.97）
$D*(income_{it}-security_t)$	-0.106 （-0.39）	-0.187 （-0.59）	-0.051 （-0.69）	-0.018 （-0.30）
人均救济收入/年	-0.048 （-0.29）	-0.123 （-0.47）	0.018 （0.19）	0.082 （0.65）
家庭人口规模	53.967 （0.86）	57.599 （0.77）	0.165 （0.001）	-8.645 （-0.35）
是否本地城镇户口	-688.116*** （-2.77）	-573.355*** （-3.16）	-445.287*** （-3.49）	-420.607*** （-3.36）
抚养比（未就业人口/就业人口）	-103.311 （-0.64）	-159.925 （-0.71）	-14.520 （-0.29）	8.778 （0.16）
是否少数民族	-115.913 （-0.58）	-148.035 （-0.71）	-25.999 （-0.17）	-39.040 （-0.27）
控制省份固定效应	Y	Y	Y	Y
样本数量	194	240	420	530

注：*、**、***分别代表 10%、5%与 1%的显著性水平。括号内为 t 统计量（或 z 值统计量）。

2002 年的反事实分析的回归结果显示：①当断点向左侧移动，即令社会保障线低于真实标准时，第一阶段的关键变量基本保持显著性水平，但是第二阶段关键变量的系数普遍不显著。②当断点向右侧移动，即令社会保障线高于真实标准时，第一阶段的关键变量的显著性水平下降，不再全部显著。

2007 年的反事实分析结果显示：断点向左和向右移动，都带来了第一阶段的关键变量的显著性水平下降的趋势，均有关键变量不显著情况发生，工具变量法不能成立。综上，根据安慰剂检验的结果，可以判定前文利用模糊断点回归得到结论具有稳健性。

本章小结

网络型自然垄断行业的“普遍服务义务”本就是基于外部性等原因，而由社会计划者对市场失灵的纠正。然而，中国国内现有的研究大多未曾考虑其中的信息不对称问题。其后果就是其研究的结论与政策建议往往与现实不够吻合，政府部门迫切需要解决的具体问题（比如税率的设定、最低生活保障线的标准）得不到理论的指导，而不得不采取“大拇指法则”或不断地“试错”。本章就自然垄断行业“普遍服务义务”的两种解决方案（间接税与直接税），充分考虑了其中的信息不对称以及消费者谋取“租金”的混同行为。借鉴了 Mirrlees（1971）与 Stern（1976）的最优税制理论，证明了与网络自然垄断行业相关的直接税与间接税方案也应该保证“税收中性”，减小对市场价格与消费组合的扭曲。本章的理论分析的结论部分给出了在规制实践中税率与转移支付（与税后收入相关）等的最优设计原则。

此外，本章虽然不能直接给出与网络型自然垄断行业相关的具体税率与转移支付标准，但是本章的实证部分借助模糊断点回归与 CHIPS 的微观数据，检验了 2002 年与 2007 年“最低生活保障金”发放的绩效，这就为政策评价与指标的未来调整方向提供了依据。此外，按照本章理论部分的分析结论，此类实证办法同样也可以适用于其他的直接税方案（比如“普遍服务基金”）与间接税方案（比如阶梯水价、阶梯电价）的绩效评价与未来调整依据。

第六章　结论与政策建议

第一节　研究结论

本书在对网络型自然垄断行业政府定价理论的演绎与实践的归纳基础上，通过对研究对象的细化和分门别类地研究，得出以下的结论：

一、考虑信息不对称的最优定价基准

网络型自然垄断行业的多产品分类定价应该遵循“激励相容”的次优定价基准。在既定条件下，最优的定价应该满足预算平衡的社会总福利最大化。将下游市场的弹性纳入最优分类定价的制定中，相比三级价格歧视更全面地考察了社会总福利。网络型自然垄断行业纵向结构的最优分类定价，需要加入消费者对网络型自然垄断行业零售与下游产品的需求的考察。于是，零售定价应满足拉姆齐定价法则，批发价格（接入定价）应满足有效成分定价法则，中间品定价应满足斯塔克伯格博弈。来自中国自来水行业的相关证据表明：以非市场手段调整分类定价，造成某些用户成本负担的增减，带来资源配置的扭曲。在现有会计制度下，降低服务产品的价格可以通过给予被规制企业适当激励，从而化解信息不对称带来的种种问题。

二、考虑市场结构与信息结构的接入定价规制

非对称竞争问题的化解，根源上需要给予代理人适当的“租金”，从而改进社会总福利。自然垄断行业改革中出现的“非对称竞争问题”，根源在于市场结构的不对称，同时改进社会总福利进行的政府规制行为（比如政府定价）却会因为信息不对称而难以发挥作用。社会计划者期望在位者与进入者的“伯川德竞争”，会因自然垄断企业的主动退让而无法改进社会福利；社会计划者期望进入者的进入带来“价值创造”效应，虽然能够在自然垄断企业策略行为下改善社会总福利，但是相比预期的改进幅度明显变小；自然垄断企业的策略性行为是为了维持之前的利润水平不降低，但却损害了整体社会福利；如果自然垄断企业能够严格执行社会计划者的意志，改革将会取得最优的结果，如果自然垄断企业能够同时主动

降低成本，那么改进的效果更佳；如果自然垄断企业独立于社会计划者的意志，给予其一定的转移支付来弥补其利润损失，使得其能在激励相容约束下执行社会计划者目标，社会福利能够取得次优的改进。

三、激励相容的固定成本定价规制

经济性闲置问题本质上是委托人对代理人成本信息的掌握不足，并且补偿方案不科学，必须要首先解决信息问题。开放竞争与技术进步同时存在的条件下，在位企业的前期资本投入很容易形成“经济性闲置”。垄断厂商由于前期资本难以回收，而降低“事前”投资与维护技术设备的积极性，并且容易诱发垄断企业“策略性行为”，扭曲市场价格与资源配置。因此，未来改革的方向，一方面在于政府定价中考虑技术进步的影响；另一方面在于充分利用信息、设计激励相容，实现激励规制。

四、基于分离均衡的垄断行业政府定价中的普遍服务义务

普遍服务义务的落实需要避免代理人的攀比与混同。网络自然垄断行业相关的直接税与间接税方案也应该保证“税收中性”，减小对市场价格与消费组合的扭曲。无论直接税还是间接税，在税率的制定过程中，为了实现“分离均衡”，避免非困难人群的攀比，政府的相关部门往往需要采取激励规制的思想，设计出恰当的税率。在规制实践中税率与转移支付（与税后收入相关）等的最优设计原则适用于其他的直接税方案（比如“普遍服务基金”）与间接税方案（比如阶梯水价、阶梯电价）的绩效评价与未来调整依据。

第二节　学术贡献与研究展望

一、学术贡献

本书学术贡献体现在：①学术思想方面，沿着拉丰与梯若尔（1986）开创的激励规制理论，拓展并部分地解决了被规制企业纵向结构的激励规制；②学术观点方面，以供应链视角考察网络型自然垄断行业政府定价的核心问题，论证合理区别定价不仅是最优规制的关键，而且能够为解决放松规制带来的经济性闲置与资产侵吞、公平有效率的进入、普遍服务义务与合理税负等问题提供理论指导和实践建议；③研究方法上，充分利用激励相容与机制设计思想，为中国网络型自

然垄断行业的政府定价规制设计出避免混同局面，实现分离均衡，化解其中信息不对称的方案，提供了现代经济学方法在政府规制领域运用的范例。总之，本选题以网络型自然垄断行业纵向结构与激励规制作为切入点，为中国网络型自然垄断行业规制的逐步完善以及与国际主流接轨提供坚实的理论支撑。

二、研究局限与展望

由于作者水平有限以及篇幅要求，难免存在一些问题，同时还有许多有益的探索未能详尽展开，这包括：

（1）对区别定价中不合理内容的测度，可能存在未厘清之处，也存在其他一些问题。比如总产出水平受到资源与环保约束，最优定价水平将如何变化？努力水平假定为降成本的努力水平，如果是改进质量的努力水平，则努力水平的提升带来的是自然垄断企业边际成本的上升，结论可能会逆转。

（2）由于信息不对称问题的存在，使得关键变量不可取（或不可信），所以没有给出激励性规制策略改进网络型自然垄断行业市场绩效的实证检验。但是这并非不可验证，在数据充分的条件下，可以借鉴宏观经济学的 DSGE 模型，将激励性定价的效果以仿真的方式获得，并作为“冲击”引入原 DSGE 模型，最后进行福利对比来验证结论。另外，现实中自然垄断行业的固定资产投资，除了提升产量的投资之外，还有大量用于提高服务质量的投资。后一种投资不会直接影响企业的产出水平，但却会增加定价成本。Vareda（2010）等发现此类固定资产投资的异质性问题，会对政府定价与激励规制设计产生较大的影响。加入对异质性问题的识别和考察，这是研究自然垄断行业的一个重要方向。

（3）为简化分析，理论模型与实证检验都是建立在静态分析的基础上，没有考虑时间价值。未来的研究中加入动态规划的思想，将更有利于指导规制实践。此外，基于“普遍服务义务”的规制方案，因为会广泛地影响到不同消费者群体的切身利益，他们往往不会静静地等待政策的出台，而是会通过结成“利益集团”，去游说政策制定者，达到各自目的。在规制理论中，这些通常被称作“规制俘虏”，同样是很重要的问题，但由于篇幅所限，不得不舍弃了对这个话题的深入探讨。

第三节　政 策 建 议

第二章至第五章分别介绍了网络型自然垄断行业政府定价中激励规制的四个核心话题。并且这些章节思考了新的竞争环境下的激励规制的关键问题，将产业组织的最新理论方法运用到网络型自然垄断行业（自来水、燃气、电力、通信等）的研究中。基于上述理论与实证分析，本章将依次从多产品企业的分类定价、非对称竞争、经济性闲置与普遍服务义务四个层面提出相应的对策建议。

一、分类定价中加入激励修正

历史上，许多国家都曾在网络型自然垄断行业实行过补贴政策。然而到 20 世纪末，交叉补贴已被证实是损害市场绩效的。①给予企业在分类定价上的自由裁量权后，利润最大化的目标必然促使其远离低价补贴行为；②放松规制浪潮带来的进入者只会有选择地进入有利可图的领域，而拒绝进入受补贴领域（被称作“撇脂”)。特别是进入者拥有市场势力时，会要求将所有普遍服务强加到在位者身上（被称作“规制掠夺”)。根据其他国家的规制改革的经验，并结合中国网络型自然垄断行业规制的特点，提出以下建议供规制相关方参考。

自然垄断企业产品价格上涨增加消费者负担的问题，需要从社会福利最大化角度引入激励规制的方案。网络型自然垄断行业产品价格的涨幅长期高于 CPI，是困扰中国经济社会发展的顽疾。而降低企业与居民的负担，应依靠自然垄断企业自身成本的降低，而不能是交叉补贴。一方面交叉补贴偏离最优定价基准会造成社会总福利的损失，另一方面交叉补贴掩盖了被规制企业降低成本的潜能。在信息不对称与“完全补偿成本”的条件下，自然垄断企业在外部技术条件上“逆向选择”，而在内部努力水平上存在“道德风险”。因此，在自然垄断企业实物成本广泛接受审计监督的条件下，促使自然垄断企业的降成本将主要依靠消除信息不对称与提供降成本激励方面。就以城市自来水行业为例，在考虑激励因素之后，北京市居民水价应当下调 0.03 元，非居民与特种行业应当下调 0.04 元。原因可以归结于2015年北京市浪费掉的自来水总成本价值比2014年多出了3698.76万元。按照“补偿成本”原则，这部分损失最终由消费者承担，同时企业却并不享受这部分利益，属于社会福利的“无谓损失”。自然垄断企业原本能够弥补该部分损失，并且依据补偿成本原则，减少漏失的实物成本往往成为定价成本的一部分，最终由消费者承担，企业付出的更多的是努力带来的负效用。然而，负效用的大小与外部技术条件和内部努力水平相关，属于私人信息，难以在现行的政府定价规则中得到反映。如果希望自然垄断企业由此方面来改善市场绩效，政府的规制部门需要提供更充足的激励。

二、接入定价中设置合理标准与转移支付

政府定价规制中的预期成本取决于被规制企业的外生变量和内生变量。外生

变量是指企业在制造公共物品时需要面对的技术问题和机会成本。企业掌握的这些外生变量信息往往比规制部门要多、要深刻。在存在多个代理人（即多家参与企业）时，政府定价将面临“逆向选择”的考验。此时，政府不知该为某一企业产品或服务定高价或低价，而被规制企业不会揭示低成本的事实（若果真如此），因为说服政府定高价对企业有利[①]。根据本书第三章的分析，在可竞争市场开放后，面对存在的“非对称竞争”等问题，此处提出以下对策建议：

通过机制设计，以激励规制鼓励竞争，是改进社会福利的次优方案。国有企业并不总能无条件地执行社会计划者的意志。一方面，企业具有盈利性目标；另一方面，国有企业存在内部人控制问题。所以，即使国有企业同样需要给予适当的激励。依照现代规制理论，在存在信息不对称的条件下，可以给予信息优势的厂商一定的激励（转移支付），达到激励相容，实现社会福利的部分改进。

在本书第四章分析框架中，规制目标是向自然垄断企业提供转移支付 t 弥补开放竞争后企业的利润损失，使其显示真实成本，实现接入定价$a = C_{0Q}$。此时市场价格、消费者剩余与进入者利润均能达到社会计划者期望的水平，自然垄断企业的利润水平也保持不变。但是政府本身不产生财富，转移支付 t 来源于税收，相比较第一个政策建议，属于次优解，并且需要权衡转移支付所产生的公共基金$(1+\lambda)t$与社会总福利增量ΔU^S的大小。如果自然垄断企业高成本，$\Delta U^S = I - B = (c_1^H - c_2)(b - C_{0Q} - c_1^H) + \frac{1}{8}(b - C_{0Q} - c_1^H)^2$ ； $(1+\lambda)t = (1+\lambda)(A - 0) = (1+\lambda)\frac{1}{4}(b - C_{0Q} - c_1^H)^2$。当$\mathcal{L}' > \frac{1+2\lambda}{4}\mathcal{L}$时，政府通过转移支付激励自然垄断企业具有社会合意性[②]。这说明改革后的企业利润率要高于某个水平$\frac{1+2\lambda}{4}\mathcal{L}$，激励规制才具有经济性。$\lambda$在此处表示税收的扭曲程度，即转移支付一单位货币需要额外花费λ单位，实证研究表明市场经济健全国家的$\lambda \cong 0.3$（Laffont and Tirole，2000），

① 内生变量是指企业在取得合同后的决策，它与外生变量共同决定了企业产品的最终成本。内生变量很难体现在契约之中，也不易在诉讼中被证实和采纳。此时，政府将面临“道德风险”问题，企业的自由裁量权将导致效率低下。只有企业对其大多数的实现成本负责任时，他们才不会滥用自由裁量权。

② 由于垄断价格为$\frac{1}{2}(b + C_{0Q} + c_1^H)$，所以改革前的行业利润率$\mathcal{L} = \frac{1}{2}(b - C_{0Q} - c_1^H)$。社会计划者期望开放后的价格为$C_{0Q} + c_1^H$，由于自然垄断企业退出市场，进入者成为市场上唯一的企业，行业利润率变化为$\mathcal{L}' = C_{0Q} + c_1^H - a - c_2 = c_1^H - c_2$。其中$a = C_{0Q}$，表示自然垄断企业接受政府转移支付 t 后，做出了符合社会计划者期望的举动。

表明改革后的行业利润可以降低为原来的一半左右，就可以保证激励规制的实施，但改革后行业利润率过低则不可取。企业低成本与价值创造的情况与之类似。

三、开放市场与激励投资并举

自然垄断行业的规制是一个世界性难题，其中一个关键就是“事前效应”与“事后效应”的权衡。如何在保证“事前”垄断厂商投资和维护基础设施的条件下，优化资源配置，降低企业定价成本，增加消费者剩余与社会总福利，是摆在所有“利他型”政府部门面前的任务。开放可竞争市场与上游设备制造业的技术进步，原本应该有效地改进自然垄断行业的市场绩效。但是，在信息不对称条件下，追求利润最大化的在位企业的“策略性行为”，会扭曲价格与资源配置。“充分利用信息、有效配置资源以及实现激励相容”的激励性规制，对于“经济性闲置”问题及其后续问题的化解同样是有效的。由此，根据理论与实证部分的结论，建议如下。

（一）坚持开放“可竞争市场”

虽然通过本书第三章的分析，可以发现竞争进入会带来“经济性闲置”与“资产侵吞”问题。但是，相比开放市场之前的自然垄断行业“软预算约束”产生的资源配置低效率问题，竞争性进入对社会福利的改进效果还是较为显著的。一方面，自 20 世纪 80 年代开始，“开放可竞争市场”的规制实践在世界各国长盛不衰；另一方面，各国学者通过理论和实证方法证实了改革的有效性（参见本章文献综述部分）。2004 年，《国务院关于投资体制改革的决定》提出允许社会资本进入公共事业领域，标志着中国公共事业可竞争性改革的开启。紧随其后，中国自然垄断行业的可竞争市场价格也逐步放开，比如 2005 年中国电力行业的价格改革确立了“电网分类、竞价上网”原则。

然而在现实生活中，消费者并没有通过从改革中获得更多利益，反倒是垄断企业收益巨大（参见本章实证分析部分）。为此，中国中央政府不得不依靠行政手段来降低价格、改善消费者福利（参见本章提出问题部分）。原因很大程度上是改革的不够彻底，保留了部分空间，比如“各地也可根据本地实际采取其他过渡方式”，又比如保留了一些“不参与竞价上网的发电机组”。为此本书建议：①区分“强自然垄断环节”与“弱自然垄断环节”。“弱自然垄断环节”可以按照边际定价实现企业参与约束条件下的社会福利最大化，“强自然垄断环节”则必须要给予企业高于边际成本的加成才能保证企业预算平衡（于良春和张伟，2003）。在自然垄断行业的政府定价实践中，要区别各环节的市场结构特征，设计出不同的定价办法，比如上网电价、输配电价与销售电价。此外，“强弱自然垄断”特征能够通过需求规模的不同，同时反映在一家企业身上。比如自然垄断行业提供“普遍服务”，显然比只为少数消费者提供服务的边际成本要高得多（很容易达到$MC > AC$）。一旦开放竞争，由于竞争对手只会为最优规模的消费者提供服务（需求量 D 与MC 要小得多）。新进入者具有明显的价格优势，将会导致在位企业瞬间产生大量“经济性闲置”。因此应该酌情给予在位的垄断企业部分“过渡性”补偿。②维护市场公平秩序，消除非对称竞争。在开放竞争与技术进步的条件下，政策制定者给予自然垄断行业的在位企业“优惠措施”[①]，初衷是化解“经济性闲置”问题，扶持其顺利度过“过渡期”。但是本章理论分析的第二与第三部分给出的补偿“经济性闲置”的最优政府定价方案，并不是维持以往的定价办法，而是按照上游设备制造业的技术进步速度（或预期到来时间）设计新的定价方案。之所以反对使用在位企业原来的政府定价，是因为维持原有方案很容易产生非对称性竞争问题。因为竞争领域在位企业（如地方发电企业）大多与瓶颈集团（如两大电网集团）存在从属或其他关联关系，根据本书第三章的分析，在缺乏新的激励性规制方案条件下，歧视性的接入定价（竞价上网）将导致社会福利的巨大损失。因此，政府规制部门的价格规制应该以维护市场“公平、公正、公开”，以激励规制思想设计机制，避免非对称竞争。

（二）加速折旧

区别于直线法折旧，加速折旧并非在期限内依照年限均匀地提取折旧，而是加快固定资产投入初期的回收速度，以期能够尽早补偿投资成本，具有减轻企业负担、促进资本积累和鼓励创新等优势。第二次世界大战后西方国家纷纷出台了加速折旧政策，比如 1946 年英国出台的《初期折旧制度》允许企业的设备与建筑加速折旧，提高了企业固定资产投入最初年度的折旧率。类似的政策，也可以在德国、日本和美国等国家找到（任泽平，2014）。中国财政部和国家税务总局在 2014 年颁布的《关于完善固定资产加速折旧公司所得税政策的通知》规定：生物药品制造业等六个行业的厂商的新购固定资产可以采取加速折旧的方式税前抵扣。随后，2015 又年颁布的《关于进一步完善固定资产加速折旧公司所得税政策的通知》，将范围进一步扩大至对轻工、纺织、机械和汽车等四个行业领域。有研究表明中国的加速折旧政策不仅改善了相关行业内企业的融资约束，增加了流动性，

① 大多数的优惠措施为维持原有定价方案不变。2005 年，中国《上网电价管理暂行办法》规定“原国家电力公司系统直属并已从电网分离的发电企业，暂执行政府价格主管部门按补偿成本原则核定的上网电价”，“电网公司保留的电厂中，已核定上网电价的，继续执行政府价格主管部门制定的上网电价”，“原来已经定价的发电企业上网电价逐步统一”。

同时也显著提高了企业对技术创新的投入（曹越和陈文瑞，2017）。但上述两项政策效果在中国的不同名义税率与不同地区的企业之间存在较为显著的差异（李昊洋等，2017）。因此，2007 年颁布的《中华人民共和国企业所得税法》及其《实施条例》均规定了“由于技术进步等原因，确实需要加速折旧的，需要提供充分的证据，来证明预计使用年限低于规定的最低使用年限”。

目前，中国加速折旧政策实施的行业范围较窄，实施条件较为严苛，比如本书第四章所讨论的网络型自然垄断行业就暂时不被列入优惠范围内。这是因为加速折旧政策会带来两个不利影响：一个是会降低国家的税收收入；另一个是会增加消费者负担（邓欣，2002）。特别是对于政府定价的自然垄断行业，政府与社会对第二类不良影响的担忧往往更加突出，因为加速折旧明显会在短时间内提高政府定价[①]。然而，通过本章理论分析可以发现：引入竞争的“事后效应”会阻止设备投资的“事前效应”，加速折旧能够规避“经济性闲置”带来的“资产侵吞”问题，有利于激励企业投资和引进新设备，从长远看有利于消费者福利的改善。同时本章的实证部分也验证了此结论。因此，此处建议在允许的条件下，将加速折旧的政策的实施范围拓展至网络型自然垄断行业中的“可竞争环节”。同时，在实践中还要做好资产分类、针对性地选择折旧方案、科学调整残值与折旧年限等具体工作（布超和王晓芬，2006）。

（三）其他激励性措施

在竞争性进入与技术进步条件下，给予垄断企业适当的“激励”，来化解“经济性规闲置”问题。自然垄断企业对基础设施的投资与维护的经济行为，要满足参与约束（企业投资与维护基础设施的收益比不做要大）。当存在竞争性进入与技术进步时，约束条件中的收益由确定值变为期望值，并且在厂商与规制部门之间存在信息不对称。依照机制设计的基本要求（即资源的有效配置、信息的有效利用以及激励相容）（田国强，2003），此处建议：①政府定价的方式由追溯性成本定价法，过渡到前瞻性成本定价法。因为后者能更多地考虑到企业投资的机会成本，特别是开放竞争与技术进步带来的“沉淀成本”，弥补企业的投资成本。这样就能在“事前”提高企业投资和维护固定资产的积极性。②设计出基于随机性技术进步与经济性闲置的激励性定价。现实中，技术进步的速度往往是随机，新技术设备的投入日期也是随机的。激励性定价是为了弥补“经济性闲置”造成的企

① 与不存在竞争进入与技术进步条件下，垄断厂商能够将折旧过程一直延续到很久的未来（改革之前与改革初期的情形）相比，实施加速折旧政策后，显然消费者负担会在短期内迅速加重（Laffont and Tirole，2000）。

业损失，而损失是基于技术进步带来的技术设备的机会成本。只要存在技术进步，无论新技术到来后，旧技术是否仍被继续利用，垄断企业前期投入的资本成本将难以完全回收。因此，新技术到来前的政府定价需要重新设计，以弥补“经济性闲置”造成的企业损失。

四、合理政府定价中涉及的普遍服务义务

“普遍服务义务”是自然垄断行业规制中的一个棘手而又争议很大的问题，其中掺杂了太多利益集团的主张。如何保证稀缺的资源用于真正有效的需求，让“市场扭曲”的代价值得付出。在前文理论分析与实证检验的基础上，此处提出以下建议。

（一）多部门合作

规制部门与税务、民政等部门通力合作，确保“普遍服务义务”的落实。美国1996年《电信法》中普遍服务义务的规定具有代表性，被许多学者所借鉴和引用（如Laffont and Tirole，2000；王俊和昌忠泽，2007；王俊豪，2009等）。其中对普遍服务义务划分为两类：支持低收入家庭的生命线帮助计划和连接高成本（偏远）地区的生命连接帮助计划。通过整理不难发现，“普遍服务义务”的实现往往需要四个步骤：定义被补贴的产品或服务；选择质量层次；政府定价；选择为补贴的用户提供资金的税收结构。在确定了可补贴的服务项目和最低质量标准之后，往往需要确定政府定价规则与税收结构。后两个步骤往往紧密联系在一起，Laffont and Tirole（2000）指出“自然垄断产品的政府定价，往往最基本的产品或服务也会存在相当大的歧视，虽然价格歧视本身并没有问题，但是却提出了一个管理上的难题，如何获取资金（税金）来补贴某些相关的价格”。很显然，这涉及资金（税金）的来源与发放两个方面，如果单纯是“交叉补贴”方案，那么在规制部门内部就可以完成政策的制定，但是如果涉及直接税收（或者说一般税收）作为补贴资金的来源，那么规制部门（比如中国各级政府的物价部门）就很难独自解决，往往需要税务部门的配合。此外，实证分析揭示了民政部门主管的“救济性收入”发放过程中，消费者收入信息的甄别同样重要。

在中国，各级政府部门之间会因为利益目标、组织结构、信息与决策机制的不同而造成在规制政策实施的过程中协调与配合的困难（陈富良和何笑，2009）。在自然垄断行业“普遍服务义务”的落实过程中，政府各部门（物价部门、税务部门与民政部门等）之间需要有效的协调机制来消除（可能存在的）冲突，达成政府的政策目标。根据现有文献，未来的改革可从以下几个方面着手：①组建大

部制，减少协调的部门数量，打破职责同构，建立共享、协调的伙伴型部门关系。②设立协调委员会等类似机构，协调各部门之间的矛盾冲突。③决策过程委托专家、公共代表组成的委员会，约束“规制俘虏”等机会主义行为。

（二）合理税制结构

自然垄断行业的“普遍服务义务”需要大量资金补贴。无论如何努力，总会对市场绩效造成扭曲。如何选择税收种类，以尽量减少对其他用户造成的扭曲影响，Hausman（1998）的研究提供了很好的思路。通过计算自然垄断行业为“普遍服务义务”提供资金所造成的社会损失，可估算出补贴资金的影子成本，与一般的公共资金影子成本相比较，如果较高，说明间接税（消费税）的设置不合理。此时，相比直接税，比如从一般税收收入中拿出一部分进行转移支付（例如中国的“最低生活保障金”考虑“水电燃料支出”）社会总福利损失更大。因此，需要重新调整设计。如果消费税方案的影子成本低于公共资金的影子成本，那么方案具有可行性。由于影响直接税征收的因素有很多，而自然垄断行业“普遍服务义务”（水电燃料支出的保障）只占其很小的部分，所在直接税方案中无法明确观测到“普遍服务义务”引起的社会损失与影子成本。但是，可以通过观测“转移支付”的实施及其结果是否偏离了“普遍服务”的目标，也就是“社会最低保障金”的发放（发放对象与发放金额），是否改进了“困难群众”的生活（比如一定程度上增加“水电燃料”的支出），来检验政策的效果，一如本章实证部分的模糊断点回归方法的运用。

中国的税制结构中，间接税（消费税）的比例远远高于世界平均水平，因此造成了“中国产品在国外购买比在国内购买更加便宜”的现象。与此同时，中国的直接税（所得税）的比例远低于世界平均水平。偏重间接税的税制结构与 A-S 定理相背离，虽然已有研究证明通过放松假设，间接税对市场绩效的扭曲的代价可以接受，但过于偏离的结果会降低再分配的效果（何自强，2011）。因此，为实现自然垄断行业的“普遍服务义务”，国家应该适度降低增值税的税率[①]，而损失的部分可以依靠逐步提升收入税的比重来完成。

（三）考虑“普遍服务义务”的阶梯定价

网络型自然垄断产品的区别定价不仅要体现节能减排与节约资源的目的，也应该反映“普遍服务义务”。与国外的阶梯水价、阶梯电价等相比，中国自然垄断行业现在实施的阶梯定价更多考虑的“节能减排或节约资源”等目的。这与中国

① 中国的增值税实质上就是国外的消费税，中国的消费税实际上相当于国外的“奢侈税”。

的人均可占有资源数量较为贫乏的国情相关，无可厚非。但是与国外的政府阶梯定价相比，往往第一阶梯存在较大差异。在美国、日本和欧洲国家的自然垄断产品（水电燃料）等的“第一阶梯”定价设计往往是基于保障困难人群的最低生活保障，表现为数量少、价格低。而中国的“第一阶梯”设计的数量高、价格也相对较高。对困难群众提供的优惠措施采取的是“申领制度”[①]，貌似能够恰到好处地分类困难人群与非困难人群，避免非困难人群的攀比。但是申报程序繁琐，困难人群未必能够取得相应证明，因为收入差异并非贫困的唯一因素，同样收入有些家庭因为抚养或赡养负担重，造成实际收入与消费困难。而这样的人群不容易取得证明。同时困难家庭接收不到信息，另外羞于申报，因为回报往往不高（普遍为 7-8 元/月）但极容易折损困难人群的自尊心。此外，还存在宣传不到位，群众得不到有效信息等问题。综上，建议在网络型自然垄断行业产品的区别定价中，借鉴国外的阶梯定价方案，为困难群体设置合理的第一阶梯。

① 由困难群众到自然垄断行业营业部门，提供相关证明材料（家庭收入、最低生活保障证明等），方能取得“免费水（电或燃料）用量”，或对应现金补贴。

附　　录

附　录　A

整理可得：

$$S(q_0)+V(q_1,q_2)+\lambda(p_0q_0+p_1q_1+p_2q_2) \\ -(1+\lambda)[\psi(e_0+e_1)+C_0(\beta,e_0,q_0+q_1+q_2+q_2')+C_1(\beta,e_1,q_1) \\ +cq_2]+\ S(q_2')-p_2'q_2'+\frac{p_2'q_2'}{\eta_2'}$$

分别对式求p_0、p_1、p_2、p_2'和$\tilde{\lambda}$的偏导数，并令其等于零，求得完全信息条件下，社会福利最大化的条件：

令　$W=S(q_0)+V(q_1,q_2)+\lambda(p_0q_0+p_1q_1+p_2q_2)-(1+\lambda)[\psi(e_0+e_1)+$

$C_0(\beta,e_0,q_0+q_1+q_2+q_2')+C_1(\beta,e_1,q_1)+cq_2]+\ V(q_2')-p_2'q_2'+\frac{p_2'q_2'}{\eta_2'}$

$$\frac{\partial W}{\partial p_0}=\frac{\partial S}{\partial q_0}\frac{\partial q_0}{\partial p_0}+\lambda\left(q_0+p_0\frac{\partial q_0}{\partial p_0}\right)-(1+\lambda)(\frac{\partial C_0}{\partial Q}\frac{\partial Q}{\partial p_0})\equiv 0$$

注意$\frac{\partial S}{\partial q_0}=p_0$，$\frac{\partial Q}{\partial p_0}=\frac{\partial q_0}{\partial p_0}$

$$p_0\frac{\partial q_0}{\partial p_0}+\lambda q_0+\lambda p_0\frac{\partial q_0}{\partial p_0}-(1+\lambda)\frac{\partial C_0}{\partial Q}\frac{\partial q_0}{\partial p_0}=0$$

$$(1+\lambda)\left(p_0\frac{\partial q_0}{\partial p_0}-\frac{\partial C_0}{\partial Q}\frac{\partial q_0}{\partial p_0}\right)=\lambda p_0\frac{\partial q_0}{\partial p_0}$$

两边同除以$(1+\lambda)\frac{\partial q_0}{\partial p_0}p_0$，可得：

$$\frac{p_0-C_{0Q}}{p_0}=\frac{\lambda}{1+\lambda}\frac{1}{\frac{\partial q_0}{\partial p_0}\frac{p_0}{q_0}}$$

注意：弹性$\eta_0=-\frac{\partial q_0}{\partial p_0}\frac{p_0}{q_0}$，因此有$L_0=\frac{p_0-C_{0Q}}{p_0}=\frac{\lambda}{1+\lambda}\frac{1}{\eta_0}$

当产品具有替代关系时，弹性为超弹性所代替。

$$\frac{\partial W}{\partial p_1}=\frac{\partial V}{\partial q_1}\frac{\partial q_1}{\partial p_1}+\frac{\partial V}{\partial q_2}\frac{\partial q_2}{\partial p_1}+\lambda\left(q_1+p_1\frac{\partial q_1}{\partial p_1}+p_2\frac{\partial q_2}{\partial p_1}\right)-(1+\lambda)\frac{\partial C_0}{\partial Q}\frac{\partial q_1}{\partial p_1}-(1+\lambda)\frac{\partial C_1}{\partial q_1}\frac{\partial q_1}{\partial p_1}-(1+\lambda)\frac{\partial q_2}{\partial p_1}c\equiv 0$$

同时

$$\frac{\partial W}{\partial p_2}=\frac{\partial V}{\partial q_1}\frac{\partial q_1}{\partial p_2}+\frac{\partial V}{\partial q_2}\frac{\partial q_2}{\partial p_2}+\lambda\left(p_1\frac{\partial q_1}{\partial p_2}+q_2+p_2\frac{\partial q_2}{\partial p_2}\right)-(1+\lambda)\frac{\partial C_0}{\partial Q}\frac{\partial q_2}{\partial p_2}-(1+\lambda)\frac{\partial C_1}{\partial q_1}\frac{\partial q_1}{\partial p_2}-(1+\lambda)\frac{\partial q_2}{\partial p_2}c\equiv 0$$

注意：$\frac{\partial V}{\partial q_1}=p_1$，$\frac{\partial V}{\partial q_2}=p_2$成立。

因此，上两式可改写为：

$$(1+\lambda)\begin{bmatrix}\frac{\partial q_1}{\partial p_1} & \frac{\partial q_2}{\partial p_1}\\ \frac{\partial q_1}{\partial p_2} & \frac{\partial q_2}{\partial p_2}\end{bmatrix}\begin{bmatrix}p_1-\frac{\partial C_0}{\partial Q}-\frac{\partial C_1}{\partial q_1}\\ p_2-\frac{\partial C_0}{\partial Q}-c\end{bmatrix}=\begin{bmatrix}-\lambda q_1\\ -\lambda q_2\end{bmatrix}$$

根据克拉姆法则：

$$p_1-\frac{\partial C_0}{\partial q_1}-\frac{\partial C_1}{\partial q_1}=-\frac{\lambda}{1+\lambda}\frac{\begin{vmatrix}q_1 & \frac{\partial q_2}{\partial p_1}\\ q_2 & \frac{\partial q_2}{\partial p_2}\end{vmatrix}}{\begin{vmatrix}\frac{\partial q_1}{\partial p_1} & \frac{\partial q_2}{\partial p_1}\\ \frac{\partial q_1}{\partial p_2} & \frac{\partial q_2}{\partial p_2}\end{vmatrix}};$$

$$p_2-\frac{\partial C_1}{\partial q_2}-c=-\frac{\lambda}{1+\lambda}\frac{\begin{vmatrix}\frac{\partial q_1}{\partial p_1} & q_1\\ \frac{\partial q_1}{\partial p_2} & q_2\end{vmatrix}}{\begin{vmatrix}\frac{\partial q_1}{\partial p_1} & \frac{\partial q_2}{\partial p_1}\\ \frac{\partial q_2}{\partial p_2} & \frac{\partial q_2}{\partial p_2}\end{vmatrix}}。$$

特别地$\frac{p_1-\frac{\partial C_0}{\partial Q}-\frac{\partial C_1}{\partial q_1}}{p_1}=-\frac{\lambda}{1+\lambda}\left(\frac{1}{p_1}*\frac{q_1\frac{\partial q_2}{\partial p_2}-q_2\frac{\partial q_2}{\partial p_1}}{\frac{\partial q_1}{\partial p_1}\frac{\partial q_2}{\partial p_2}-\frac{\partial q_1}{\partial p_2}\frac{\partial q_2}{\partial p_1}}\right)$。

第一步，分母配出$\eta_1=-\frac{\partial q_1}{\partial p_1}\frac{p_1}{q_1}$

$$\frac{p_1-\frac{\partial C_0}{\partial Q}-\frac{\partial C_1}{\partial q_1}}{p_1}=\frac{\lambda}{1+\lambda}*\frac{1}{-\frac{\partial q_1}{\partial p_1}\frac{p_1}{q_1}}*\frac{q_1\frac{\partial q_2}{\partial p_2}-q_2\frac{\partial q_2}{\partial p_1}}{\frac{\partial q_1}{\partial p_1}\frac{\partial q_2}{\partial p_2}*q_1\frac{\partial p_1}{\partial q_1}-\frac{\partial q_1}{\partial p_2}\frac{\partial q_2}{\partial p_1}*q_1\frac{\partial p_1}{\partial q_1}}$$

$$=\frac{\lambda}{1+\lambda}*\frac{1}{-\frac{\partial q_1}{\partial p_1}\frac{p_1}{q_1}}*\frac{q_1\frac{\partial q_2}{\partial p_2}-q_2\frac{\partial q_2}{\partial p_1}}{q_1\frac{\partial q_2}{\partial p_2}-\frac{\partial q_1}{\partial p_2}\frac{\partial q_2}{\partial p_1}*q_1\frac{\partial p_1}{\partial q_1}}$$

等式右边分子分母同时除以$q_1\frac{\partial q_2}{\partial p_2}$可得：

$$\frac{p_1-\frac{\partial C_0}{\partial Q}--\frac{\partial C_1}{\partial q_1}}{p_1}=\frac{\lambda}{1+\lambda}*\frac{1}{\eta_1}*\frac{1-\frac{q_2}{q_1}\frac{\partial q_2}{\partial p_1}\frac{\partial p_2}{\partial q_2}}{1-\frac{\partial q_1}{\partial p_2}\frac{\partial q_2}{\partial p_1}\frac{\partial p_1}{\partial q_1}\frac{\partial p_2}{\partial q_2}}$$

$$=\frac{\lambda}{1+\lambda}*\frac{1}{\eta_1}*\frac{1+[\frac{\frac{\partial q_2 p_1}{\partial p_1 q_2}}{(\frac{\partial q_2}{\partial p_2}(-\frac{p_2}{q_2})]}*\frac{q_2}{q_1}*\frac{q_2}{p_1}*\frac{q_2}{q_2}}{1-\frac{\partial q_1}{\partial p_2}\frac{p_2}{q_1}*\frac{\frac{\partial q_2 p_1}{\partial p_1 q_2}}{\frac{\partial p_1\partial p_2}{\partial q_1\partial q_2}*\frac{p_2 p_1}{q_1 q_2}}}$$

$$=\frac{\lambda}{1+\lambda}*\frac{1}{\eta_1}\left[\frac{1+\frac{\eta_{21}}{\eta_2}*\frac{q_2p_2}{q_1p_1}}{1-\eta_{12}*\frac{\eta_{21}}{\eta_1*\eta_2}}\right]$$

$$=\frac{\lambda}{1+\lambda}*\frac{1}{\eta_1}*\frac{\eta_1*\eta_2+\eta_{21}*\eta_1*\frac{q_2p_2}{q_1p_1}}{\eta_1*\eta_2-\eta_{12}*\eta_{21}}$$

注意：$q_2p_2=q_1p_1$，因此有：

$$\frac{p_1-\frac{\partial C_0}{\partial Q}-\frac{\partial C_1}{\partial q_1}}{p_1}=\frac{\lambda}{1+\lambda}\frac{1}{\hat{\eta}_1}。$$

同理可求得：$L_2=\frac{p_2-C_{0Q}-c}{p_2}=\frac{\lambda}{1+\lambda}\frac{1}{\hat{\eta}_2}$

$$\frac{\partial W}{\partial p_2'}=-(1+\lambda)\frac{\partial C_0}{\partial Q}\frac{\partial q_2'}{\partial p_2'}+\frac{\partial S}{\partial q_2'}\frac{\partial q_2'}{\partial p_2'}+(\frac{1}{\eta_2'}-1)(q_2'+p_2'\frac{\partial q_2'}{\partial p_2'})\equiv 0$$

注意$\frac{\partial S}{\partial q_2'}=p_2'$

$$-(1+\lambda)\frac{\partial C_0}{\partial Q}\frac{\partial q_2'}{\partial p_2'}+p_2'\frac{\partial q_2'}{\partial p_2'}+\left(\frac{1}{\eta_2'}-1\right)\left(q_2'+p_2'\frac{\partial q_2'}{\partial p_2'}\right)=0$$

$$(1+\lambda)\frac{\partial q_2'}{\partial p_2'}\left(p_2'-\frac{\partial C_0}{\partial Q}\right)-\lambda p_2'\frac{\partial q_2'}{\partial p_2'}+(\frac{1}{\eta_2'}-1)\left(q_2'+p_2'\frac{\partial q_2'}{\partial p_2'}\right)=0$$

$$(1+\lambda)\frac{\partial q_2'}{\partial p_2'}\left(p_2'-\frac{\partial C_0}{\partial Q}\right)=-(\frac{1}{\eta_2'}-1)\left(q_2'+p_2'\frac{\partial q_2'}{\partial p_2'}\right)+\lambda p_2'\frac{\partial q_2'}{\partial p_2'}$$

令$\tilde{\lambda}=\frac{1}{\eta_2'}-1$

$$(1+\lambda)\frac{\partial q_2'}{\partial p_2'}\left(p_2'-\frac{\partial C_0}{\partial Q}\right)=-\tilde{\lambda}\left(q_2'+p_2'\frac{\partial q_2'}{\partial p_2'}\right)+\lambda p_2'\frac{\partial q_2'}{\partial p_2'}$$

$$(1+\lambda)\frac{\partial q_2'}{\partial p_2'}\left(p_2'-\frac{\partial C_0}{\partial Q}\right)=-\lambda q_2'+(\lambda-\tilde{\lambda})\left(q_2'+p_2'\frac{\partial q_2'}{\partial p_2'}\right)$$

两边同除以$(1+\lambda)\frac{\partial q_2'}{\partial p_2'}p_2'$，得

$$\frac{p_2'-C_{0Q}}{p_2'}=\frac{\lambda}{1+\lambda}\frac{1}{\eta_2'}+\frac{\lambda-\tilde{\lambda}}{1+\lambda}\left(1-\frac{1}{\eta_2'}\right)=\frac{\lambda}{1+\lambda}\frac{1}{\eta_2'}-\frac{\tilde{\lambda}(\lambda-\tilde{\lambda})}{1+\lambda}$$

$$=\frac{\lambda}{1+\lambda}\frac{1}{\eta_2'}+\frac{\tilde{\lambda}(\tilde{\lambda}-\lambda)}{1+\lambda}$$

因为$\lambda\geqslant 0$，$\tilde{\lambda}<0$时，成本加成上升。

附　录　B

最优控制理论的最重要结果，即一阶必要条件，称为最大值原理或庞特里亚金原理。

令$\mu(\beta)$表示与U相关的共态变量。根据庞特里亚金原理，有：

$$\dot{\mu}(\beta)=\frac{\partial\mu(\beta)}{\partial\beta}=\lambda f(\beta)$$

又因为$\mu\left(\underline{\beta}\right)=0$，于是

$$\mu(\beta)=\int_{\underline{\beta}}^{\beta}\lambda f(x)dx=\lambda F(x)\Big|_{\underline{\beta}}^{\beta}=\lambda F(\beta)$$

构造哈密尔顿函数：

$$\begin{aligned}
\mathrm{H} = \{ & S\left(q_0(p_0(\beta))\right) + V\left(q_1(p_1(\beta), p_2(\beta)), q_2(p_1(\beta), p_2(\beta))\right) + \lambda[p_0(\beta)q_0(p_0(\beta)) \\
& + p_1(\beta)q_1(p_1(\beta), p_2(\beta)) + p_2(\beta)q_2(p_1(\beta), p_2(\beta))] - (1 \\
& + \lambda)[\psi(e_0(\beta) + e_1(\beta)) \\
& + C_0(\beta, e_0(\beta), q_0(p_0(\beta)) + q_1(p_1(\beta), p_2(\beta)) + q_2(p_1(\beta), p_2(\beta)) \\
& + C_1(\beta, e_1(\beta), q_1(p_1(\beta), p_2(\beta)) + cq_2(p_1(\beta), p_2(\beta))] \\
& - \lambda U(\beta)\} f(\beta) - \mu(\beta)\psi'(e_0(\beta) + e_1(\beta))(\frac{\partial E_0}{\partial \beta}(\beta, C_0(\beta), q_0(p_0(\beta)) \\
& + q_1(p_1(\beta), p_2(\beta)) + q_2(p_1(\beta), p_2(\beta))) \\
& + \frac{\partial E_1}{\partial \beta}(\beta, C_1(\beta), q_1(p_1(\beta), p_2(\beta)))
\end{aligned}$$

分别对p_0、p_1、p_2求导。

可得：$\frac{p_0 - C_{0Q}}{p_0} = \frac{\lambda}{1+\lambda}\frac{1}{\hat{\eta}_0} + \frac{\lambda}{1+\lambda}\frac{F}{f}\frac{\psi'}{p_0}\frac{\partial}{\partial Q}(-\frac{C_{0\beta}(\beta,e_0,Q)}{C_{0e_0}(\beta,e_0,Q)})$

$$\frac{p_1 - C_{0Q} - C_{1q_1}}{p_1} = \frac{\lambda}{1+\lambda}\frac{1}{\hat{\eta}_1} + \frac{\lambda}{1+\lambda}\frac{F}{f}\frac{\psi'}{p_1}(\frac{\partial}{\partial Q}\left\{-\frac{C_{0\beta}(\beta,e_0,Q)}{C_{0e_0}(\beta,e_0,Q)}\right\} + \frac{\partial}{\partial q_1}\left\{-\frac{C_{1\beta}(\beta,e_1,Q)}{C_{1e_1}(\beta,e_1,Q)}\right\})$$

$$\frac{p_2 - C_{0Q} - c}{p_2} = \frac{\lambda}{1+\lambda}\frac{1}{\hat{\eta}_2} + \frac{\lambda}{1+\lambda}\frac{F}{f}\frac{\psi'}{p_2}\frac{\partial}{\partial Q}(-\frac{C_{0\beta}(\beta,e_0,Q)}{C_{0e_0}(\beta,e_0,Q)})$$

例如：

$$\begin{aligned}
\frac{\partial \mathrm{H}}{\partial p_0} = & \left[\frac{\partial S}{\partial q_0}\frac{\partial q_0}{\partial p_0} + \lambda\left(q_0 + p_0\frac{\partial q_0}{\partial p_0}\right) - (1+\lambda)\left(\frac{\partial C_0}{\partial Q}\frac{\partial Q}{\partial p_0}\right)\right] f - \lambda F\psi'\frac{\partial}{\partial Q}(\frac{\partial E_0}{\partial \beta})\frac{\partial Q}{\partial p_0} \\
& \equiv 0
\end{aligned}$$

因为$\frac{\partial S}{\partial q_0} = p_0$，$\frac{\partial Q}{\partial p_0} = \frac{\partial q_0}{\partial p_0}$，所以上式变换为：

$$\left[p_0\frac{\partial q_0}{\partial p_0} + \lambda\left(q_0 + p_0\frac{\partial q_0}{\partial p_0}\right) - (1+\lambda)\left(\frac{\partial C_0}{\partial Q}\frac{\partial q_0}{\partial p_0}\right)\right] f - \lambda F\psi'\frac{\partial}{\partial Q}\left(\frac{\partial E_0}{\partial \beta}\right)\frac{\partial q_0}{\partial p_0} = 0$$

整理可得：

$$(1+\lambda)\frac{\partial q_0}{\partial p_0} f * (p_0 - C_{0Q}) = -\lambda f q_0 + \lambda F\psi'\frac{\partial}{\partial Q}\left(\frac{\partial E_0}{\partial \beta}\right)\frac{\partial q_0}{\partial p_0}$$

等式两边同除以$(1+\lambda)\frac{\partial q_0}{\partial p_0}p_0 f$，可得：

$$\frac{p_0 - C_{0Q}}{p_0} = \frac{\lambda}{1+\lambda}\frac{1}{\hat{\eta}_0} + \frac{\lambda}{1+\lambda}\frac{F}{f}\frac{\psi'}{p_0}\frac{\partial}{\partial Q}\left(\frac{\partial E_0}{\partial \beta}\right)$$

又$\frac{\partial E_0}{\partial \beta}=-\frac{C_{0\beta}(\beta,e_0,Q)}{C_{0e_0}(\beta,e_0,Q)}$，于是得到：

$$\frac{p_0-C_{0Q}}{p_0}=\frac{\lambda}{1+\lambda}\frac{1}{\hat{\eta}_0}+\frac{\lambda}{1+\lambda}\frac{F}{f}\frac{\psi'}{p_0}\frac{\partial}{\partial Q}(-\frac{C_{0\beta}(\beta,e_0,Q)}{C_{0e_0}(\beta,e_0,Q)})$$

同理可得：

$$\frac{p_1-C_{0Q}-C_{1q_1}}{p_1}=\frac{\lambda}{1+\lambda}\frac{1}{\hat{\eta}_1}+\frac{\lambda}{1+\lambda}\frac{F}{f}\frac{\psi'}{p_1}(\frac{\partial}{\partial Q}\left\{-\frac{C_{0\beta}(\beta,e_0,Q)}{C_{0e_0}(\beta,e_0,Q)}\right\}+\frac{\partial}{\partial q_1}\left\{-\frac{C_{1\beta}(\beta,e_1,Q)}{C_{1e_1}(\beta,e_1,Q)}\right\})$$

$$\frac{p_2-C_{0Q}-c}{p_2}=\frac{\lambda}{1+\lambda}\frac{1}{\hat{\eta}_2}+\frac{\lambda}{1+\lambda}\frac{F}{f}\frac{\psi'}{p_2}\frac{\partial}{\partial Q}(-\frac{C_{0\beta}(\beta,e_0,Q)}{C_{0e_0}(\beta,e_0,Q)})$$

注意$\frac{\partial E_0}{\partial \beta}=-\frac{C_{0\beta}(\beta,e_0,Q)}{C_{0e_0}(\beta,e_0,Q)}$，$\frac{\partial E_1}{\partial \beta}=-\frac{C_{1\beta}(\beta,e_0,Q)}{C_{1e_1}(\beta,e_0,Q)}$

参 考 文 献

[1] 安玉兴，田华．非对称成本信息下的网络规制定价与进入决策[J]．产业经济研究，2008（3）：7-12.

[2] 白兰君．自然垄断行业定价的经济分析——以气体管道输送价格为例[J]．经济学动态，2003（8）：43-45.

[3] 白让让．制度均衡与独立规制机构的变革——以“信息产业部”和“电监会”为例[J]．中国工业经济，2014（10）：59-71.

[4] 布超，王晓芬．铁路技术创新、技术进步与加速折旧间关系浅析[J]．山西财经大学学报，2006（2）：199-199.

[5] 蔡昉，孟昕，王美艳．中国老龄化趋势与养老保障改革：挑战与选择[J]．国际经济评论，2004（4）：40-43.

[6] 曹越，陈文瑞．固定资产加速折旧的政策效应：来自财税〔2014〕75 号的经验证据[J]．中央财经大学学报，2017（11）：60-76.

[7] 陈富良，何笑．社会性规制的冲突与协调机制研究[J]．江西社会科学，2009（5）：187-191.

[8] 陈凯荣．维持垄断还是走向竞争?——自然垄断行业分析的一个视角[J]．当代经济管理，2013（4）：9-15.

[9] 陈林．自然垄断与混合所有制改革——基于自然实验与成本函数的分析[J]．经济研究，2018（1）：81-96.

[10] 陈强．高级计量经济学及 Stata 应用[M]．北京：高等教育出版社，2014.

[11] 邓欣．加速折旧对国家及企业利益的影响[J]．中南财经政法大学学报，2002（1）：109-110.

[12] 干春晖，周习．互联网接入价格机制研究[J]．财经研究，2006（2）：54-66.

[13] 高伟娜．垄断性产业普遍服务投资存在的问题及对策研究[J]．经济论坛，2011（2）：136-139.

[14] 姜春海．网络产业接入定价的 ECPR 方法研究[J]．产业经济研究，2005（6）：63-72.

[15] 姜春海．网络外部性下的 ECPR 接入定价规则研究[J]．河北经贸大学学报，2008，29（2）：37-41.

[16] 何自强．税制结构国际发展新趋势与中国结构性减税之政策取向[J]．现代财经（天津财经大学学报），2011（10）：24-31．

[17] 黄群慧，余菁．新时期的新思路：国有企业分类改革与治理[J]．中国工业经济，2013（11）：5-17．

[18] 焦娜．社会养老模式下的老年人医疗消费行为——基于模糊断点回归的分析[J]．人口与经济，2016（4）：91-102．

[19] [美]杰弗瑞．A・杰里，菲利普・J・瑞尼．高级微观经济理论[M]．北京：中国人民大学出版社，2002．

[20] 李泊溪，谢伏瞻，李培育．对“瓶颈”产业发展的分析与对策[J]．经济研究，1988（12）：3-9．

[21] 李国璋，白明．市场可竞争性与绩效：对我国工业行业的实证分析[J]．统计研究，2006（6）：43-46．

[22] 李昊洋，程小可，高升好．税收激励影响企业研发投入吗?——基于固定资产加速折旧政策的检验[J]．科学学研究，2017（11）：82-92．

[23] 李美娟，杨栋会．论网络产业接入定价与策略性行为[J]．科技管理研究，2012（17）：128-131．

[24] 李胜旗，毛其淋．制造业上游垄断与企业出口国内附加值——来自中国的经验证据[J]．中国工业经济，2017（3）：101-119．

[25] 李眺．我国城市供水需求侧管理与水价体系研究[J]．中国工业经济，2007（2）：43-51．

[26] 李伟．推动中国经济稳步迈向高质量发展[J]．智慧中国，2018（1）：12-16．

[27] 梁丽婷，董茜．中国各地区教育水平的差异性分析[J]．现代交际，2016（4）：241-242．

[28] 林须忠．浅析燃气特许经营权的影响和改革——以福建省为例[J]．天然气技术与经济，2016，10（3）：60-62．

[29] 刘戒骄．竞争机制与网络产业的规制改革[J]．中国工业经济，2001（9）：30-37．

[30] 刘瑞明，石磊．上游垄断、非对称竞争与社会福利——兼论大中型国有企业利润的性质[J]．经济研究，2011（12）：86-96．

[31] 刘世庆，许英明．我国城市水价机制与改革路径研究综述[J]．经济学动态，2012（1）：91-95．

[32] 刘小玄，张蕊．可竞争市场上的进入壁垒——非经济垄断的理论和实证分析[J]．中国工业经济，2014（4）：71-83．

[33] 鲁晓东，连玉君．中国工业企业全要素生产率估计：1999－2007[J]．经济学

（季刊），2012，11（2）：541-558.

[34] 陆伟刚．用户异质、网络非中立与公共政策：基于双边市场视角的研究[J]．中国工业经济，2013（2）：58-69.

[35] 吕荣胜，骆毅，陈剑等．可竞争市场理论与我国自然垄断行业规制[J]．经济学动态，2009（9）：49-52.

[36] 马甜．转型期自然垄断产业民营化进程与全要素生产率的变动——以中国电力产业为例[J]．当代财经，2010（2）：90-97.

[37] 马天明．行业体制改革对我国自然垄断业生产效率的影响测算与估计[J]．统计与决策，2017（3）：104-107.

[38] 蒲实．论我国城市自来水价格形成的理论基础[J]．价格理论与实践，2008（12）：39-40.

[39] 戚聿东，刘健．深化国有企业改革的方向和路径——“深化国有企业改革研讨会”观点综述[J]．中国工业经济，2013（12）：31-38.

[40] 钱炳．自然垄断中的市场势力：对电力产业“厂网分开”的分析[J]．中央财经大学学报，2017（7）：74-86.

[41] 钱宁宇，郑长军．不确定信息下的内生激励与企业效率[J]．经济研究，2015（5）：104-117.

[42] 任泽平．发达国家实施加速折旧的经验与我国的选择[J]．经济纵横，2014（3）：112-116.

[43] 盛丹，刘灿雷．外部监管能够改善国企经营绩效与改制成效吗？[J]．经济研究，2016（10）：97-111.

[44] [美]施蒂格勒著，潘振民译．产业组织和政府管制[M]．上海：上海人民出版社，1996.

[45] 史晋川，杜立民．长期期货合约与默契合谋：以电力市场为例[J]．世界经济，2007（3）：59-66.

[46] 石奇，孔群喜．接入定价、渠道竞争与规制失败[J]．经济研究，2009（9）：116-127.

[47] 孙睿君，钟笑寒．运用旅行费用模型估计典型消费者的旅游需求及其收益：对中国的实证研究[J]．统计研究，2005，22（12）：34-39.

[48] 唐要家，李增喜．居民阶梯水价能够促进社会公平吗？[J]．财经问题研究，2016（4）：38-43.

[49] 田国强．经济机制理论：信息效率与激励机制设计[J]．经济学（季刊），2003（2）：271-308.

[50] 汤吉军. 可竞争市场理论及其对我国自然垄断行业改革的启示[J]. 产业经济评论（山东大学），2010（2）：123-137.
[51] 王道平，杨永芳. 我国国内快递市场的竞争分析[J]. 北京社会科学，2009（2）：10-15.
[52] 王俊，昌忠泽. 社会普遍服务的建立——来自中国的经验分析[J]. 经济研究，2007（12）：34-45.
[53] 王俊豪. A-J 效应与自然垄断产业的价格管制模型[J]. 中国工业经济，2001（10）：33-39.
[54] 王俊豪. 中国垄断性产业普遍服务政策探讨——以电信、电力产业为例[J]. 财贸经济，2009（10）：120-125.
[55] 王俊豪，高伟娜. 中国电力产业的普遍服务及其管制政策[J]. 经济与管理研究，2008（1）：31-37.
[56] 王俊豪，程肖君. 自然垄断产业的网络瓶颈与接入管制政策[J]. 财经问题研究，2007（12）：36-41.
[57] 王俊豪，程肖君. 网络瓶颈、策略性行为与管网公平开放——基于油气产业的研究[J]. 中国工业经济，2017（1）：117-134.
[58] 汪秋明. 规制定价机制的激励强度权衡与模型设计——以我国电信产业的规制定价总体模型设计为例[J]. 中国工业经济，2006（3）：38-45.
[59] 王燕. 价格规制合同设计中信息租金与配置效率的协调方式[J]. 中国工业经济，2004（8）：62-67.
[60] 夏骋翔，李克娟. 城镇居民饮用水资源需求研究[J]. 价格理论与实践，2007（3）：31-32.
[61] 夏大慰. 产业组织与公共政策：可竞争市场理论[J]. 外国经济与管理，1999（11）：9-11.
[62] 肖兴志，陈艳利. 纵向一体化网络的接入定价研究[J]. 中国工业经济，2003（6）：21-28.
[63] 谢千里，罗斯基，张轶凡. 中国工业生产率的增长与收敛[J]. 经济学（季刊），2008，7（3）：809-826.
[64] 熊瑞祥. 干中学与中国工业企业全要素生产率[D]. 湘潭：湘潭大学，2012.
[65] 许萍，陈锐. 价格上限管制下企业的信息获取激励机制研究[J]. 经济评论，2008（5）：106-112.
[66] 杨兰品，郑飞. 中国垄断性行业收入分配问题研究述评[J]. 江汉论坛，2011（7）：69-73.

[67] 杨汝岱. 中国制造业企业全要素生产率研究[J]. 经济研究，2015(2)：61-74.

[68] 杨永忠. 自然垄断产业定价机制探析——以电价机制为例[J]. 当代财经，2003（9）：99-102.

[69] 杨永忠. 自然垄断产业普遍服务的理论基础、成因与政策[J]. 生产力研究，2006（2）：180-182.

[70] 于立，姜春海. 网络产业 Ramsey 接入定价方法研究[J]. 当代财经，2007(9)：84-91.

[71] 于立宏，郁义鸿. 需求波动下的煤电纵向关系安排与政府规制[J]. 管理世界，2006（4）：73-86.

[72] 于立宏，郁义鸿. 基于产业链效率的煤电纵向规制模式研究[J]. 中国工业经济，2006（6）：5-13.

[73] 于良春. 论自然垄断与自然垄断产业的政府规制[J]. 中国工业经济，2004(2)：27-33.

[74] 于良春，丁启军. 自然垄断产业进入管制的成本收益分析——以中国电信业为例的实证研究[J]. 中国工业经济，2007（1）：16-22.

[75] 于良春，张伟. 强自然垄断定价理论与中国电价规制制度分析[J]. 经济研究，2003（9）：67-73.

[76] 张红凤. 自然垄断产业的治理：一个基于规制框架下竞争理论的视角[J]. 经济评论，2008（1）：93-99.

[77] 张璐琴，黄睿. 典型国家城市供水价格体系的国际比较及启示[J]. 价格理论与实践，2015（2）：65-68.

[78] 张明海. 上海公交价格需求弹性估计[J]. 上海管理科学，2004（6）：28-29.

[79] 张伟，于良春. 信息、串谋与自然垄断产业规制[J]. 经济评论，2007（2）：110-116.

[80] 张伟，于良春. 混合所有制下纵向一体化的竞争及反竞争效应[J]. 经济评论，2015（2）：88-100.

[81] 赵昕东，王昊. 退休对家庭消费的影响——基于模糊断点回归设计[J]. 武汉大学学报（哲学社会科学版），2018（1）：167-174.

[82] 郑辛迎. 中国工业行业垂直专业化及其影响因素研究——基于 1997-2007 分行业面板数据的经验分析[D]. 湘潭：湘潭大学，2011.

[83] 周敏慧，陶然. 中国国有企业改革：经验、困境与出路[J]. 经济理论与经济管理，2018（1）：87-97.

[84] Abito J.M. Measuring the Welfare Gains from Optimal Incentive Regulation[J].

The Review of Economic Studies，2020，87（5）：2019-2048.

[85] Ackerberg D.A., Caves K., Frazer G. Identification Properties of Recent Production Function Estimators[J]. Econometrica，2015，83（6）：2411-2451.

[86] Ai C.，Sappington D.E.M. The Impact of State Incentive Regulation on the U. S. Telecommunications Industry[J]. Journal of Regulatory Economics, 2002, 22（2）：133-160.

[87] Akerlof G. The Market for 'Lemons': The Quality of Uncertainty and the Market Mechanism[J]. Quarterly Journal of Economics，1970，84（3）：488-500.

[88] Armstrong M., Cowan S., Vickers J. Regulatory Reform: Economic Analysis and British Experience[M]. Cambridge：MIT press，1994.

[89] Armstrong M., Doyle C., Vickers J. The Access Pricing Problem: A Synthesis[J]. Journal of Industrial Economics，1996，44（2）：131-150.

[90] Armstrong M.，Sappington D.E.M. Recent Developments in the Theory of Regulation[J]. Handbook of Industrial Organization, 2007, 3（3）：1557-1700.

[91] Armstrong M.，Vickers J. Competitive Non-linear Pricing and Bundling[J]. The Review of Economic Studies，2009，77（1）：30-60.

[92] Armstrong M. Armstrong's Handbook of Reward Management Practice: Improving Performance through Reward（5th ed.）[M]. London：Philadelphia, 2015.

[93] Atkinson A.B.，Stiglitz J.E. The Design of Tax Structure：Direct versus Indirect Taxation[J]. Journal of Public Economics，1976，6（1）：55-75.

[94] Auriol E.，Laffont J. Regulation by Duopoly[J]. Journal of Economics & Management Strategy，1992，1（3）：507-533.

[95] Averch H.，Johnson L.L. Behavior of the Firm Under Regulatory Constraint[J]. American Economic Review，1962，52（5）：1052-1069.

[96] Baron D.P.，Myerson R.B. Regulating a Monopolist with Unknown Costs[J]. Econometrica，1982，50（4）：911-930.

[97] Baumol W.J.，Panzar J.C.，Willig R.D. Contestable Markets and the Theory of Industry Structure[M]. New York：Harcourt Brace Jovanovich，1982.

[98] Baumol W.J., Sidak J.G. Toward Competition in Local Telephony[M]. Cambridge：MIT Press，1994.

[99] Baumol W.J., Sidak J.G. The Pricing of Inputs Sold to Competitors[J]. Yale Journal on Regulation，1994，11（3）：171-202.

[100] Beecher J.A., Kalmbach J.A. Structure, Regulation, and Pricing of Water in the United States: A Study of the Great Lakes Region[J]. Journal of Histotechnology, 2013, 24（3）: 32–47.

[101] Besanko D., Cui S. Regulated versus Negotiated Access Pricing in Vertically Separated Railway Systems[J]. Journal of Regulatory Economics, 2019, 55(1): 1–32.

[102] Boiteux M. On the Management of Public Monopolies Subject to Budgetary Constraints[J]. Journal of economic Theory, 1971, 3（3）: 219–240.

[103] Bose A., Pal D., Sappington D.E.M. Pricing to Preclude Sabotage in Regulated Industries[J]. International Journal of Industrial Organization, 2017, 51（3）: 162–184.

[104] Bourreau M., Cambini C., Hoernig S. Geographic Access Markets and Investments [J]. Information Economics & Policy, 2015（3）, 31: 13–21.

[105] Bourreau M., Cambini C., Hoernig S., et al. Fiber Investment and Access under Uncertainty: Long-Term Contracts, Risk Premia, and Access Options[J]. Journal of Regulatory Economics, 2020, 57（3）: 105–117.

[106] Braeutigam R.R. An Analysis of Fully Distributed Cost Pricing in Regulated Industries[J]. Bell Journal of Economics, 1980, 11（1）: 182–196.

[107] Briglauer W., Camarda E.M., Vogelsang I. Path Dependencies versus Efficiencies in Regulation: Evidence from "Old" And "New" Broadband Markets in the EU[J]. Telecommunications Policy, 2019, 43（8）: 18–35.

[108] Brito D., Pereira P. Access to Bottleneck Inputs under Oligopoly: a Prisoners' Dilemma? [J]. Southern Economic Journal, 2010, 76（3）: 660–677.

[109] Bruggink T.H. Third-Degree Price Discrimination and Regulation in the Municipal Water Industry[J]. Land Economics, 1982, 58（1）: 86–95.

[110] Calonico S., Cattaneo M.D., Titiunik R. Robust Nonparametric Confidence Intervals for Regression-Discontinuity Designs[J]. Econometrica, 2014, 82(6): 2295–2326.

[111] Cave M. Interconnection issues in UK telecommunications[J]. Utilities Policy, 1994, 4（3）: 215–222.

[112] Coase R.H. Price and Output Policy of State Enterprise: A Comment[J]. Economic Journal, 1945, 55（2）: 112–113.

[113] Cooper Z., Craig S.V., Gaynor M., et al. The Price Ain'T Right? Hospital Prices

and Health Spending on the Privately Insured[J]. Quarterly Journal of Economics, 2019, 134（1）: 51-107.

[114] Crew M.A., Kleindorfer P.R. Economic Depreciation and the Regulated Firm under Competition and Technological Change[J]. Journal of Regulatory Economics, 1992, 4（1）: 51-61.

[115] Dalkir K. Knowledge Management in Theory and Practice[M]. Cambridge: MIT Press, 2011.

[116] Dana D.J., Spier K.E. Designing a Private Industry: Government Auctions with Endogenous Market Structure[J]. Journal of Public Economics, 1994, 53（1）: 127-147.

[117] Decker C. Modern Economic Regulation: an Introduction to Theory and Practice[M]. Cambridge: Cambridge University Press, 2014.

[118] Debreu. The Theory of Value[M]. New York: Wiley and Sons, 1959.

[119] Dixit A.K., Pindyck R.S. Investment under Uncertainty[M]. Princeton: Princeton University Press, 2012.

[120] Dixit A., Stiglitz J.E. Monopolistic Competition and Optimum Product Diversity [J]. The American Economic Review, 1977, 67（3）297-308.

[121] Duesenberry J.S. Income, Saving and the Theory of Consumer Behavior[J]. Review of Economics & Statistics, 1949, 33（3）: 111.

[122] Einav L., Finkelstein A., Ji Y., et al. Voluntary Regulation: Evidence from Medicare Payment Reform[J]. National Bureau of Economic Research, 2020.

[123] Farrell J. Creating Local Competition[J]. Federal Communications Law Journal, 1996, 49（1）: 201.

[124] Friedman M., Becker G.S. A Statistical Illusion in Judging Keynesian Models[J]. Journal of Political Economy, 1957, 65（1）: 64-75.

[125] Freixas X., Guesnerie R., Tirole J. Planning under Incomplete Information and the Ratchet Effect[J]. Review of Economic Studies, 1985, 52（2）: 173-191.

[126] Garrett D.F., Gomes R., Maestri L. Competitive Screening under Heterogeneous Information[J]. The Review of Economic Studies, 2019, 86（4）: 1590-1630.

[127] Gilbert R.J. Separation: A Cure for Abuse of Platform Dominance? [J]. Information Economics and Policy, 2020, 16（6）: 87-116.

[128] Gong D., Tang M., Liu S., et al. Reconsidering Production Coordination: A Principal-Agent Theory-Based Analysis[J]. Advances in Production Engineering

& Management, 2017, 12 (1): 51-56.
[129] Hahn R., Metcalfe R., Rundhammer F. Promoting Customer Engagement: A New Trend in Utility Regulation[J]. Regulation & Governance, 2020, 14(1): 121-149.
[130] Hausman J.A, Mackie-Mason J.K. Price Discrimination and Patent Policy[J]. Rand Journal of Economics, 1988, 19 (2): 253-265.
[131] Hausman J.A. Valuing the Effect of Regulation on New Services in Telecommunications[J]. Brookings Papers on Economic Activity: Microeconomics, 1997, 19 (2): 1-38.
[132] Hausman J.A. Taxation by Telecommunications Regulation[J]. Tax policy and the economy, 1998, 12 (2): 29-48.
[133] Hayek F.A.V. Der Wettbewerb als Entdeckungsverfahren[M]. Vienna: Institut für Weltwirtschaft an der Universität Kiel, 1968.
[134] Hellwig M., Schober D., Cabral L. Low-powered vs High-Powered Incentives: Evidence from German Electricity Networks[J]. International Journal of Industrial Organization, 2020, 11 (2): 102-158.
[135] Henriques D. Access Prices Indexed to Geographical Coverage of Innovative Telecom Services[J]. Journal of Industry, Competition and Trade, 2020, 27 (8): 1-16.
[136] Hicks J.R. Annual Survey of Economic Theory: The Theory of Monopoly[J]. Econometrica, 1935, 3 (1): 1-20.
[137] Hotelling H. Spaces of statistics and their metrization[J]. Science, 1928, 67 (1728): 149-150.
[138] Inderst R., Peitz M. Network Investment, Access and Competition[J]. Telecommunications Policy, 2012, 36 (5): 407-418.
[139] Joskow P.L., Schmalensee R. Incentive Regulation for Electric Utilities[J]. Yale Journal on Regulation, 1986, 4 (1): 267–274.
[140] Joskow P.L. Incentive Regulation in Theory and Practice: Electricity Distribution and Transmission Networks[J]. National Bureau of Economic Research, 2014.
[141] Khastieva D., Hesamzadeh M.R., Vogelsang I., et al. Value of Energy Storage for Transmission Investments[J]. Energy Strategy Reviews, 2019, 24 (4): 94-110.
[142] Kunz J. Reflections on the Practical Applicability of Strategic Game Theory to

Managerial Incentivation[J]. Game Theory in Management Accounting, 2018, 22（1）: 23-48.

[143] Laffont J.J. The New Economics of Regulation Ten Years After[J]. Econometrica, 1994, 62（3）: 507-537.

[144] Laffont J.J., Tirole J. Using Cost Observation to Regulate Firms[J]. Journal of Political Economy, 1986, 94（3）: 614-641.

[145] Laffont J.J., Tirole J. The Regulation of Multiproduct Firms: Part II: Applications to Competitive Environments and Policy Analysis[J]. Journal of Public Economics, 1990, 43（1）: 37-66.

[146] Laffont J.J., Tirole J. A Theory of Incentives in Procurement and Regulation[M]. Cambridge: MIT press, 1993.

[147] Laffont J.J., Tirole J. Access Pricing and Competition[J]. European Economic Review, 1994, 38（9）: 1673-1710.

[148] Laffont J.J., Tirole J. Competition in Telecommunications[M]. Cambridge: MIT Press, 2000.

[149] Lee D.S., Lemieux T. Regression Discontinuity Designs in Economics[J]. Journal of Economic Literature, 2010, 48（2）: 281-355.

[150] Leibenstein H. Allocative Efficiency vs. "X-Efficiency"[J]. American Economic Review, 1966, 56（3）: 392-415.

[151] Leontief W. Introduction to a Theory of the Internal Structure of Functional Relationships[J]. Econometrica, 1947, 15（4）: 361-373.

[152] Levinsohn J., Petrin A. Estimating Production Functions Using Inputs to Control for Unobservables[J]. Review of Economic Studies, 2003, 70（2）: 317-341.

[153] Litwack J.M. Incentive and Coordination Problems in Centrally Planned Economies: A Theoretical Study with Applications to the USSR[D]. Philadelphia: University of Pennsylvania, 1987.

[154] Loeb M., Magat W.A. A Decentralized Method for Utility Regulation[J]. Journal of Law & Economics, 1979, 22（2）: 399-404.

[155] Lucas R.E. Econometric policy evaluation: A critique[J]. Carnegie-Rochester Conference Series on Public Policy, 1976, 1（1）: 19-46.

[156] Machlup F. Theories of the Firm: Marginalist, Behavioral, Managerial[J]. American Economic Review, 1967, 57（1）: 1-33.

[157] Majidi M., Baldick R. Definition and Theory of Transmission Network Planning[J].

Transmission Network Investment in Liberalized Power Markets, 2020, 79(11): 17-67.

[158] Mankiw NG. Macroeconomics (7th Edition)[M]. New York: Worth Publishers, 2010.

[159] Mansur E.T., Olmstead S.M. The Value of Scarce Water: Measuring the Inefficiency of Municipal Regulations[J]. Journal of Urban Economics, 2012, 71(3): 302-346.

[160] Mariotti S., Marzano R. Varieties of Capitalism and the Internationalization of State-Owned Enterprises[J]. Journal of International Business Studies, 2019, 50 (5): 669-691.

[161] Mathios A.D, Rogers R.P. The Impact of Alternative Forms of State Regulation of AT&T on Direct-Dial, Long-Distance Telephone Rates[J]. Rand Journal of Economics, 1989, 20 (3): 437-453.

[162] Mccrary J. Manipulation of the Running Variable in the Regression Discontinuity Design: A Density Test[J]. Journal of Econometrics, 2008, 142(2): 698-714.

[163] McDonald R., Siegel D. The Value of Waiting to Invest[J]. The Quarterly Journal of Economics, 1986, 101 (4): 707-728.

[164] Mcguire T.G., Riordan M.H. Incomplete Information and Optimal Market Structure Public Purchases from Private Providers[J]. Journal of Public Economics, 1995, 56 (1): 125-141.

[165] Mirrlees J.A. An Exploration in the Theory of Optimum Income Taxation[J]. Review of Economic Studies, 1971, 38 (2): 175-208.

[166] Myerson R B. Incentive Compatibility and the Bargaining Problem[J]. Econometrica, 1979, 47 (1): 61-73.

[167] Nataraj S., Hanemann W.M. Does Marginal Price Matter? A Regression Discontinuity Approach to Estimating Water Demand[J]. Journal of Environmental Economics & Management, 2011, 61 (2): 198-212.

[168] Nitsche R., Wiethaus L. Access Regulation and Investment in Next Generation Networks—A Ranking of Regulatory Regimes[J]. International Journal of Industrial Organization, 2011, 29 (2): 263-272.

[169] Olley G.S., Pakes A. The Dynamics of Productivity in the Telecommunications Equipment Industry[J]. Econometrica, 1996, 64 (6): 1263-1297.

[170] Olson M. The Rise and Decline of Nations: Economic Growth, Stagflation, and Social Rigidities[M]. New Haven: Yale University Pres, 1982.

[171] Paltsev S., Zhang D. Natural Gas Pricing Reform in China: Getting Closer to a Market System? [J]. Energy Policy, 2015, 86 (6): 43-56.

[172] Quaglione D., Agovino M., Di Berardino C., et al. Exploring Additional Determinants of Fixed Broadband Adoption: Policy Implications for Narrowing the Broadband Demand Gap[J]. Economics of Innovation and New Technology, 2018, 27 (4): 307-327.

[173] Rey P., Tirole J. A Primer on Foreclosure[J]. Handbook of Industrial Organization, 2007: 2145-2220.

[174] Salinger M.A. Regulating Prices to Equal Forward-Looking Costs: Cost-Based Prices or Price-Based Costs? [J]. Journal of Regulatory Economics, 1998, 14 (2): 149-164.

[175] Sappington D. Optimal Regulation of Research and Development under Imperfect Information[J]. Bell Journal of Economics, 1982, 13(2): 354-368.

[176] Shleifer A. A Theory of Yardstick Competition[J]. Rand Journal of Economics, 1985, 16 (3): 319-327.

[177] Shy O. The economics of Network Industries[M]. Cambridge: Cambridge University Press, 2001.

[178] Sidak J.G., Spulber D.F. Deregulatory Takings and Breach of the Regulatory Contract[J]. New York University Law Review, 1996, 71 (4): 851-999.

[179] Sidak J.G., Spulber D.F. Givings, Takings, and the Fallacy of Forward-Looking Costs[J]. New York University Law Review, 1997, 72 (5): 1068-1164.

[180] Stern N.H. On the Specification of Models of Optimum Income Taxation[J]. Journal of Public Economics, 1976, 6 (1): 123-162.

[181] Stiglitz J.E. Monopoly, Non-Linear Pricing and Imperfect Information: The Insurance Market[J]. Review of Economic Studies, 1977, 44 (3): 407-430.

[182] Stole L. Information Expropriation and Moral Hazard in Optimal Second-Source Auctions[J]. Journal of Public Economics, 1994, 54 (3): 463-484.

[183] Stole L. Nonlinear Pricing and Oligopoly[J]. Journal of Economics and Management Strategy, 1995, 4 (4): 529-562.

[184] Temin P. Entry Prices in Telecommunications Then and Now[R]. Mimeo, MIT, 1997.

[185] Tirole J. The Theory of Industrial Organization[M]. Cambridge: MIT Press, 1988.

[186] Tirole J. Economics for the Common Good[M]. Princeton：Princeton University Press，2017.

[187] Train K.E. Optimal Regulation：the Economic Theory of Natural Monopoly[M]. Cambridge：MIT Press，1991.

[188] Varian H.R. Price Discrimination and Social Welfare[J]. American Economic Review，1985，75（4）：870-875.

[189] Vareda J. Access Regulation and the Incumbent Investment in Quality-Upgrades and in Cost-Reduction[J]. Telecommunications Policy，2010，34（11）：697-710.

[190] Vickers J.，Yarrow G. Economic Perspectives on Privatization[J]. Journal of Economic Perspectives，1991，5（2）：111-132.

[191] Viscusi W.K.，Harrington Jr.J.E.，Sappington D.E.M. Economics of Regulation and Antitrust[M]. Cambridge：MIT press，2018.

[192] Vogelsang I.，Finsinger J. A Regulatory Adjustment Process for Optimal Pricing by Multiproduct Monopoly Firms[J]. Bell Journal of Economics，1978，10（1）：157-171.

[193] Wichman，Casey J. Perceived Price in Residential Water Demand：Evidence from a Natural Experiment[J]. Journal of Economic Behavior & Organization，2014，107（2）：308-323.

[194] Zou L. The Target-Incentive System vs. the Price-Incentive System under Adverse Selection and the Ratchet Effect[J]. Journal of Public Economics，1991，46（1）：51-89